# 征信合规管理

征信专家组 编著

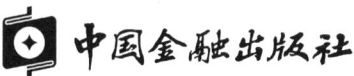

责任编辑：童祎薇
责任校对：孙　蕊
责任印制：张也男

## 图书在版编目（CIP）数据

征信合规管理（Zhengxin Hegui Guanli）/征信专家组编著．—北京：中国金融出版社，2018.7

ISBN 978-7-5049-9166-9

Ⅰ.①征…　Ⅱ.①征…　Ⅲ.①信用制度—研究—中国　Ⅳ.①F832.4

中国版本图书馆 CIP 数据核字（2017）第 213413 号

出版发行　中国金融出版社

社址　北京市丰台区益泽路 2 号
市场开发部　（010）63266347，63805472，63439533（传真）
网 上 书 店　http://www.chinafph.com
　　　　　　（010）63286832，63365686（传真）
读者服务部　（010）66070833，62568380
邮编　100071
印刷　保利达印务有限公司
尺寸　185 毫米 × 260 毫米
印张　23.25
字数　391 千
版次　2018 年 7 月第 1 版
印次　2018 年 7 月第 1 次印刷
定价　89.00 元
ISBN 978-7-5049-9166-9
如出现印装错误本社负责调换　联系电话　（010）63263947

# 《征信合规管理》编审单位

中国人民银行征信管理局
中国人民银行征信中心
国家开发银行信贷管理局
中国进出口银行授信管理部
中国农业发展银行信贷管理部
中国工商银行管理信息部
中国农业银行信用管理部
中国银行会计信息部
中国建设银行数据管理部
交通银行授信管理部
中信银行授信业务管理部
中国光大银行风险管理部
华夏银行授信运行部
中国民生银行风险管理与质量监控部
招商银行操作风险管理部
兴业银行风险管理部
广发银行风险管理部
平安银行零售风险管理部
上海浦东发展银行风险政策部

恒丰银行消费金融部
浙商银行风险管理部
渤海银行风险管理部
中国邮政储蓄银行授信管理部

# 序 言

党中央、国务院高度重视征信体系建设。在征信体系运行过程中，维护信息主体的合法权益，既构成征信监管的核心内容，也是征信系统及其接入机构应尽的责任和义务。

中国人民银行（以下简称人民银行）作为国务院征信业监督管理部门，在履行征信管理职能过程中，加强个人信息保护工作，依法采取政策措施维护信息主体的合法权益，取得明显成效。但一个不争的事实是，近年来，个人信息泄露带来的侵权、网络诈骗等违法活动在一些地方和领域呈现多发态势，不仅严重影响公民的日常生活，而且影响国家的金融安全和社会的长治久安。这对征信信息安全也提出巨大挑战。

为确保征信信息在采集和使用环节安全稳定、有序进行，中国人民银行分别于2016年制定下发了《中国人民银行关于加强征信合规管理工作的通知》（银发〔2016〕300号），于2018年制定下发了《中国人民银行关于进一步加强征信信息安全管理的通知》（银发〔2018〕102号），把规范征信市场发展、保护信息主体合法权益作为出发点和立足点，切实加强对金融信用信息基础数据库接入机构、征信机构的监督管理，在要求征信系统及其接入机构建立健全征信合规与安全内控制度的同时，试行征信合规与安全年度考核制度及问责制度，并建立征信从业人员的教育培训制度。

为更好地帮助各类各级征信从业人员正确地理解征信，全面地掌握从事征信业务的各项制度要求，依法开展各项征信活动，人民银行征信管理局组织征信专家，在充分总结国内征信实践，参阅国内外制度文件、学术著作和研究成果，归纳研究征信发展和征信监管过程中出现的问题的基础上，编写了《征信合规管理》培训教材。本书共分为上篇、下篇和案例三个部分：上篇主要介绍了征信的基本理论知识，包括征信的概念、信用信息、征信业务、征信机构、征信监管、征信制度、信息主体权益保护等方面内容；下篇主要从征信合规管理的角度，对征信信息采集、整理、保存、加工、查询、使用、异议和投诉、信息安全等各个环节的风险点和合规要求作了详细的阐述和解释，并对征信监管中的常见问题进行了梳理；案例部分主要收集了全国各地关于征信违规的典型案例，帮助读者更加直观、深刻地理解什么是征信合规。

本书是一部理论和实际相结合，系统性地介绍征信合规管理知识的专业书籍，能够帮助征信从业人员实现快速入门，并在从业过程中加以规范指导。本书在内容上具有以下特点：一是权威性。本书由长期从事征信工作的专业人士和一线人员共同参与编写，对相关概念的界定和问题的阐释不仅具有理论高度，更具备事实基础，从而大大提高了本书内容的可靠性。二是理论性。本书对征信的关键性知识作了系统全面、深入浅出的介绍，从而使征信从业人员能够对征信有基本的了解，并积累一定的理论基础，为之后的工作开展提供保障。三是参考性。本书从合规管理的角度，对征信业务流程进行细分，对细分的各个环节的规范性要求进行详细阐释，并就征信典型问题、典型案例进行专门的梳理分析，对于征信从业人员而言具有典型的参考价值和指导意义。四是实用性。本书除案例外，全书以知识点的形式呈现，每个知识点分别设置了引导/概述、学习目标、知识点正文、重要概念和自测习题五个部分内容，不仅能够帮助读者快速抓住学习要点，提高学习效率，还能够在学习后进行自我检测，做到温故而知新。

中国征信业正处于关键性的发展阶段，机遇和挑战并存。在坚持稳中求进总基调、深化供给侧结构性改革为主线、把防控金融风险放到更加重要的位置的总指导思想下，确保征信市场的健康有序发展，发挥好征信在防风险、调结构、促发展中的积极作用至关重要。希望大家积极行动起来，一起为中国征信业健康发展而努力！

征信专家组
2018 年 6 月

# Contents 目 录

## 上篇　征信合规管理的基本要素

### 第一章　征信概念 / 3

　　知识点一　征信的起源和定义 / 3

　　知识点二　征信的基本理念和关键特征 / 5

　　知识点三　信用、诚信和征信 / 8

　　知识点四　征信的原理 / 11

　　知识点五　征信的作用 / 14

### 第二章　信用信息 / 18

　　知识点一　信用信息的定义 / 18

　　知识点二　信用信息分类 / 20

　　知识点三　个人信用信息与企业信用信息 / 22

　　知识点四　债务信息与非债务信息 / 24

　　知识点五　正面信息与负面信息 / 26

　　知识点六　征信活动中的信用信息 / 27

## 第三章 征信业务 / 30

  知识点一　征信业务的定义和分类 / 30
  知识点二　征信业务的原则和通用规则 / 32
  知识点三　信用调查 / 35
  知识点四　信用登记 / 38
  知识点五　信用评分 / 41
  知识点六　信用评级 / 44

## 第四章 征信机构 / 48

  知识点一　征信机构定义 / 48
  知识点二　征信机构分类 / 50
  知识点三　个人征信机构 / 52
  知识点四　企业征信机构 / 53
  知识点五　公共征信系统 / 56
  知识点六　私营征信机构 / 58
  知识点七　会员制征信机构 / 59
  知识点八　政务信用信息系统 / 61

## 第五章 监管要素 / 64

  知识点一　征信监管的定义 / 64
  知识点二　征信监管的主体 / 65
  知识点三　征信监管的对象 / 67
  知识点四　征信监管的内容 / 69
  知识点五　征信监管的方式 / 70

## 第六章 征信法制 / 74

  知识点一　征信法律制度的内涵 / 74
  知识点二　法律位阶 / 76
  知识点三　《征信业管理条例》 / 78
  知识点四　《征信机构管理办法》 / 80

知识点五 《企业征信机构备案管理办法》/ 83

知识点六 《征信投诉办理规程》/ 86

知识点七 《征信机构信息安全规范》/ 88

知识点八 《金融信用信息基础数据库用户管理规范》/ 90

## 第七章 信息主体权益保护 / 94

知识点一 信息主体定义及类型 / 94

知识点二 信息主体权益 / 97

知识点三 知情权 / 99

知识点四 同意权 / 102

知识点五 信息安全权 / 105

知识点六 异议权 / 108

知识点七 投诉权 / 110

知识点八 诉讼权 / 113

知识点九 重建信用记录权 / 115

# 下篇 征信合规管理的基本要求

## 第八章 征信合规管理概述 / 121

知识点一 征信合规管理的概念 / 121

知识点二 征信合规管理的原则 / 123

知识点三 征信合规管理的目标 / 125

知识点四 征信合规管理的主体 / 126

知识点五 征信合规管理的内容 / 128

知识点六 征信合规管理的方式 / 130

## 第九章 信息采集 / 133

知识点一 信息采集的范围和来源 / 133

知识点二 信息采集应遵循必要且有限的原则 / 137

知识点三 禁止采集的信息 / 138

知识点四　限制采集的信息 / 140
　　知识点五　公开信息 / 142
　　知识点六　个人信息采集同意 / 144
　　知识点七　企业信息采集同意 / 147
　　知识点八　取得信息主体同意的方式 / 148
　　知识点九　同意的具体内容 / 151
　　知识点十　信息主体是否可以拒绝或者有选择地同意？ / 154
　　知识点十一　个人不良信息告知义务 / 156
　　知识点十二　信息采集的方式 / 158
　　知识点十三　非债务信息在征信中的应用 / 160

## 第十章　信息整理、保存和加工 / 163

　　知识点一　信息质量 / 163
　　知识点二　信息处理应当遵循客观性原则 / 166
　　知识点三　信息处理应当可追溯 / 168
　　知识点四　征信机构的信息审核、验证义务 / 169
　　知识点五　及时更正错误信息 / 171
　　知识点六　信息处理方法、模型以适当方式让社会公众知晓 / 173
　　知识点七　个人不良信息保存期限 / 174
　　知识点八　征信机构对征信产品要进行必要的解释说明 / 177
　　知识点九　征信机构在境内采集的信息的整理、保存和加工
　　　　　　　应当在境内进行 / 178

## 第十一章　信息查询和使用 / 181

　　知识点一　取得信息主体授权是信息查询的必要前提 / 181
　　知识点二　谁可以查询信息主体的信用信息？ / 183
　　知识点三　如何取得信息主体的授权？ / 184
　　知识点四　信息主体查询自身信用报告如何授权？ / 186
　　知识点五　金融信用信息基础数据库接入机构 / 187
　　知识点六　金融机构查询金融信用信息基础数据库如何取得授权？ / 189
　　知识点七　小额贷款公司、融资性担保公司查询金融信用信息

        基础数据库如何取得授权？／191
    知识点八　征信机构从业人员查询信息主体在本机构的信用信息
        如何取得授权？／193
    知识点九　国家机关如何查询？／194
    知识点十　授权类别／196
    知识点十一　授权要素／197
    知识点十二　按约定用途使用信用报告／200
    知识点十三　无业务关系的信息使用者不能查询个人的信用信息／202

## 第十二章　异议和投诉处理／204

    知识点一　如何理解征信异议？／204
    知识点二　异议申请的受理／206
    知识点三　异议标注／210
    知识点四　异议核查／211
    知识点五　异议核查结果及反馈／214
    知识点六　异议档案管理／216
    知识点七　如何理解征信投诉？／218
    知识点八　征信投诉受理流程／221
    知识点九　征信投诉的取证与核查／227
    知识点十　征信投诉处理决定及送达／229
    知识点十一　征信投诉档案管理要求／231

## 第十三章　征信信息安全／234

    知识点一　征信信息安全的概念／234
    知识点二　征信信息安全制度体系、职能部门和人员配备／237
    知识点三　征信系统安全／240
    知识点四　信用信息系统安全等级保护／244
    知识点五　征信机构保障征信信息安全的责任／248
    知识点六　信息使用者保障征信信息安全的责任／251
    知识点七　征信机构人员安全管理／253
    知识点八　信息使用者人员安全管理／255

知识点九　对信息泄露风险的防范和监管 / 256
　　知识点十　征信机构破产或解散的处置 / 260

## 第十四章　监管要求 / 262

　　知识点一　如何理解征信监管的概念？ / 262
　　知识点二　人民银行及其分支机构履行征信监管的职责有哪些？ / 263
　　知识点三　征信监管的主要内容有哪些？ / 265
　　知识点四　如何对个人征信机构准入及退出进行管理？ / 267
　　知识点五　如何对企业征信机构的备案及退出进行管理？ / 269
　　知识点六　征信机构重大事项发生变更时如何进行批准和报备？ / 271
　　知识点七　如何对征信机构高管人员任职资格进行管理？ / 272
　　知识点八　征信机构市场退出如何处置信息系统？ / 274
　　知识点九　如何对征信机构开展现场检查？ / 275
　　知识点十　征信机构信息该如何披露？ / 277
　　知识点十一　征信机构业务报告和跟踪监测制度是如何规定的？ / 278
　　知识点十二　对信息提供者和信息使用者监管的内容有哪些？ / 279
　　知识点十三　如何对征信机构进行分级分类监管？ / 284
　　知识点十四　如何对重点征信监管对象进行监管？ / 285

**习题答案** / 288

# 征信合规管理案例

**案例一**　混淆征信概念从事相关业务 / 317

**案例二**　非债务信息服务不构成征信活动 / 320

**案例三**　严格使用"征信""信用"等字样 / 322

**案例四**　征信机构采集信息涉及侵犯个人隐私 / 324

**案例五**　信息提供者提供信用信息错误 / 327

**案例六**　征信机构未经信息主体同意采集个人信息 / 328

案例七　信息提供者提供负面信息未履行告知义务 / 330

案例八　信息使用者未经授权查询信用信息 / 332

案例九　信息使用者违规向第三方提供信用信息 / 335

案例十　非法查询征信信息牟利，侵犯公民个人信息 / 337

案例十一　信息使用者未按约定用途使用个人信息 / 339

案例十二　个人不良信息保存期限 / 341

案例十三　信息主体查询本人信用信息 / 342

案例十四　个人信用信息泄露案例一 / 343

案例十五　个人信用信息泄露案例二 / 345

案例十六　征信机构未及时处理异议 / 347

案例十七　信息提供者未及时处理异议 / 350

案例十八　异议回复不规范 / 351

案例十九　未及时处理信息主体投诉 / 353

案例二十　犯罪嫌疑人利用征信系统安全防护漏洞盗取数据 / 355

后记 / 356

## 上篇
# 征信合规管理的基本要素

# 第一章 征信概念

**本章使用说明：** 本章适用于所有征信从业人员。

### 本章介绍

本章将介绍征信的起源和定义，阐释征信的基本理念和关键特征，厘清诚信、信用和征信之间的关系，并分析征信的原理和功能，从而帮助征信从业人员实现快速入门。

## 知识点一 征信的起源和定义

### 引导/概述

征信的产生和演变与信用经济的发展密不可分。征信从业人员要合规开展征信工作，首先要理解什么是征信。

### 学习目标

要求征信从业人员了解征信的起源，掌握征信的定义。

### 知识点正文

#### 一、征信的起源

在我国，征信一词最早出现在《左传·昭公八年》："君子之言，信而有征，故怨远于其身。"其中，"信而有征"可以理解为"诚实可信，可以证明"，更多地表达的是道德层面的意思。伴随着信用经济的发展，征信成为信用风险管理的内生需要。债权人通过搜集债务人信息，开展对债务人的调查，来判断债务人的违约风险。而这一过程会耗费债权人不小的成本。渐渐地，这种用于信用风险管理的信息搜集、调查活动从原先的信用交易中脱离，成为一种专业化的活动，即征信活动。这种专业化的征信活动在西方国家最早出现在19世纪30年代，在我国则出现在20世纪80年代，最开始主要从事企业资信调查工作。之后，才慢慢发展出更加多样化的形式和内容，并形成相对独立的行业。

### 二、征信的定义

征信是一种专业化的活动，即由独立的第三方机构，依法采集、整理、保存、加工企业、事业单位等组织（统称为企业）的信用信息和个人的信用信息，并向信息使用者提供，帮助其进行信用风险管理的活动。征信活动开展中，主要涉及以下几类主体：

1. 征信机构，是指依法成立的专门从事征信活动的机构。
2. 信息提供者，是指向征信机构提供信息的自然人、法人及其他组织。
3. 信息使用者，是指使用征信机构所提供的产品和服务的自然人、法人及其他组织。
4. 信息主体，是指信息事项的当事人，是征信机构开展征信活动的对象，也可以理解为被征信人。

## 重要概念

征信是由独立的第三方征信机构，依法采集、整理、保存、加工企业、事业单位等组织（统称为企业）的信用信息和个人的信用信息，并向信息使用者提供，帮助其进行信用风险管理的活动。

## 自测习题

### 一、填空题

1. 征信是由_____，依法采集、整理、保存、加工企业、事业单位等组织（统称为企业）的信用信息和个人的_____，并向信息使用者提供，帮助其进行_____的活动。

2. 征信活动开展中，主要涉及的主体包括：_____。

### 二、单项选择题

在我国，征信一词最早见于（　　），有"君子之言，信而有征，故怨远于其身"。

A.《左传》　　　B.《大学》　　　C.《中庸》　　　D.《论语》

### 三、多项选择题

A 机构采集各商业银行信贷信息，形成信用报告供使用者查询使用。B 企业在 C 银行贷款，D 担保公司为该企业提供担保。为防范风险，C 银行和 D 担保公司均向 A 机构查询了 B 企业的信用报告。在上述案例中，征信机构是（　　），信息提供者是（　　），信息使用者是（　　），信息主体是（　　）。

A. A 机构　　　B. B 企业　　　C. C 银行　　　D. D 担保公司

## 知识点二　征信的基本理念和关键特征

**引导/概述**

从征信的定义可以看出，征信是一种信息服务，但并不是所有的信息服务都是征信。正确地理解和判断征信，首先需要掌握征信的基本理念和关键特征。

**学习目标**

要求征信从业人员掌握征信的基本理念和关键特征，能够对征信活动及其业务边界有正确的理解和判断。

**知识点正文**

### 一、征信的基本理念

债权人共享债务人的债务信息并据此判断债务人的偿债能力和意愿，防范信用风险，是征信的基本理念。债务人的债务信息包括两方面：一是其负债历史记录；二是其偿债能力及意愿的判断信息。这在征信中也称信用信息。

首先，信用交易之所以存在风险，是因为信用交易的双方，即债权人和债务人存在隐性的不平等关系。债权债务关系发生前，债权人无法了解债务人真实情况，存在债务人欺骗的风险；债权债务关系发生后，债权人无法控制债务人履约行为，存在债务人违约的风险。

其次，单个债权人掌握的信息往往是有限的，将不同的债权人联合起来进行信息共享，就能更加全面地掌握债务人的负债水平和偿债表现，从而作出更加准确的信用风险评估和更加合理的信用交易决策，达到风险、收益平衡的目的。

这是信用经济发展的必然选择，是历史和逻辑的统一。这也从根本上决定了征信的边界，构成了征信行业发展和体系构建的逻辑主线。在这样的理念下，完整的征信体系应当是对债务人债务信息的全覆盖，而不管债务人、债务信息在哪个行业或领域。

**二、征信的关键特征**

1. 征信是围绕信用信息开展的活动。大数据时代，信息的数量和种类迅速膨胀，但并不是所有的信息都是征信所需要的信息。只有能够反映信息主体信用状况的信息才是征信活动的主要对象。所谓信用状况，即偿债的能力和意愿，二者缺一不可，例如有钱不想还或者想还但没钱都是信用状况不好的体现。负债信息是最直接的能够体现信用状况的信息，其中，负债水平能够反映偿债能力，而历史偿债情况能够反映偿债意愿。

2. 征信的基本业务流程是一致的。征信的业务流程基本都包含信用信息的搜集、整理、保存、加工、提供这几个环节，只进不出或者只出不进都不是征信。例如，商业银行采集贷款客户信息并进行风险评估，就属于内部风险管理，而不是征信。当然，每个环节的具体表现形式可以有所不同，例如采集环节，可以是批量采集，也可以是实地调查；又如加工环节，可以是客观记录，也可以是主观分析。不同的表现形式形成了不同的征信业务类型。

3. 征信应由独立的第三方机构开展。独立的第三方是指需要独立于信用交易的任何一方，既独立于债权人又独立于债务人。独立性要求是防范征信活动利益冲突的重要措施，也是国际上公认的征信准则。所谓独立，包含三层含义：一是业务上独立，即不能从事与债权人和债务人同质的业务；二是公司治理结构上独立，即作为独立的法人实体，与机构发起人和股东在股权结构、人事安排、财务核算和经营决策上必须独立；三是关联关系上独立，即机构董、监、高主要负责人，与该机构发起人、大股东、主要信息提供者和信息使用者之间，通过穿透到自然人的方式，不存在委派或指任关系。

4. 征信的主要目的是信用风险管理。信用经济是现代经济的核心，而有效的信用风险管理是信用经济发展的基础。信息不对称导致信用交易过程中存在信用风险，而征信则产生于这样的风险防范，又反过来服务于这样的风险防范。这里的信用交易可以是金融借贷、商品贸易，以及其他任何存在信用关系的方式。随着征信的发展，征信逐渐派生出一些其他的功能，例如反欺诈、市场营销等，但最主要的还应是用于信用风险管理。

5. 征信需要通过监管来保护信息主体合法权益。征信的基本原理是促进信息共享，缓解信息不对称。而信息不仅可能涉及企业商业秘密和个人隐私，而且具有许多可利用的商业价值，具有财产权的属性。为了避免征信机构、债权人利用信息作出损害债务人利益的行为，客观上需要在征信业务的各个环节对债务人进行保护。一般通过立法的形式赋予债务人即信息主体知情权、同意权、救济权等权益，并通过监管来确保这些权益能够有效落实。

### 三、征信实践中的差异化表现

虽然征信的基本理念是一致的，并具备一些关键性的特征，但是受各国的法律环境、社会背景、文化习惯，以及征信机构自身能力等多方面因素的影响，实践中也会有一些差异化的表现。

例如，信用信息的范围，有些国家只采集正面信息，有些只采集负面信息，有些则正面负面都采集；又如征信业务的划分，有些机构专门经营个人征信业务，有些则专门经营企业征信业务，有些从事信用登记、调查、评分、评级中的一项，有些从事几项，有些还从事身份验证、反欺诈等其他类型的业务；再如征信机构的组建形式，在有些国家是私营机构，有些则是公共机构，当然也有两种并存的；再有，征信的功能或者说应用场景，有些国家可以用于营销，有些则不可以，等等。

在我国，金融信用信息基础数据库覆盖了大部分的金融信用信息。但是，信用信息主要在金融领域但不限于金融领域，即便在金融领域也还没有做到全覆盖，因此市场中还存在征信空白，这就为市场化征信机构留下了空间。金融信用信息基础数据库和市场化征信机构应当形成互补，而非同质竞争，只有这样才能形成完整、有序的征信体系。

## 重要概念

债权人共享债务人的债务信息并据此判断债务人的偿债能力和意愿，防范信用风险，是征信的基本理念。

征信的关键特征包括：征信是围绕信用信息开展的活动；征信的基本业务流程是一致的；征信应由独立的第三方机构开展；征信的主要目的是信用风险管理；征信需要通过监管来保护信息主体合法权益。

## 自测习题

### 一、填空题

征信的基本理念是_____。

### 二、判断题

1. 完整的征信体系应当是对债务人债务信息的全覆盖,而不管债务人、债务信息在哪个行业或领域。(  )

2. 在我国,金融信用信息基础数据库和市场化征信机构应当形成互补,而非同质竞争,只有这样才能形成完整、有序的征信体系。(  )

### 三、单项选择题

以下属于征信活动的是(   )。

A. 某商业银行搜集其贷款客户的信息对贷款客户进行风险评估

B. 某行业监管部门要求监管对象定期向其报送业务数据,以更好地掌握行业发展情况,实施监督管理

C. 某会计师事务所收集企业信息,整理、保存、加工后出具审计报告,供使用者使用

D. 某独立的第三方机构专门采集各小额贷款公司贷款信息,整理、保存、加工后供各小额贷款公司查询使用

### 四、多项选择题

以下关于征信的说法正确的是(   )。

A. 征信是围绕信用信息开展的活动,负债信息是最主要的信用信息

B. 独立性要求是防范征信活动利益冲突的重要措施,也是国际上公认的征信准则

C. 征信的主要目的是信用风险管理

D. 征信需要通过监管来保护信息主体合法权益

# 知识点三　信用、诚信和征信

## 引导/概述

信用、诚信和征信分别隶属于不同的概念范畴,三者之间既有区别,也有联

系。正确理解信用、诚信与征信的概念，厘清三者之间的关系，是合规开展征信工作的重要前提，也是征信从业人员专业素养的基本体现。

**学习目标**

要求征信从业人员掌握信用、诚信、征信三者的联系和区别。

**知识点正文**

一、信用、诚信和征信的概念

信用具有双重含义：一是指人们在言行上的信守承诺，表现为信用观念对行为的约束，如通常所说的诚实守信和遵纪守法，一般不涉及经济交易，也难以在价值上进行度量；二是指经济学上的一种特殊的价值运动方式，是在交易的一方承诺未来偿还的前提下，另一方向其提供货币、商品或服务的行为。在这个交易中，一方提供的是货币、商品或服务的让渡，另一方提供的则是未来偿还的承诺，这就是信用，以信抵用，这个交易就是信用交易，提供货币、商品或服务的一方为债权人，另一方为债务人，这里的信用在价值上是可度量的。

诚信的含义与信用的第一层含义相同，"诚"即诚实诚恳，"信"即信用信任，合在一起即诚实无欺，可以信任，描述的是一个人的道德品质，属于道德范畴。

征信则是一种专业化的活动，主要针对的是信用的第二层含义，是独立的第三方机构采集、整理、保存、加工债务人信用信息，并提供给债权人使用的活动，是债权人防范信用风险的工具和手段。

二、信用、诚信和征信的联系与区别

首先，征信有利于提高债务人诚信水平，征信和诚信两者之间存在因果关系，但是征信制度和诚信制度在机理上有质的差别：

一是征信是针对债务人从外部施加的约束措施，而诚信则是针对所有人要求的自我内在约束。

二是征信的实现方式是通过独立第三方提供的信息共享来进行，而诚信的实现方式主要是通过宣传教育和奖惩。各行各业在信用体系建设中的信息系统建设，主要是为实施诚信奖惩提供手段。

三是征信的作用对象仅包括信息提供者、征信机构、信息使用者和信息主体（债务人）四方当事人，而诚信的作用对象是参与经济社会活动的所有社会成员。

四是征信的目标范围主要是借钱还钱的金融领域，诚信的目标范围是各行各业全领域。

五是征信的专业性可依托政府部门进行产业化管理，而诚信的广泛性只能依托政府部门全参与齐抓共管。

其次，针对信用概念的双重性特征，当前我国社会信用体系建设应包括两个有机组成部分，即征信体系建设和诚信体系建设。征信体系虽然主要活动于金融领域，但金融是现代经济的核心，征信中的信息提供者、信息使用者和信息主体遍布社会经济的各行各业，具有广泛的社会性和开放性。诚信体系涉及社会各行各业和全体社会全员，当前各部门、各地方的所谓信用建设，实际是诚信体系建设的具体体现。在实践中，不应简单地把诚信问题归结为信用问题，把诚信体系归结为信用体系。诚信是信用的有机组成部分，但不是全部。

诚信的人，若客观上不具备履约能力，就有可能违约；不诚信的人，若具备履约能力，怕受到法律制裁，也可能履约。因此，加强人们的诚信意识，提高社会诚信水平，应以道德教育、联合奖惩为主，而约束人们的信用行为，维护信用经济正常秩序，应以制度规范为主。而征信正是伴随着信用经济的发展而产生的一种制度安排，它能够帮助债权人了解债务人的履约意愿和能力，从而更好地进行信用风险管理，促进信用交易的顺利进行和信用市场的稳健运行。

**重要概念**

信用具有双重含义：一是指人们在言行上的信守承诺，表现为信用观念对行为的约束，如通常所说的诚实守信和遵纪守法，一般不涉及经济交易，也难以在价值上进行度量；二是指经济学上的一种特殊的价值运动方式，是在交易的一方承诺未来偿还的前提下，另一方向其提供货币、商品或服务的行为，可以在价值上进行度量。

诚信的含义与信用的第一层含义相同，即诚实无欺，可以信任。

征信则是一种专业化的活动，主要针对的是信用的第二层含义，是独立的第三方机构采集、整理、保存、加工债务人信用信息，并提供给债权人使用的活动，是债权人防范信用风险的工具和手段。

三者的关系体现为：一是宏观上，针对信用概念的双重性特征，当前我国社会信用体系建设应包括两个有机组成部分，即诚信体系建设和征信体系建设；二是微观上，债务人是否履行承诺，既取决于诚信品质，又取决于履约能力，征信能够帮助债权人了解债务人的诚信品质和履约能力,从而促进信用交易的顺利进行,并帮助提高债务人的诚信水平。

## 自测习题

### 一、判断题

1. 诚信、信用和征信三者概念相近,只是表述不同,并无本质区别。(　)
2. 诚信之人必是信用之人。(　)

### 二、单项选择题

1. (　) 是在交易的一方承诺未来偿还的前提下,另一方向其提供货币、商品或服务的行为。

   A. 诚信　　　　B. 信用　　　　C. 征信　　　　D. 以上都不是

2. (　) 描述的是一个人的道德品质,一般不涉及经济交易,也很难在价值上进行度量。

   A. 诚信　　　　B. 信用　　　　C. 征信　　　　D. 以上都不是

### 三、多项选择题

关于征信、诚信、信用的关系,以下说法正确的是(　)。

A. 债务人是否履行信用承诺,既取决于诚信品质,又取决于履约能力,因此具备良好诚信品质的人履约可能性较大,信用风险较小

B. 社会信用体系建设即诚信体系建设,诚信问题即信用问题

C. 征信产生于信用经济,又服务于信用经济,是债权人防范信用风险的工具和手段

D. 征信能够帮助债权人了解债务人的诚信品质和履约能力,从而促进信用交易的顺利进行,并帮助提高债务人的诚信水平

## 知识点四　征信的原理

### 引导/概述

征信研究中,最具代表性的是信息不对称理论。信息不对称是征信产生的重要原因,征信通过信息共享可以有效缓解信息不对称,降低因逆向选择和道德风

险问题而带来的交易成本。征信从业人员掌握征信的基本原理，才能更好地运用理论指导实践。

## 学习目标

要求征信从业人员了解信息不对称理论，掌握征信的基本原理。

## 知识点正文

### 一、信息不对称的概念

信息不对称是指在市场经济活动中，信息在交易双方之间的分布不均，掌握信息比较充分的一方，往往处于比较有利的地位，而信息贫乏的一方，则处于比较不利的地位。信息不对称是大多数交易市场的常态，会导致市场效率低下，最典型的表现是逆向选择和道德风险。

### 二、信息不对称的典型表现

逆向选择，是指掌握信息较多的一方利用对方对信息的不知情而隐瞒相关信息，获取额外利益，客观上导致不合理的市场分配行为。逆向选择问题在市场交易中广泛存在。例如，在信贷市场上，逆向选择将导致信用状况差的借款人获得贷款，而信用状况好的借款人被挤出，从而导致信贷市场信用风险提高，乃至市场崩溃。

道德风险，是指占有信息优势的一方为自身利益而故意隐藏相关信息，由此对交易对方造成损失的行为，其最主要的表现形式是失信违约。例如，信用卡恶意欠款。

### 三、征信与信息不对称

1. 信息不对称是征信产生的重要原因。根据征信的历史演进，征信产生的前提包括相互关联的四个方面：一是基于债权债务关系上的信用的存在，即延期实现权益的货币、商品或服务交易的存在。二是债务人有违约逃债的内在动力，致使债权人难以延期实现权益。三是债权人为防范债务人违约逃债带来的损失，在交易前会尽可能地加强对债务人的了解，以确信其是否有能力偿还债务。四是债权人内部信用风险管理具有局限性，例如要投入大量成本搜集和分析债务人的信用信息，又如随着债务人经济交往关系日趋复杂，债权人越发难以掌握债务人的全面信用状况，由此产生了对第三方征信服务的需求。

2. 征信是减少信息不对称的有效途径。微观层面，征信通过建立信息共享机制，减少交易双方的信息不对称，降低了交易者决策时所需的信息成本，通过将交易者一次博弈转变成重复博弈，使交易主体失信成本增加，降低了逆向选择和道德风险。宏观层面，在信息不对称条件下，征信通过信息共享机制、"守信激励、失信惩戒"机制作用和外部性作用，避免信息不对称带来的资源浪费、经济损失和制度、文化环境破坏，从而提升整体经济运行效率和社会诚信水平。

### 重要概念

信息不对称是指在市场经济活动中，信息在交易双方之间的分布不均匀，掌握信息比较充分的一方，往往处于比较有利的地位，而信息贫乏的一方，则处于比较不利的地位。

信息不对称最典型的表现是逆向选择和道德风险。

### 自测习题

#### 一、填空题

1. _____是指掌握信息较多的一方利用对方对信息的不知情而隐瞒相关信息，获取额外利益，客观上导致不合理的市场分配行为。

2. _____是指占有信息优势的一方为自身利益而故意隐藏相关信息，由此对交易对方造成损失的行为。

#### 二、判断题

1. 信息不对称理论是研究征信产生和发展的最具有代表性的理论。（　　）
2. 信息不对称最典型的表现是逆向选择和道德风险。（　　）

#### 三、多项选择题

1. 以下现象属于逆向选择的有（　　）。

A. 劣币驱逐良币

B. 提高保险价格导致出事故概率小的人退出保险市场，而高风险的人的比例上升导致保险赔付的上升，又进一步提高了保险价格

C. 车主投保后开车更加肆无忌惮

D. 借款人携款私逃

2. 以下现象属于道德风险的有（　　）。

A. 搭便车

B. 银行员工私自将客户购买债券的资金用于购买股票

C. 保险人投保财产险后减少了对财产的爱护
D. 信用状况较差的客户比信用状况良好的客户更容易获得贷款

# 知识点五　征信的作用

## 引导/概述

征信能够帮助揭示信用交易风险、提高经济运行效率、提高社会诚信水平、加强社会综合管理，对金融、经济和社会都具有深远影响。了解征信的作用，可以帮助征信从业人员更有针对性地开展工作。

## 学习目标

要求征信从业人员了解征信的主要作用。

## 知识点正文

### 一、对债权人的影响

征信能够帮助债权人更好地进行信用风险管理，这是征信最主要的作用。具体体现在四个方面。

1. 减少逆向选择。由于信息不对称，债务人有可能进行信用造假来骗取债权人信任，从而出现"劣币驱逐良币"的现象。征信服务能够帮助债权人获得更多的关于债务人的信息，从而有效判断债务人信用风险大小，优化债权人选择，减少逆向选择。

2. 防范道德风险。当债权债务关系发生后，债务人有可能因各种主观或客观的原因出现违约，此时债权人便会因为无法追回债务而遭受损失。征信一方面可以帮助债权人持续了解债务人信用状况，及早采取追偿措施；另一方面也可以促使债务人自觉履约，避免因违约而造成不良信用记录，影响今后的经济生活。

3. 优化风险定价。合理的风险定价是信用风险管理的重要内容。一般而言，风险越高，定价也越高。例如，商业银行贷款给风险较高的客户时，遭受损失的可能性也较大，就需要以较高的利率作为回报，从而达到风险、收益的平衡。进行风险定价需要有充分的信息作支撑，才能建立模型，准确计算，而征信能够有效促进信息共享，是提高风险定价准确性的重要基础。

4. 降低交易成本。无论是债权债务关系发生前，还是发生后，债权人都有对债务人信息的需求。但是，搜集信息会耗费债权人大量成本，由独立的第三方征信机构来完成，不仅可以帮助债权人节约成本，还可以要求征信机构根据债权人的不同需要定制不同的特色化产品和服务，提升信用交易效率。

### 二、对债务人的影响

征信对于债务人的作用主要体现在三个方面。

1. 获得公平交易的机会。当债权人不够了解债务人的情况下，债权人往往会为了防范信用风险，而拒绝与债务人进行信用交易，或者提高对债务人的风险定价，从而使信用良好的债务人因信息不对称而失去交易的机会或者承担不公平的风险定价。征信能够帮助债务人向债权人全面、客观地展现自身的信用状况，进而争取公平交易的机会。例如，中小微企业相对大企业信息透明度较低，因而获得融资也相对较难，通过征信建立中小微企业信用档案或进行资信调查，可以有效缓解这一情况，提高中小微企业融资可得性。

2. 避免过度负债。若债权人不知道债务人的其他债务信息而与其发生信用交易，则很可能出现多个债权人同时和一个债务人发生债权债务关系的情况。随着债务人负债总额的增加，其履约的实际能力就会下降，违约风险就会提高。通过征信，可以使债务人的债务信息在不同的债权人之间共享，避免债务人出现过度负债现象。

3. 形成良好信用记录。由于征信的存在，债务人的偿债行为将被记录并共享。当发生下一次信用交易时，债权人就能看到债务人以往的行为并据此判断是否要进行本次交易。由此会对债务人产生约束：为了避免对以后的信用交易产生不好影响，债务人会更加努力地偿还当前债务，形成良好的信用记录。

### 三、对整个经济社会的影响

征信通过在微观层面上对债权人、债务人产生作用，进而对整个经济的运行、社会的管理产生影响，主要体现在三个方面。

1. 提高经济运行效率。现代经济是信用经济，信用是一种资产，可以拿来使用，从而提高资源的利用效率。但信用又是无形的，容易产生风险。在信息不对称的情况下，信用交易面临两种可能，一是停止交易，二是风险溢价。停止交易，信用经济就无法运转；而风险溢价，债务人就要承受更大的偿债压力，更容易产生逆向选择和道德风险，从而导致资源错配和经济损失。因此，通过征信缓解信息不对称，是提高经济运行效率的有效途径。

2. 提高社会诚信水平。通过征信的广泛运用，人们慢慢会发现信用记录良好的人更容易获得机会，而信用记录不好的人会处处受限，这种"守信激励、失信惩戒"的机制会促使每个个体都主动关注自身信用记录，自觉保持良好信用行为，并渐渐内化成为一种习惯和道德品质，在社会中形成诚信的风气和文化，推动社会诚信水平的不断提高。

3. 加强社会综合管理。政府部门与征信机构的双向合作，一方面有助于促进政务信息公开共享，加强政务失信信息在经济金融领域的应用，帮助信用风险管理；另一方面通过在行政事项中应用征信机构产品和服务，不仅可以实施联合惩戒，还能够使政府部门更加了解其监管、执法的对象，提高履职效率。

### 重要概念

征信在微观层面的作用主要有：帮助债权人减少逆向选择、防范道德风险、优化风险定价、降低交易成本；帮助债务人获得公平交易的机会、避免过度负债、形成良好信用记录。

征信在宏观层面的作用主要有：提高经济运行效率、提高社会诚信水平、加强社会综合管理。

### 自测习题

一、判断题

1. 征信通过在微观层面上对债权人、债务人产生作用，进而对整个经济的运行、社会的管理产生影响。（  ）

2. 征信可以提高经济运行效率、提高社会诚信水平、加强社会综合管理。（  ）

二、单项选择题

1. （  ）是征信最主要的作用。

A. 帮助信息使用者进行信用风险管理

B. 帮助信息使用者获得更多的客户

C. 帮助信息主体能够在某些服务中享受贵宾待遇

D. 以上都不对

2. 合理的风险定价是信用风险管理的重要内容。一般而言，（  ）。

A. 风险越高，定价越高　　　　B. 风险越高，定价越低

C. 两者没有关系　　　　　　D. 以上都不对

### 三、多项选择题

1. 征信能够帮助债权人更好地进行信用风险管理,这是征信最主要的作用,具体体现在（　　）。

A. 减少逆向选择　　　　　　B. 防范道德风险

C. 优化风险定价　　　　　　D. 降低交易成本

2. 征信对债务人的作用主要体现在（　　）。

A. 获得公平的交易机会　　　B. 避免过度负债

C. 形成良好信用记录　　　　D. 减轻偿债压力

# 第二章　信用信息

**本章使用说明：** 本章适用于所有征信从业人员。

## 本章介绍

本章介绍了信用信息的定义、分类以及征信活动中信用信息的基本特征，重点阐述了债务信息和非债务信息在征信活动中的地位，明确指出共享债务人的债务信息并据此判断债务人的偿债履约能力，是贯穿征信的逻辑主线，非债务信息是债务信息的有益补充，但单纯的非债务信息不构成征信活动。

## 知识点一　信用信息的定义

### 引导/概述

信用信息是指反映信息主体信用状况的信息，主要包括负债历史记录以及偿债履约能力判断信息。这里的"信用"是指以偿还为目的的价值运动，并非广义上的诚信。共享债务人的债务信息并据此判断债务人的偿债履约能力，是贯穿征信的逻辑主线，这也从根本上决定了征信的边界。

### 学习目标

所有征信从业人员正确理解信用信息的内涵及边界。

### 知识点正文

"信用信息"一词在我国法律制度层面出现在《中小企业促进法》和《征信业管理条例》中，但相关法律法规并未给出明确的定义。一般而言，信用信息是指反映信息主体信用状况的信息,主要包括企业和个人负债历史记录以及偿债履约能力判断信息。

**一、负债历史记录**

负债历史记录包括企业和个人与金融机构发生授信(担保)业务产生的负债(或有负债)信息和偿还记录,如贷款和信用卡透支记录信息;与其他企业和个人发生融资借贷(担保)或赊销关系产生的负债(或有负债)信息和偿还记录,如企业应付账款和个人公共事业服务缴费记录信息;以及在履行行政、司法领域法定义务过程中形成的负债信息和偿还记录,如企业和个人的欠税记录信息以及法院判决未执行的赔付记录信息等。

不同征信机构提供的债务历史记录信息的格式可能存在较大差异,但其主要记载内容大同小异。一般来说,负债历史记录的记载事项主要包括一定历史时期负债金额、剩余还款期限和历史还款记录等内容。以人民银行征信中心个人信用报告记载的贷款信息为例:2005 年 9 月 22 日某国有商业银行发放 500 000 元(人民币)住房抵押担保贷款,贷款分 180 期偿还,按月归还,2020 年 9 月 22 日到期。截至 2011 年 11 月 5 日,借款人个人信用报告显示该笔贷款的历史记录信息见表 2-1。

表 2-1 个人信用报告(2011 个人明细版)贷款历史记录信息示例

| 五级分类 | 本金余额 | 剩余还款期数 | 本月应还款 | 应还款日 | 本月实还款 | 最近一次还款日期 |
|---|---|---|---|---|---|---|
| 次级 | 400 000 | 108 | 4 055 | 2011.11.05 | 0 | 2011.09.05 |
| 当前逾期期数 | 当前逾期金额 | 逾期 31-60 天未还本金 | 逾期 61-90 天未还本金 | 逾期 91-180 天未还本金 | 逾期 180 天以上未还本金 | |
| 2 | 5 500 | 1 000 | 0 | 0 | 0 | |
| 2009 年 12 月—2011 年 11 月的还款记录 | | | | | | |
| N N N N N N N N N N N N N N N N N N N N N N 1 2 | | | | | | |
| 2009 年 08 月—2009 年 11 月的逾期记录 | | | | | | |
| 逾期月份 | 逾期持续月数 | 逾期金额 | 逾期月份 | 逾期持续月数 | 逾期金额 | |
| 2009.10 | 1 | 2 500 | 2009.08 | 1 | 2 500 | |
| 特殊交易类型 | 发生日期 | 变更月数 | 发生金额 | 明细记录 | | |
| 展期(延期) | 2008.09.22 | 10 | 318 020 | 该贷款展期 10 个月 | | |

**二、偿债履约能力判断信息**

偿债履约能力判断信息是指负债历史记录之外的,与企业和个人信用状况直接相关的经济社会活动信息,包括企业和个人的支付结算、经营履约、财产等信息,是能够帮助信息使用人对企业和个人未来偿债能力和偿债意愿进行分析、判断的相关信息。偿债履约能力一般可以用信息主体债务违约率或违约可能性排序来度量。

### 重要概念

**信用信息**

信用信息是指反映信息主体信用状况的信息，主要包括企业和个人负债历史记录以及偿债履约能力判断信息。

### 自测习题

#### 一、填空题

1. 信用信息是指反映信息主体_____的信息，主要包括企业和个人_____和_____。

2. 共享债务人的_____并据此判断债务人的_____，是贯穿征信的逻辑主线，这也从根本上决定了征信的边界。

#### 二、多项选择题

1. 企业和个人负债记录包括（　　）。

A. 与金融机构发生授信（担保）业务产生的负债（或有负债）信息

B. 与其他企业和个人发生融资借贷（担保）关系产生的负债（或有负债）信息

C. 企业和个人在履行行政、司法领域法定义务过程中形成的负债信息

D. 与其他企业和个人发生赊销关系产生的负债（或有负债）信息

2. 偿债履约能力判断信息包括（　　）。

A. 企业和个人的身份信息

B. 企业经营状况以及与经营活动相关的非债务履约信息

C. 个人的消费支出、收入、支付信息

D. 企业和个人的财产信息

## 知识点二　信用信息分类

### 引导/概述

信用信息依据不同的分类标准可以分为个人信用信息和企业信用信息、债务

信息和非债务信息、正面信息和负面信息。掌握信用信息分类知识，有助于深入理解征信活动的本质及征信管理的相关基本要求。

**学习目标**

要求所有征信从业人员正确理解信用信息的不同类型。

**知识点正文**

信用信息可以依据信息主体的社会属性、信息内容属性以及信息对信息主体信用状况的影响等标准进行分类。

1. 依据信息主体社会属性的不同，信用信息可以分为个人信用信息和企业信用信息。个人信用信息的信息主体是自然人；企业信用信息的信息主体是企业、事业单位或其他组织。信息主体社会属性不同，决定了信息主体权益保护的原则也不同。个人信息往往比企业信息实行更加严格的保护制度。例如，在征信机构采集信息环节，个人信息大多都遵循信息主体授权同意方可采集的原则，而企业信息的采集往往无须信息主体授权同意。

2. 依据信息内容属性的不同，信用信息可以分为债务信息和非债务信息。债务是未来需要履行偿还或给付的义务。债务信息是指信息主体的负债状况信息以及履行债务义务的历史记录信息。非债务信息是指与信息主体信用状况密切相关的非债务属性类信息，如信息主体的支付结算、经营履约、财产等信息。

3. 依据信息对信息主体信用状况影响的不同，信用信息可以分为正面信息和负面信息。正面信息是指对信息主体偿债履约能力判断构成正面、积极影响的信息，如按时履行合同约定或法定义务的信息。负面信息有时也称作不良信息，是指对信息主体偿债履约能力判断构成消极、负面影响的信息，如未按照合同约定或法律规定履行义务的信息。

**自测习题**

一、填空题

信用信息可以依据_____、_____以及_____等标准进行分类。

二、单项选择题

1. 依据信息主体社会属性的不同，信用信息可以分为（　　）和（　　）。

  A. 个人信用信息  B. 企业信用信息  C. 债务信息  D. 负面信息

2. 依据信息内容属性的不同，信用信息可以分为（  ）和（  ）。

  A. 个人信息  B. 企业信息  C. 债务信息  D. 非债务信息

3. 依据信息对信息主体信用状况影响的不同，信用信息可以分为（  ）和（  ）。

  A. 正面信息  B. 负面信息  C. 债务信息  D. 非债务信息

## 知识点三　个人信用信息与企业信用信息

### 引导/概述

  根据信息主体的社会属性，将信用信息分为个人信用信息与企业信用信息。在征信活动中，个人信用信息与企业信用信息都不得包含法律、行政法规禁止采集的信息以及危害国家利益、侵犯商业秘密和个人隐私的信息。

### 学习目标

  要求所有征信岗位从业人员正确理解个人信用信息与企业信用信息的主要内容。

### 知识点正文

#### 一、个人信用信息

  个人信用信息是指信息主体为自然人的信用信息。征信业务中的个人信用信息主要包括：一是个人身份基本信息，包括姓名、证件类型及号码、通信地址、联系方式、婚姻状况、居住信息、职业信息等；二是能直接反映信用状况的信息，包括贷款信息（如贷款银行、贷款数额、贷款期限、还款方式、实际还款记录、担保信息等），信用卡信息（如发卡银行、授信额度、还款记录等），以及其他融资性负债信息（如水、电、天然气、电信服务欠费欠款等）；三是影响债务偿付能力的其他信息，主要是社会管理中因履行法定义务而形成的被动负债信息以及受到的法律法规处罚信息（如欠税、欠缴行政罚款、未执行的法院判决赔付款等）。

  在我国的征信业务活动中，个人信用信息通常还包含配偶的信息。企业的董事、监事、高级管理人员及其履行职务相关的信息，属于企业登记信息或应向社会公众披露的信息，不作为个人信息。个人信用信息不得包含宗教信仰、基因、指纹、血型、疾病和病史信息以及法律、行政法规禁止采集的其他个人信息。在未取得个人书面同意的前提下，也不得包含收入、存款、有价证券、商业保险、不动产的信息和纳税数额信息。即使在法律允许的情况下，个人信息采集也不是越多越好。欧美国家根据个人信息保护的相关法律规定，个人信息采集须遵循"最低"和"适用"两个原则，包括征信机构在内的任何机构，不能无限地滥采个人信息。

### 二、企业信用信息

企业信用信息是指信息主体为企业、事业单位或其他组织的信用信息。征信业务中的企业信用信息主要包括：一是企业基本信息，包括企业名称、注册业务范围、注册地址、企业年检信息等；二是企业信用交易信息，包括金融机构信贷信息、商业信用信息等；三是企业经营信息，包括财务信息、管理信息等；四是有助于了解和判断企业偿债履约能力的其他信息，包括行政执法信息、司法判决信息等。企业信息不得包含法律、行政法规禁止采集的危害国家利益、侵犯企业商业秘密的信息。

## 自测习题

### 一、判断题

1. 在征信活动中，个人信用信息是指自然人的所有信息。（    ）
2. 在征信活动中，企业信用信息不得包含危害国家利益、侵犯商业秘密的信息。（    ）

### 二、多项选择题

1. 个人信用信息不得包含（    ）。

A. 配偶的信息

B. 宗教信仰、基因、指纹信息

C. 血型、疾病和病史信息

D. 收入、存款信息，但已取得本人书面同意采集的

2. 企业信用信息包含哪几类？（    ）

A. 企业基本信息

B. 企业信用交易信息

C. 企业经营信息
D. 有助于了解和判断企业偿债履约能力的其他信息

## 知识点四　债务信息与非债务信息

**引导/概述**

依据信息内容属性，信用信息可以分为债务信息和非债务信息。征信主要是围绕债务信息开展的信息服务活动，非债务信息在征信活动中居于从属地位，是债务信息的有益补充。

**学习目标**

要求所有征信从业人员正确理解债务信息和非债务信息的含义以及二者在征信活动中的作用。

**知识点正文**

一、债务信息

债务信息是指信息主体的负债状况信息以及履行债务义务的历史记录信息。根据债务信息产生的社会法律关系属性，债务信息可以分为两大类。

一是市场交易产生的债务信息。按照交易主体的类型，市场交易产生的债务信息可以分为：

1. 金融机构与企业、个人在信贷、担保、信用卡等金融交易活动中所产生的债务信息和偿还记录，例如，企业和个人的银行信贷信息、贷款担保信息以及信用卡透支信息等。

2. 企业和个人与其他企业、个人在投融资、赊销等交易活动中产生的债务信息和偿还记录，例如，企业和个人的民间借贷信息，企业应付账款信息，个人水、电、天然气、电信服务欠费欠款信息等。

二是公权力部门履行相关法定职责所产生和掌握的企业和个人在履行法定义务过程中形成的负债信息和偿还记录，如欠税，欠缴的社会保障费用，接受行政处罚中欠缴的罚款，法院判决后未执行的拖欠款等，这类负债信息属于企业或个人的法定义务，欠税、欠费、欠款相当于公权执法部门"被迫"向当事人提供了信用支持，当事人是须偿还这类拖欠款项的。

对债务信息的界定，人们可能有不同的认识，但万变不离征信的内核，即征信主要是围绕债务信息开展的信息服务活动。换而言之，征信是一种信息服务，但不是所有的信息服务都是征信。企业和个人在支付结算、社交等活动中产生的非债务信息，可以作为债务信息的补充，但其作用有限。

**二、非债务信息**

非债务信息是指与信息主体信用状况密切相关的非债务属性类信息。并非所有的非债务信息都属于信用信息，只有与信息主体信用状况直接相关，即在理论或实践中可以验证其对信息主体偿债履约能力构成影响的非债务信息才属于信用信息，如信息主体的资产、收入、支出等信息对判断信息主体偿债履约能力具有重要作用。征信活动中的非债务信息并非越多越好，考虑到保护个人隐私和企业商业秘密的需要，只有法律未禁止采集且能够为判断信息主体偿债履约能力提供有效帮助的非债务信息才属于征信活动采集的范围。

一般而言，非债务信息无法全面、客观地反映信息主体的信用状况，难以帮助信息使用人对信息主体偿债履约能力作出准确的判断。非债务信息在征信活动中居于从属地位，是债务信息的有益补充。

## 重要概念

债务信息是指信息主体的负债状况信息及履行债务义务的历史记录信息，征信主要是围绕债务信息开展的信息服务活动。

## 自测习题

**一、填空题**

1. 债务信息是指信息主体的_____以及_____。
2. 根据债务信息产生的社会法律关系属性，债务信息可以分为两大类：_____和_____。

**二、判断题**

1. 单纯的非债务信息服务，也属于征信。（　　）
2. 征信主要是围绕债务信息开展的信息服务活动。（　　）

## 知识点五　正面信息与负面信息

### 引导/概述

根据信息对信息主体信用状况造成的影响，可将信用信息分为正面信息与负面信息。征信发展之初大多只共享负面信息，后来过渡到既共享负面信息也共享正面信息。基于惩戒应当适当的原则，包括我国在内的很多国家和地区对个人负面信息保存期限都作出了相应的规定。

### 学习目标

要求所有征信从业人员正确理解正面信息和负面信息的含义以及对负面信息保存期限的要求。

### 知识点正文

正面信息是指对信息主体偿债履约能力判断构成积极、正面影响的信息，如依照合同约定及时偿还贷款、按时支付公共事业费用的记录信息，会让信息使用者认为信息主体具备良好的偿债意愿与履约能力。反之，负面信息是指对信息主体偿债履约能力判断构成消极、负面影响的信息，有时也称作不良信息。负面信息包括信息主体在借贷、赊购、担保、租赁、保险、使用信用卡等活动中未按照合同履行义务的信息，以及对信息主体的行政处罚信息、法院判决及强制执行信息等。

征信机构采集债务人的信息，最初大多只采集其负面信息，后来过渡到既采集负面信息也采集正面信息。目前，大多数国家的征信机构对正面信息和负面信息均予以采集，但也有少数国家规定征信机构只能采集正面信息或者只能采集负面信息。那么在允许采集正面信息的法治环境下，是否正面信息采集得越多越好呢？也不是。欧美国家根据个人信息保护的相关法律规定，个人信息共享须遵循"最低"和"适用"两个原则，不能无限地采集个人信息。

征信服务在减少交易主体之间信息不对称的同时，也重在构建"守信激励"和"失信惩戒"机制，因此，应给予信息主体重塑信用形象的机会，即惩戒应当适当、合理，这就需要为负面信息设定保存期限。这主要体现在对个人负面信息保存期限的有关规定方面。例如，美国在《公平信用报告法》中明确规定，对发出救济令或破产宣告之日起超过 10 年的信息，民事诉讼、民事判决或被捕记录登记之日起超过 7 年的信息，税收留置自完税之日起超过 7 年的信息，催收账户超过 7 年的信息等不予保存。意大利的相关法律规定，对违约不超过两个分期付款周期或两个月的负面信息，保存期限自负面行为消除之日起不超过 12 个月；对违约超过两个分期付款周期或两个月的负面信息，保存期限自负面行为消除之日起不超过 24 个月；对仍存在逾期的负面信息，保存期限自产生该信息的合同到期日起不超过 36 个月。我国《征信业管理条例》也规定了负面信息自不良行为或事件终止之日起超过 5 年的，应当予以删除。

### 自测习题

**一、填空题**

1. 正面信息是指对信息主体_____构成积极、正面影响的信息。

2. 负面信息有时也称作_____。

**二、多项选择题**

1. 以下哪几项属于负面信息？（    ）

   A. 贷款未按照合同要求按时还款的信息

   B. 因违规经营受到行政处罚的信息

   C. 因经济合同纠纷被法院判决并强制执行的信息

   D. 按时足额缴纳税款的信息

2. 一般来说，下列哪些经济金融活动中如未按时履约，容易出现负面信息？（    ）

   A. 贷款　　　　　　　　　　B. 信用卡还款

   C. 对第三方提供担保　　　　D. 赊购商品

## 知识点六　征信活动中的信用信息

### 引导/概述

征信活动中的信用信息具有三个显著特征，即合法性、可靠性和可验证性。当然，受法律制度和征信技术的约束，并非所有的信用信息都被纳入征信活动。

**学习目标**

要求所有征信从业人员了解征信活动中信用信息的基本特征，深入把握征信业务活动的内涵和实质。

**知识点正文**

理论上讲，征信活动可以包括信息主体所有的信用信息。但在实践中，由于法律制度和征信技术的约束，并非所有的信用信息都能够被纳入征信活动。一般来说，征信活动中的信用信息具有以下三个基本特征。

一、合法性

《征信业管理条例》第三条规定："从事征信业务及相关活动，应当遵守法律法规、诚实守信，不得危害国家秘密，不得侵犯商业秘密和个人隐私。"因此，征信活动中信用信息的采集渠道、方式必须合法，不得以窃取或其他非法方式获取信用信息，不得采集法律禁止采集的个人信息或者未经个人同意采集个人信用信息。例如，疾病或病史信息与个人偿债履约能力相关，但是按照《征信业管理条例》第十四条属于禁止采集的信息；又如，个人收入、存款、有价证券、商业保险、不动产和纳税数额信息，与个人偿债履约能力也密切相关，但按照《征信业管理条例》第十四条规定必须明确告知信息主体提供该信息可能产生的不利后果，并取得其书面同意才能采集。不仅如此，在信息处理过程中，即便有些身份信息如性别等从理论研究来看会对个人信用状况造成一定影响，但是出于非歧视性的保护原则，一些国家如美国的《公平信贷法》（*Equal Credit Opportunity Act*）仍禁止将性别、种族、婚姻状况等因素纳入个人信用评价。

二、可靠性

虽然信用信息的真实性、准确性最终是由信息提供者负责，但是按照《征信业管理条例》第二十三条规定，"征信机构应当采取合理措施，保障其提供信息的准确性"，这就要求征信机构在采集时，需要对信息提供者提供的信用信息的客观性、准确性进行必要的评估，整理、保存、加工后还需要定期或不定期进行数据比对，以保证信用信息的可靠性。可靠性并不是说征信活动中的信用信息绝对准确无误，而是说征信活动中的信用信息必须是经过客观记载，其真实性、准确性是可以追溯、核验的，其数据质量是可靠且经校验、比对具有较高稳定性的。无法保障可靠性的信用信息不宜纳入征信活动，例如，电信服务实名制落实之前的缴费信息等。

### 三、可验证性

征信服务活动就是通过提供信用信息服务帮助信息使用者了解、判断信息主体的信用状况，如果所提供的信息对信息主体偿债履约能力的影响无法得到验证，信息也就失去了其应有的价值。因此，征信活动中的信用信息与信息主体偿债履约能力之间的相关性或对其偿债履约能力的影响应当是可以验证的。一般而言，信息主体的偿债履约能力可以用债务违约率或违约可能性的排序来度量。债务违约率是对偿债履约能力的绝对度量，违约可能性的排序是对偿债履约能力的相对度量。这两个度量指标的建立都离不开债务信息。所以说，债务信息尤其是市场交易产生的债务历史记录信息应当属于征信活动中必不可少的内容。缺少债务信息是无法有效验证非债务信息与债务违约率或违约可能性的排序之间的相关性的。因此，虽然在互联网、大数据技术发展的支持下，越来越多的非债务信息进入征信活动，但单纯的非债务信息服务并不能构成真正意义上的征信业务活动。而且过多地采集、共享与信息主体偿债履约能力不相关或无法验证存在相关性的非债务信息，不仅对征信活动的有效性无益，还有可能引发信息主体对其隐私或商业秘密保护的担忧。

## 自测习题

### 一、填空题

1. _____是征信活动中必不可少的信用信息。
2. 征信活动中的信用信息具备三个特征：_____、_____、_____。

### 二、多项选择题

1. 征信活动中的信用信息具备的三个特征包括（　　）。

A. 合法性　　　B. 可靠性　　　C. 多样性　　　D. 可验证性

2. 信用信息的可验证性是指（　　）。

A. 信息与信息主体偿债履约能力之间的相关性是可以验证的

B. 信息来源是可验证的

C. 信息来源是可追溯的

D. 信息对信息主体偿债履约能力的影响是可以验证的

# 第三章 征信业务

**本章使用说明：** 本章适用于人民银行征信管理人员、征信机构从业人员、提供信息和使用信息的相关机构和人员。

### 本章介绍

征信业务自诞生以来，一直在不断地演进和变革。只有对纷繁多样的征信业务进行分类、剖析和总结，准确把握其本质特点和一般规律，征信业才能形成清晰的发展定位、合规开展业务，监管者才能有效强化市场监管。本章首先给出了征信业务的基本定义和主要分类，其次介绍了开展征信业务的原则和通用规则，最后对四类具有代表性的征信业务进行了详细阐述。

## 知识点一 征信业务的定义和分类

### 引导/概述

征信业务是怎样的一种经济活动，具有哪些与众不同的特征？本节从征信业务的定义出发，明确了征信活动的主体、对象和目的，介绍了辨别征信业务的三个特征，并对征信业务的分类进行了简要阐述。

### 学习目标

要求人民银行征信管理人员、人民银行征信中心工作人员、征信机构从业人员、提供信息和使用信息的相关机构和人员熟练掌握征信业务的定义和特征，对征信业务的不同分类有基本的了解。

## 知识点正文

### 一、征信业务的定义

作为市场经济中的一种专业活动，征信是出于特定目的、针对特定对象的专业化信息服务。《征信业管理条例》明确："本条例所称征信业务，是指对企业、事业单位等组织（以下统称企业）的信用信息和个人的信用信息进行采集、整理、保存、加工，并向信息使用者提供的活动。"

根据这一定义，征信业务是通过掌握企业和个人的信用信息来帮助了解企业和个人的信用状况。征信活动的相关方包括信息主体、征信机构、信息提供者和信息使用者等。

### 二、征信业务的特征

判断一项业务是不是征信业务，应把握三个要点：

1. 征信业务的基础是信用信息。这主要是指企业和个人的负债历史记录以及偿债履约能力判断信息，此类信息能够反映或描述信息主体的信用特征和信用价值。不能反映信用特征的信息服务不是征信业务，如民意调查、人口普查、商业咨询等。

2. 信用信息来源于外部。信息提供者出于商业目的、协议约定或法律义务向征信机构提供信息，这是征信业务的一大特点。由自身业务需要延伸出的信用信息采集、保存、提供，不是征信业务，如电信公司对电信缴费、欠费信息的处理。

3. 向信息使用者提供。征信机构采集、处理信用信息不是"自采自用"，而是要向外部信息使用者提供。一般工商企业对客户的分群、定级，信贷机构对信用信息进行采集、整理、保存等，不能直接向其他信贷机构、信息使用者提供，因此不属于征信业务范畴。

根据以上三个要点，征信业务的基本特征是由交易双方之外的第三方开展的信用信息服务活动。这样，第三方征信作为一个特定的范畴，就有别于市场主体在经营活动中对自身客户的信息管理。

### 三、征信业务的分类

各国对征信业务的具体分类各有不同，大多根据各自的习惯、法规和管理的需求加以区分。按照对信用信息加工处理的不同方式，我国将征信业务分为信用登记、信用评分、信用调查、信用评级等。美国《公平信用报告法》将征信业务定义为"提供信用报告查询和信用调查服务"，英国《消费信用法》将征信业务种类划分为信用报告查询服务、信用信息增值服务和外包服务。

信用评级由于其特殊性，虽然属于征信业务，但我国未在《征信业管理条例》中对其进行规定，而是另行出台办法进行专门监管。

根据被征信对象的不同，征信业务可分为个人征信和企业征信。无论是个人征信还是企业征信，征信机构针对不同信息主体，都可从事信用登记、信用评分、信用调查等全面业务，或仅从事其中某一类业务。

**重要概念**

征信业务是指对企业、个人的信用信息进行采集、整理、保存、加工，并向信息使用者提供的活动。按照对信用信息加工处理的不同方式，我国征信业务分为信用登记、信用评分、信用调查、信用评级等。

**自测习题**

一、填空题

征信业务的对象是企业和个人的＿＿＿＿＿＿＿，目的是缓解交易双方的信息不对称问题。

二、多项选择题

1. 《征信业管理条例》所称的征信业务，是指对企业、事业单位等组织的信用信息和个人的信用信息进行采集、保存、（　　），并向信息使用者提供的活动。

　　A. 发布　　　　B. 整理　　　　C. 加工　　　　D. 维护
　　E. 使用

2. 征信活动的相关方包括：（　　）。

　　A. 信息主体　　B. 征信机构　　C. 信息提供者　　D. 信息使用者
　　E. 信息传输者

## 知识点二　征信业务的原则和通用规则

**引导/概述**

尽管不同国家、不同时期的征信业务各不相同，但在长期发展过程中，从业者们逐渐总结出一些从事征信业务的基本原则和通用规则，并获得业界和政府监管部门的认可。这些原则和规则有助于征信行业提升业务规范水平，更好地保护信息主体尤其是个人信息主体的合法权益。

## 学习目标

人民银行征信管理人员、征信机构从业人员应全面掌握征信业务的原则和通用规则，提高合规意识，并在业务实践中加以应用；提供信息和使用信息的相关机构和人员应熟悉和了解征信业务的原则和通用规则。

## 知识点正文

### 一、征信业务的基本原则

《征信业管理条例》规定："从事征信业务及相关活动，应当遵守法律法规，诚实守信，不得危害国家秘密，不得侵犯商业秘密和个人隐私。"其中，守法是底线和前提，诚实信用是市场经济活动的基本道德准则，两个"不得"是根据征信业务提供信息服务、容易涉密的特点，从反面作出的禁止性规定。

### 二、征信机构从事征信业务的原则

征信机构在从事征信业务过程中，应当遵循独立性、公正性和信息主体权益保护原则。

独立性是指征信机构在业务和公司治理结构上不受股东及其关联方、信息提供者和信息使用者的支配，作为第三方依法合规独立开展业务。

公正性是指征信机构从事征信业务，应当客观公正，不得违反社会公平正义，不得对信息主体作出歧视性的安排。

信息主体权益保护是指征信机构根据独立性和公正性的要求，在征信活动中依法维护信息主体的合法权益，防范侵害个人隐私和商业秘密。

### 三、通用业务规则

规则与合规管理贯穿于整个征信业务流程之中，而通用规则普遍适用于各类征信业务。一般而言，我国征信业务有如下通用规则。

1. 对于信息采集而言，主要规则有：（1）建立信息审核制度，确保信息来源清晰、可查，保障信用信息准确、及时、完整。（2）有限采集信息，不得采集和使用与其提供的产品和服务无紧密关联的信息。（3）采集个人信息应当经信息主体本人同意，表示同意的方式可以是信息主体亲笔签名的书面同意文件，也可以是具有法律效力的电子签名。（4）信息提供者向征信机构提供个人不良信息的，应当于不良信息产生后、提供前告知信息主体本人，给信息主体留出合适的反应时间。(5) 征信机构不得以欺骗、诱导、胁迫等非正常方式采集企业和个人信息，不得伪造信息或者承诺不采集负面信息。(6) 采集财产性信息的，应明确告知信息主体可能产生的不利后果，并将财产性个人信息与其他个人信息相区分。

2. 对于信息的保存、整理、加工而言，主要规则有：(1) 信息的保存、整理、加工应当拥有严格的安全性和可靠性标准。(2) 征信机构在整理、保存、加工信息过程中发现信息错误的，应当及时进行甄别，属于征信机构内部处理错误的，应当及时更正，属于信息提供者报送错误的，应当及时通知信息提供者更正。

3. 对于信息的提供和使用而言，主要规则有：(1) 信息使用者使用个人信息应当有合法、合理、明确、具体的目的，按照与信息主体约定的用途使用。超出约定用途的，信息使用者应当另行取得信息主体书面同意。(2) 征信机构应当与信息提供者、信息使用者依法约定各自在取得信息主体同意、信息更正、异议处理、信息安全、产品用途以及使用期限等方面的权利、义务和责任。(3) 征信机构在提供征信服务和产品时，不得对评价结果进行承诺或根据评价结果进行差异化收费，不得使用对评价结果有暗示性的内容进行市场推介；不得以"存在负面信息""信息错误或不完整""便利融资"等为由，向信息主体提供"完善信用档案""信用报告修复"等服务并收取费用；不得以胁迫、欺骗、诱导的方式提供征信产品、服务或从事其他影响征信业务客观公正的活动。

## 重要概念

征信业务的基本原则是：遵守法律法规，诚实守信，不得危害国家秘密，不得侵犯商业秘密和个人隐私。征信机构从事征信业务的原则有独立性、公正性和信息主体权益保护。

## 自测习题

### 一、填空题

1. 从事征信业务及相关活动，应当遵守法律法规，＿＿＿＿＿＿，不得危害国家秘密，不得侵犯商业秘密和个人隐私。

2. 采集财产性信息的，应明确告知信息主体可能产生的＿＿＿＿＿＿，并将财产性个人信息与其他个人信息相区分。

二、判断题

1. 从事征信业务不得危害国家机密、侵犯商业秘密和个人隐私。(　　)
2. 获得个人信息主体同意的方式必须是由信息主体亲笔签名的书面同意文件。(　　)

三、单项选择题

1. 为防范征信活动相关方之间可能存在的利益冲突，一般会对征信机构的股东持股比例进行限制，目的是保持征信业务的(　　)。

　　A. 独立性　　　　B. 客观性　　　　C. 公正性　　　　D. 公平性

2. 信息提供者向征信机构提供个人不良信息的，应当于(　　)告知信息主体本人。

　　A. 不良信息产生前　　　　　　B. 不良信息产生后、提供前
　　C. 不良信息提供后 3 日内　　　D. 交易合同签订之日

四、多项选择题

征信机构开展征信业务的原则有：(　　)。

　　A. 独立性　　　B. 合规性　　　C. 公正性　　　D. 准确性
　　E. 全面性　　　F. 信息主体权益保护

# 知识点三　信用调查

## 引导/概述

信用调查是最早的征信业务，起源于 19 世纪初英国的裁缝行业，伦敦的裁缝之间会索取和分享那些下了订单但不取货、不付款的贵族名单。信用调查机构收集分散在社会各领域的企业、个人信用信息，经过汇总、加工形成调查报告，为委托人达成交易或处理逾期账款、经济纠纷提供参考。信用调查的特征是需求驱动和定制化服务，在身份验证与反欺诈、市场营销、企业风险管理以及个人背景调查等领域有着广泛的应用。

## 学习目标

征信机构从业人员应熟悉信用调查业务的种类和规则，提供信息和使用信息的相关机构和人员应了解信用调查业务的种类和特点；人民银行征信管理人员应

全面掌握信用调查业务的特点和监管规则。

## 知识点正文

### 一、信用调查的定义

信用调查是指采集、整理、保存、加工企业和个人偿债履约能力判断信息，为身份验证和反欺诈、客户分群、市场营销、人才招聘、企业风险管理等活动提供信息服务。

### 二、信用调查业务的特点

信用调查业务具有受托性、保密性和多样性的特点。信用调查通常采用被动的业务方式，接受客户委托并开展定制化业务。调查结果一般不向社会公众公开，仅提供给委托方使用。调查报告在分析时会适当采用调查员的观点，内容具有一定主观性。调查的应用范围十分广泛，目的多样化，如制定授信政策或额度，对关键客户或风险客户进行风险监控，选择贸易合作伙伴，招聘和管理雇员，保险公司接受投保和确定保费等。

### 三、信用调查业务的种类

根据调查对象的不同，信用调查业务可分为企业信用调查、个人信用调查等。企业信用调查的内容包括企业的资产、经营、历史、付款记录、财务状况、公共记录等；个人信用调查的内容包括个人背景、信用价值、信用状况、信用能力以及消费特点、品行、生活方式等。

根据调查目的的不同，信用调查可分为授信信用调查、交易信用调查、投资信用调查、聘雇信用调查、管理信用调查等。授信信用调查供金融机构授信之用；交易信用调查应用于商业交易往来；投资信用调查是对投资对象所作的信用调查；聘雇信用调查是对聘雇人员的品行、才能、忠实度等所作的调查；管理信用调查则属于企业内部资信调查，目的在于促进企业内部管理。

根据对信息的挖掘程度不同，信用调查业务分为普通调查、深度调查和专项调查。受费用限制，普通调查报告的内容以基本信息为主，辅以调查机构对被调查对象的信用评价。深度调查增加了企业资产变化、土地使用权、经济纠纷、财务分析以及关联方群体等普通调查没有的内容。专项调查是专门针对委托人特别要求的一项或几项问题而开展的调查。

此外，根据调查区域的不同，信用调查可分为国际信用调查和国内信用调查。按照调查时间的不同，可分为事前信用调查、追踪信用调查、催收信用调查等。

### 四、两类典型的信用调查业务

目前，国内尚未形成成熟的信用调查业务，全国性的反欺诈信息共享数据库尚未建立，信用调查业务的定制化水平和差异化服务的能力与西方发达国家相比还有较大差距。这里选取国外两类典型的信用调查业务作简单介绍。

1. 身份验证与反欺诈服务。指征信机构利用所采集的身份信息、电话信息以及授信等信息，比对、验证信息主体提供的信息是否真实，防止身份冒用和欺诈。客户通过输入信息主体的申请资料，与征信机构通过权威渠道采集的公众身份信息或禁入类黑名单进行比对，识别客户身份，或交叉参照各种不同数据发现异常，防范第一方欺诈和第三方欺诈。该项业务在西方发达国家属基础性征信产品，原因有：一是许多国家没有身份证制度，身份识别困难；二是信贷机构和信用卡服务商线上审批比重较大，欺诈风险较高。

2. 市场营销与客户分群。指征信机构利用信息主体的各类行为信息，包括购买习惯、生活方式，或利用授信机构、制造商、零售商等所拥有的客户信息，运营数据分析、模型开发以及营销管理方面的经验，为用户提供市场营销方面的解决方案，如确定目标市场分级、筛选潜在客户、优化营销流程、实现交叉销售等。

### 五、信用调查业务的主要规则

1. 信息合理有效。信用调查所采集和使用的信息应当经过充分甄别论证，对信息主体身份认证、反欺诈、客户分群等的判断结果应当可追溯。

2. 制度规范公开。应当建立健全信用调查业务管理制度，明确信用调查业务类型、操作流程与方案，合法、客观、公正地开展信用调查业务活动。从事身份验证和反欺诈业务的，应当建立明确的身份验证和反欺诈认定标准，并向社会公开。

3. 限制用于信用交易以外的场景。调查机构将个人信息通过分组或客户分群用于营销等非信用交易用途时，应当明确告知信息主体，并单独取得信息主体的同意，不得与信用交易捆绑一并取得信息主体同意。信息主体有权拒绝将其个人信息用于营销等非信用交易用途，个人征信机构应当建立拒绝营销的信息主体名单制度。

**重要概念**

信用调查业务的主要特点有受托性、保密性和多样性。信用调查的对象可以是企业，也可以是个人。信用调查还具有产品定制化的特点，能够为客户提供多种增值服务。

## 自测习题

### 一、填空题

1. 信用调查业务具有_____、_____和_____的特点。
2. 最早的征信业务是_____。

### 二、判断题

在用于营销等非信用交易用途时,个人信息主体有权拒绝接受信用调查。
(    )

### 三、多项选择题

根据调查目的的不同,信用调查可分为:(    )。

A. 授信信用调查　　　　　　　B. 交易信用调查
C. 投资信用调查　　　　　　　D. 聘雇信用调查
E. 管理信用调查

# 知识点四　信用登记

## 引导/概述

随着时间的推移,信用调查机构积累的数据越来越多,形成了固定的信息供给渠道和数据库,由"行商"转为"坐商",演变出信用登记业务。信用登记较信用调查而言,成本更低、数据量更大,具有规模效益。信用登记机构及其数据库是金融基础设施中不可或缺的组成部分,具有缓解信息不对称、促进信贷交易、形成社会信用意识等功能。

## 学习目标

征信机构从业人员应熟悉信用登记业务的特点、规则和主要流程,提供信息和使用信息的机构和人员应了解信用登记业务规则和特点;人民银行征信管理人员应全面了解信用登记业务的规则及流程。

## 知识点正文

### 一、信用登记的定义

信用登记是指逐笔采集和匹配企业和个人的负债历史记录,整理、保存、加工后，以信用报告等形式客观展示和对外提供的活动，是最典型、最基础的征信业务。

## 二、信用登记业务的特点

1. 基础性。信用登记是最基础的征信业务，一般是对原始数据加工整理，客观反映信息主体的历史信用记录，不作主观分析和预测，所提供的信用报告具有广泛的适用性。通过对数据作进一步分析、挖掘、整合，可以开发出一系列其他征信业务和增值产品。

2. 批量化。通常是按法律规定或根据协议约定，由商业银行或其他机构主动、定期向征信机构批量报送数据，进而对信息进行集中处理。

3. 标准化。主要体现为两方面：一是信息采集的标准化。信用登记机构往往事先制定一个包含数据内容和格式要求的数据采集标准，让信息提供者按标准报送数据。二是信用报告的标准化。信用登记机构提供的信用报告产品具有标准化的内容和格式，使得不同信息主体间的信用报告具有可比性。

## 三、信用登记业务的主要规则

信用登记业务所采集和使用的信息应当主要是企业和个人的负债历史记录。信用登记机构应当公开信息采集和使用规则，明示采集、使用信息的目的、方式和范围。

信用登记的产品主要是信用报告，信用登记机构应当公开信用报告的基本内容，对报告内容及专业名词进行解释说明。个人信用报告内容应当包括信息主体的基本信息、负债与担保历史记录、信息使用者及信用主体的查询记录、异议标注、个人声明等。

信用登记机构应当采取有效措施，保障数据质量和安全性，保护信息主体的合法权益。

国内外的信用登记业务规则不尽相同。如信息采集方面，英、美等国私营征信机构的信贷信息采集完全靠与银行的协商，银行有选择征信机构的自主权，因此没有哪家征信机构能够做到信贷市场全覆盖。信用报告使用方面，美国《公平信用报告法》对个人信用报告的使用范围进行了限定，但可以不经授权查询；而我国《征信业管理条例》规定信用报告必须经信息主体授权才能查询。

## 四、信用登记业务的简要流程

信用登记业务依托于征信数据库。其主要流程包括数据采集、数据处理、生成和提供产品、后续服务四个阶段。

1. 数据采集。目前，信用登记机构采集信息主要有两种方式：一是批量接入。信息源机构根据与征信机构约定的数据采集接口标准，编制特定的数据抽取程序，从业务数据库中导出数据，形成数据文件，再通过专用的计算机网络批量提供给征信机构。二是手工录入。对信息化水平不高的信息来源机构，征信机构会提供手工录入通道，将非电子化征信数据形成数据文件，导入征信数据库。

2. 数据处理。数据采集后，征信机构对基础数据进行一系列的数据处理，使之符合征信数据库的要求，主要步骤包括数据转换和清洗、数据加载和校验等环节。

3. 生成和提供产品。收到查询请求后，数据库根据主要检索项，将库内信息提取出来，并按照特定的格式进行展示，形成信用登记业务的产品——信用报告。信用报告的服务方式有多种，如专线、互联网、电话、邮寄等，目前我国金融信用信息基础数据库主要以专线方式向金融机构提供个人信用报告查询，以临柜、互联网、自助查询机等方式向信息主体自身提供查询。

4. 后续服务。征信机构主要向信息主体提供异议处理、个人声明等后续服务，这是信用登记的必要环节之一，也是对信息主体合法权益的保护。

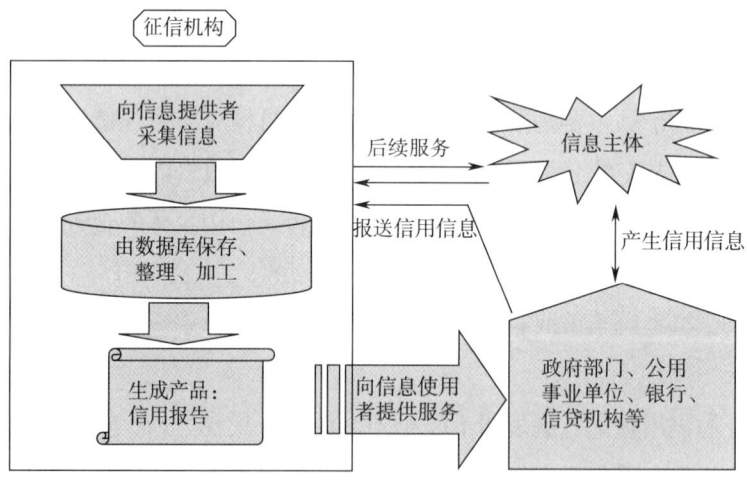

图3-1 信用登记业务简要流程

**重要概念**

信用登记业务的主要特点有：基础性、批量化和标准化。信用登记机构须明示采集、使用信息的目的、方式和范围，采取有效措施保障数据质量和安全，以更好地保护信息主体的合法权益。

## 自测习题

### 一、填空题

1. 信用登记业务具有_____、_____和_____的特点。
2. 信用登记的产品主要是_____。
3. 最典型、最基础的征信业务是_____。

### 二、判断题

1. 信用登记机构一般不向信息主体自身直接采集信息。（　　）
2. 信用登记机构一般不对原始数据进行评价。（　　）
3. 信用登记机构只采集信息主体的负面信息，不采集正面信息。（　　）

### 三、单项选择题

下列业务中，属于信用登记后续服务的是：（　　）。

A. 数据校验　　　　　　　　B. 获得信息主体授权
C. 向客户提供增值产品　　　D. 处理客户异议申请

### 四、多项选择题

1. 信用登记机构采集信息的主要方式有：（　　）。

A. 批量接入　　B. 手工录入　　C. 协议采集　　D. 强制采集

2. 信用登记业务的主要流程有：（　　）。

A. 数据采集　　　　　　　　B. 数据审核
C. 数据处理　　　　　　　　D. 生成和提供产品
E. 后续服务

# 知识点五　信用评分

## 引导/概述

　　传统的信用登记业务仅客观地展示信用信息，不对信息的好坏程度进行评价。对信用报告整合应用的需求以及概率论、数理统计技术的发展催生了信用评分业务，最具代表性的是美国费埃哲公司开发的 FICO 评分，被广泛地应用于商业银行信贷决策以及保险、通信、公用事业、房屋租赁等领域。在中国，个人信用报告数字解读等信用评分产品的推出，已经引起了社会的普遍关注。

## 学习目标

征信机构从业人员应熟悉信用评分模型开发的主要流程；信用评分使用机构工作人员应知晓信用评分的特点和规则，能够解答公众对信用评分的一般疑问；人民银行征信管理人员应全面掌握信用评分业务的规则及流程。

## 知识点正文

### 一、信用评分的定义

信用评分是指根据小微企业和个人的负债历史记录，预测和评价其未来的偿债能力和偿债意愿，并以分值区间进行标示的活动，可分为个人信用评分和小微企业信用评分。

征信机构开发的信用评分又被称为"通用信用评分"，在国外已作为征信基础产品得到广泛应用。企业对本机构的客户和潜在客户的级次评定或者评分不属于信用评分业务，不得对外提供。

### 二、信用评分的功能和特点

信用评分在相对可接受的误差内，为信贷机构、信用卡服务商等提供一个快速判断客户信用状况的工具，为信贷机构带来竞争上的优势，对于活跃经济、促进信贷交易具有较强的现实意义。

信用评分的主要特点有简洁直观、批量处理和动态调整。信用评分利用计算机模型进行自动化、批量化的运作，实现对信息主体的快速评价。评价结果以简洁的分数表现，既可嵌入信用报告，也可单独对外提供或嵌入金融机构业务流程，具有较强的通用性。信用评分目前主要用于授信额度较小、调查成本较高的领域，如消费信贷、信用卡、小企业贷款等。虽然是动态调整的，但征信机构为保障评分模型的稳定性，大多设置了数量庞大的特征变量，防止被刻意"刷分"。

### 三、信用评分业务的主要规则

1. 评分依据。信用评分应当以信用登记业务所记录的负债历史记录为主要依据，科学、公正地反映信息主体的信用状况。

2. 信用评分模型。征信机构应当对外公布信用评分模型假设、主要维度及其权重。模型应当科学、有效，并经过内部和外部充分验证。不得将与个人信用无关的要素作为评价标准。

3. 信用评分结果和应用。个人信用评分结果应该客观、公正，可解释、可溯源。个人信用评分只能用于与个人经济活动相关的场景，不能用于社交等非经济活动场景。

4. 权益保护。应用信用评分结果对信息主体造成不利影响的，信息主体有权要求征信机构对评分方法和过程作出说明，披露信用评分结果的相关变量，并获取本人的信息来源、使用情况和改善信用状况的方法。

**四、信用评分的简要流程**

信用评分业务的核心是模型的开发，其中既需要大量的数理统计技术，也包含丰富的业务经验积累。一般需要经过以下步骤。

1. 样本选择。样本选择是模型开发的基础，样本的数据质量将在很大程度上决定信用评分模型的预测能力和效果。

2. 选取自变量。主要包括因变量的确定和自变量的选取，因变量即模型需要预测的目标，如违约概率；自变量选取即确定哪些特征或因素会影响信用表现。

3. 建立初级模型。常用的模型方法有很多种，如回归分析、神经网络模型、决策树模型等。实践中，对模型方法的选择必须根据模型的性质、建模人员的经验、模型实施的便利程度等来决定，有时可能要结合多种模型方法。

4. 检验和调整模型。初级模型建成以后，经过试运行，还需要根据另一组样本值进行调整，逐渐调整到所要求的预测精度。模型检验包括对最终信用评分系统的检验和对评分流程各步骤的检验，测试模型是否具备科学性、稳定性等特点。

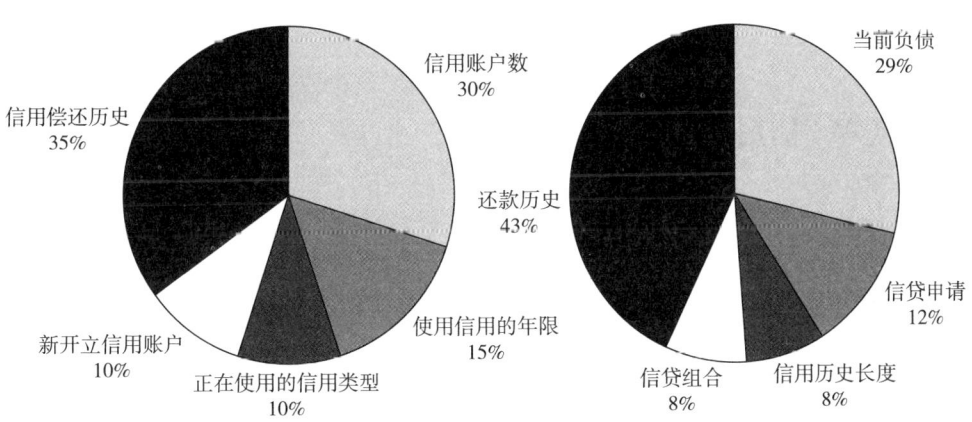

图3-2　FICO评分（左）和人民银行征信中心个人信用报告数字解读（右）的预测变量构成

### 重要概念

信用评分的主要特点有简洁直观、批量处理和动态调整。信用评分应当以信用登记业务所记录的个人的负债历史记录为主要依据，不得将与个人信用无关的要素作为评价标准。

### 自测习题

**一、填空题**

1. 信用评分的主要特点有_____、批量处理和动态调整。
2. 个人信用评分应当以信用登记业务所记录的_____为主要依据。

**二、判断题**

1. 消费者自己查询信用报告不会损害其信用评分。（　　）
2. 个人信用评分在社交等非经济活动场景中也有广泛应用。（　　）

**三、单项选择题**

1. 不良记录发生的时间离现在越近，对评分的负面影响（　　）。
   A. 越小　　　　B. 越大　　　　C. 没有影响　　　　D. 不确定
2. 人民银行征信中心提供的信用评分产品叫做（　　）。
   A. 个人信用报告数字解读　　　　B. 中征信 800 分
   C. 个人信用报告评分

## 知识点六　信用评级

### 引导/概述

1909 年，穆迪投资者服务公司首创对铁路债券进行信用评级，并以简明的符号表示对债券投资价值的分析结果。1924 年，惠誉公司首次推出从"AAA"级到"D"级的评级体系，该评级体系很快成为业界公认标准。在今天的国际资本市场上，美国三大评级机构（标准普尔、穆迪、惠誉）话语权强大，其评定的信用等级能够极大地影响主权国家或企业的融资成本。信用评级在信息获取方式、作业流程方法以及监管重点等方面，与其他征信业务相比，有其内在的特殊性。

## 学习目标

信用评级从业人员应熟悉信用评级的指标体系、模型及评级工作流程；信用评级结果使用机构工作人员应知晓信用评级的主要符号、含义和规则；人民银行征信管理人员应全面掌握信用评级业务的规则及流程。

## 知识点正文

### 一、信用评级的定义

信用评级，也称资信评级，是由独立的信用评级机构对影响评级对象的诸多信用风险因素进行分析研究，就其偿还债务的能力及其偿债意愿进行综合评价，并且用简单明了的符号表示出来的一种活动。

### 二、信用评级的分类

按评级对象划分，信用评级可分为债项评级（债务融资工具，如债券、票据）和主体评级（工商企业、金融机构、主权国家等）。

按债项期限划分，可分为长期评级和短期评级。长期评级针对期限在一年以上的债项，是评级机构最主要的业务品种，包括中长期债券、长期存款、股票评级等。短期评级针对一年以内的债项，主要品种有短期融资券、商业票据、短期存款评级等。

按业务方式划分，可分为主动评级和委托评级。一些评级机构想要拓展新的评级领域，会采取主动评级的方式。主权信用评级由于对象的特殊性，仅适合主动评级。此外，由两家以上评级机构共同对同一主体或债项开展的信用评级，被称为"双评级"或"复数评级"，在日本、韩国以及欧盟地区较为常见。

### 三、信用评级的符号

信用评级的结果通常是由一套简单明了的专业符号来表示，不同符号表示不同的违约风险。按照人民银行金融标准化委员会 2007 年发布的金融行业标准，中国的主体和长期债券评级的信用等级分为三等九级（AAA、AA、A、BBB、BB、B、CCC、CC、C），短期债券评级分为四等六级（A-1、A-2、A-3、B、C、D）。其中，中长期债券评级除 AAA 级和 CCC 级（含）以下等级外，每一个信用等级可用"+""-"符号进行微调，表示略高或略低于本等级。此外，信用评级机构一般还会给出对评级对象的评级展望（正面、负面、稳定、待定），表示未来级别调整趋势。

### 四、信用评级业务的基本要求

1. 真实性。在评级过程中，应按照合理的程序和方法对评级所收集的数据和资料进行分析，并按照合理、规范的程序审定评级结果。

2. 一致性。评级机构在评级业务过程中所采用的评级程序、评级方法应与机构公开的程序和方法一致。

3. 独立性。评级机构的内部信用评审委员会成员、评估人员在评级过程中应保持独立性，应根据所收集的数据和资料独立作出评判，不能受评级对象（发行人）及其他外来因素的影响。

4. 客观性。评级机构的评估人员在评级过程中应做到公正，不带有任何偏见。

5. 审慎性。在信用评级资料的分析过程和作出判断过程中应持谨慎态度，特别是对定性指标的分析和判断。在分析基础资料时，应准确指出影响评级对象（发行人）经营的潜在风险，对评级对象（发行人）某些指标的极端情况要作深入分析。

### 五、信用评级业务的简要流程

一般而言，信用评级业务流程包括评级准备、实地调查、初评、评定等级、结果反馈与复评、结果发布、文件存档、跟踪评级八个阶段。评级工作结束后，信用评级机构还会对自身评级结果开展检验，包括违约率检验、信用利差检验、稳定性检验等，用于体现、比较评级机构的执业水平和竞争实力。

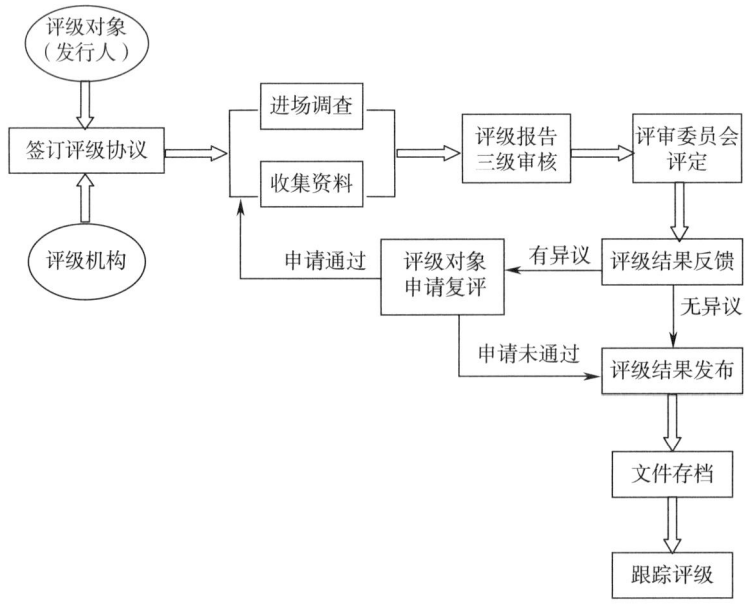

图 3-3 信用评级业务流程

**重要概念**

信用评级的对象很广泛，按对象可分为债项评级和主体评级，包括债券、票据、工商企业、金融机构、主权国家等。信用评级的主要目的是分析研究评级对象偿还债务的能力和偿债意愿。我国主体评级和中长期评级的符号是三等九级，短期评级是四等六级。

**自测习题**

一、填空题

长期评级指期限在____以上的债项评级。

二、单项选择题

信用评级预测的是被评对象未来的（　　）。

A. 资信等级　　B. 违约率　　C. 违约概率　　D. 违约金额

三、多项选择题

1. 按评级对象划分，信用评级可分为：（　　）。

A. 债项评级　　B. 主体评级　　C. 债券评级　　D. 工商企业评级

E. 主权评级

2. 信用评级展望一般包括：（　　）。

A. 正面　　B. 负面　　C. 稳定　　D. 不稳定

E. 待定

# 第四章　征信机构

**本章使用说明：** 本章适用于人民银行征信管理人员、征信机构和金融机构中高层管理人员和从事征信业务岗位人员。

**本章介绍**

在了解征信业务的定义和内涵后，本章将介绍征信机构的相关内容，包括内涵、特征和主要类型等，进而了解征信机构的发展历程和世界主要征信机构的概况。

## 知识点一　征信机构定义

**引导/概述**

征信机构是征信产品和服务的提供者，是参与征信市场活动的主体之一。知悉征信机构的定义和特征，有助于征信从业人员掌握征信机构基本内涵，这也是下一步理解和掌握征信市场及其产品和服务的重要基础。

**学习目标**

人民银行征信管理人员、征信机构中高层管理人员和征信业务岗位人员应熟悉掌握征信机构的定义和特征。金融机构中高层管理人员和从事征信业务岗位人员应对征信机构的定义和特征有基本的了解。

**知识点正文**

一、征信机构的定义

征信机构是指依照一定的法律条件设立，主要从事对个人、企业及其他组织的信用信息进行采集、整理、保存、加工，并向信息使用者提供服务的机构。征信机构既是信息的采集者，又是信息的提供者。征信机构根据自己的判断和客户的需求，收集、整理、保存各种有用的信用信息，并将这些收集、保存的信息加工，形成符合客户需要的信用报告等征信产品，并提供给客户。

从世界各国征信市场的发展演变情况来看，由于各国的国情和立法传统等方面的差异，其形成的征信体系各具特色，导致各国对征信机构的定义也并不一致。国际上经常用 Credit Bureau，Credit Reference Agency，Credit Reporting Agency 等来表述征信机构。我国对征信机构的定义主要依据《征信业管理条例》第五条"本条例所称征信机构，是指依法设立，主要经营征信业务的机构"的规定。其中，"依法设立"主要是依照《中华人民共和国公司法》《征信业管理条例》和《征信机构管理办法》等法规规定，"主要经营"则可以从营业范围、营业收入、信息采集用途和社会公众的认知等方面进行综合判断。

### 二、征信机构的特征

征信机构一般具有以下特征：

1. 信用信息主要来源于外部。征信机构主要以第三方机构的形式采集企业和个人信用信息，信息来源既包括银行、保险公司、其他工商企业以及信息主体自身，也包括公共事业单位、政府部门、法院等机构。这些机构在与信息主体从事交易、服务、实施行政或司法管理以及开展经营活动等过程中产生企业或个人的信用信息，成为征信机构的主要信息来源。

2. 主要经营征信业务。征信机构是一类特殊的金融机构，对信息主体的信用信息进行采集、整理、加工和对外提供，征信机构的所有业务都围绕着信用信息开展，信用信息及其根据信用信息所开发的产品和服务是征信机构的业务核心。

3. 信用信息提供给他方使用。征信机构自身不使用信息，只从事信息的采集、整理和加工业务，征信机构采集来的信息经过加工、整理后提供给他方使用，用于他方判定信息主体的信用风险状况，如银行放贷、工商企业选择交易伙伴以及个人信用风险管理等。

**重要概念**

征信机构是指依照一定的法律条件设立，主要从事对个人、企业及其他组织的信用信息进行采集、整理、保存、加工，并向信息使用者提供服务的机构。

## 自测习题

### 一、填空题

征信机构是指依照一定的_____设立，主要从事对个人、企业及其他组织的_____进行_____、_____、_____、_____，并向_____提供服务的机构。

### 二、多项选择题

1. 征信机构一般具有哪些特征？（　　）
   A. 信用信息主要来源于外部
   B. 主要经营征信业务
   C. 信用信息主要为内部其他业务服务
   D. 信用信息提供给他方使用
2. 我国关于征信机构定义中"依法设立"的主要依据有（　　）。
   A.《中华人民共和国公司法》
   B.《征信业管理条例》
   C.《征信机构管理办法》
   D.《政府信息公开条例》

# 知识点二　征信机构分类

### 引导/概述

了解征信机构如何分类，有助于更好地掌握征信机构的演变历程以及理解制度安排和模式对征信机构发展的影响。

### 学习目标

人民银行征信管理人员、征信机构中高层管理人员和征信业务岗位人员知悉征信机构的分类内容。金融机构中高层管理人员和从事征信业务岗位人员应对征信机构如何分类有一个基本的了解。

### 知识点正文

按照信息主体、业务方式、所有权或经营主体的不同，征信机构主要有以下三种分类方式。

### 一、按照信息主体的不同进行分类

可以分为企业征信机构和个人征信机构。企业征信机构主要是对与企业信用状况有关的信息进行采集、整理、保存、加工,为客户提供企业信用报告及其他信用信息增值服务,如美国的邓白氏公司是美国历史最悠久、规模最大的企业征信机构。个人征信机构主要是对与个人信用状况有关的信息进行采集、整理、保存、加工,为客户提供个人信用报告及其他信用信息增值服务,主要代表如占据美国个人征信市场90%以上的益百利(Experian)、环联(Transunion)和艾克飞(Equifax)等三家公司。

### 二、按照业务方式的不同进行分类

可以分为信用登记机构、信用调查机构、信用评级机构等。信用登记机构是采用特定标准与方法收集、整理及加工企业和个人信用信息并形成数据库,根据查询申请提供信用报告等查询服务的机构;信用调查机构是接受客户委托,通过信息查询、访谈和实地考察等方式,了解和评价被调查对象信用状况,并提供信用调查报告的机构;信用评级机构是对债务人在未来一段时间按期偿还债务能力和偿还意愿进行综合评价,并用专用符号标示不同的信用等级,以揭示债务人或特定债务的信用风险的机构。

### 三、按照所有权或经营性质的不同进行分类

可以分为公共征信系统和私营征信机构。公共征信系统主要由中央银行或者其他金融监督管理部门建立,并由其内设部门运营,目的是防范系统性金融风险;私营征信机构则由不同的市场主体依照各国法律设立,通过市场化运作方式,为各种类型的信息使用者防范信用风险、扩大信用交易机会提供服务。

## 自测习题

**多项选择题**

1. 按照信息主体的不同进行分类,征信机构可以分为(    )。
   A. 企业征信机构          B. 个人征信机构
   C. 公共征信系统          D. 私营征信机构

2. 按照业务方式的不同进行分类,征信机构可以分为(    )。
   A. 信用增值机构          B. 信用调查机构
   C. 信用评级机构          D. 信用登记机构

3. 按照所有权或经营性质的不同进行分类，征信机构可以分为（　　）。
A. 企业征信机构　　　　　　　B. 个人征信机构
C. 公共征信系统　　　　　　　D. 私营征信机构

## 知识点三　个人征信机构

### 引导/概述

由于个人信息的高度敏感性，个人征信机构是各国征信监管的重点，了解个人征信机构的定义和基础产品内容，是进一步理解掌握个人征信市场现状和征信监管主要政策的基础。

### 学习目标

人民银行征信管理人员、征信机构中高层管理人员和征信业务岗位人员应熟悉掌握个人征信机构的定义、基础产品等内容。金融机构中高层管理人员和从事征信业务岗位人员应对个人征信机构的定义、基础产品有基本的了解。

### 知识点正文

#### 一、个人征信机构的定义

个人征信机构主要是指采集个人信用信息、生产个人信用产品的机构。个人征信机构通过收集、整理和分析消费者（自然人）的信用信息资料，为客户提供消费者的信用报告和相关信息增值服务，帮助客户判断和控制信用风险。在征信市场发达的美国，个人征信机构称为信用局（Credit Bureau），益百利、环联、艾克飞三大信用局均为世界著名的个人征信机构。个人征信机构会从银行、信用卡发卡机构和其他非金融机构等放贷机构采集信息，同时还会采集公共信息，如法院判决、破产信息、电话簿信息或租房信息等第三方数据库的数据，此外也会收集一些非传统的信用数据，如零售商对消费者的赊销信息等。随着网络征信时代的到来，大数据技术也使征信数据的来源更加广泛，个人征信机构采集的数据日益丰富。

#### 二、个人征信机构基础产品——个人信用报告

作为个人征信机构征信基础服务的核心产品，个人信用报告反映的是个人的信用状况，主要服务于商业银行、其他金融机构、保险机构、房屋租赁机构、人

事雇用等领域。从全球范围观察，个人信用报告提供的信息以信贷信息为主，展示不同类型账户的交易信息，结构和内容都相对规范。

（一）个人信用报告主要类型

个人信用报告根据不同的使用目的，可以分为不同种类，从国际经验看，主要有两种：本人版信用报告和机构版信用报告。本人版信用报告主要作用是供信息主体了解、管理自己的信用状况，因此这一版本的信用报告内容非常翔实，通俗易懂，以全面保护信息主体的知情权，同时更强调与信息主体的互动，设有"异议处理""个人声明"等栏目。机构版信用报告的主要作用是帮助授信方了解受信方的信用状况，防范信用风险，设计内容多以数字、符号、编码等代替，便利批量查询、批量使用。

（二）个人信用报告主要内容

1. 基本信息。基本信息主要包括个人姓名、身份证号码、出生日期、地址、邮编、电话等。

2. 信贷信息。信贷信息在个人信用报告中占据主要地位，是个人信用报告的核心内容。对于已经有信贷信息的个人而言，在一国信息已经实现共享的情况下，在其信用报告中一定会出现个人的信贷信息。在几乎所有国家的个人信用报告中，信贷信息均构成了个人信用报告的核心内容和基础。

3. 公共信息。除了信贷信息外，信用报告中一般也会展示来自法院和政府部门的公共信息，如法院的判决信息、破产信息、欠税信息等。

4. 历史查询记录。历史查询记录是各国信用报告中都有的派生信息，通常由查询机构、查询原因、查询时间等数据项构成。

## 自测习题

**多项选择题**

个人信用报告主要内容包括（    ）。

A. 基本信息　　　B. 信贷信息　　　C. 公共信息　　　D. 历史查询记录

# 知识点四　企业征信机构

## 引导/概述

企业征信机构随着企业与企业之间信用交易需求产生。了解企业征信机构的定义和基础产品内容，是进一步理解掌握企业征信市场现状和征信监管主要政策的基础。

**学习目标**

人民银行征信管理人员、征信机构中高层管理人员和征信业务岗位人员应熟悉掌握企业征信机构的定义、基础产品等内容。金融机构中高层管理人员和从事征信业务岗位人员应对企业征信机构的定义、基础产品有基本的了解。

**知识点正文**

### 一、企业征信机构的定义

企业征信机构主要是收集企业信用信息、提供企业征信产品的机构。因征信制度和具体国情不同，企业征信机构的内涵略有不同。企业征信机构主要收集分散在社会各领域的企业信用信息，经过汇总、加工、储存，形成企业征信数据库，从而产生相应的企业征信产品，向社会提供各种服务。现代意义上的企业征信机构还提供信用风险管理、身份验证与防欺诈、市场营销、行业解决方案等专业服务。

### 二、企业征信机构的基础产品——企业信用报告

企业信用报告主要展示企业自身的金融信用信息和商业信用信息，客观反映企业的偿债履约能力和意愿，主要服务于金融机构以及贸易伙伴等，为它们提供企业的信用状况参考，帮助它们决定是否应接受企业的信用申请、应该给予的信用额度和利率水平，是否需要为其提供担保等。

（一）企业信用报告的主要类型

根据服务功能的不同，企业信用报告可以分为特定客户定制的主动调查报告、为国际贸易等商业活动（如企业的赊销决策等）服务的商业信用报告、为金融机构的决策提供支持的金融信用报告等。

（二）企业信用报告的主要内容

1. 企业基本情况。主要包括企业注册信息、股东信息、经营发展历史、高级管理人员情况等。

2. 企业经营状况。企业经营状况是衡量企业发展前景及信用能力的重要指标，主要包括企业的生产、销售状况，在市场中的排名等多方面信息。

3. 企业财务状况。企业财务状况是衡量企业负债及偿债能力的核心指标。一

般而言，企业信用报告中有基础的企业资产负债数据、现金流量数据和收入利润数据，这些数据来源于企业的财务报表。

4. 商业信用信息。主要是企业在参加信用交易中的赊销赊购等履约记录，反映企业在商业交易中的信用状况。就贸易而言，企业能够获得商业信用的多少可以反映出市场对企业信用的评价。

5. 信贷信息。信贷信息主要是企业在银行等放贷机构发生的借款和还款等信贷交易记录，是企业信用报告中最有价值的部分。

6. 公共信息。在企业信用报告中，其中一项重要内容是公共信息，具体的内容依据各国的信息披露制度而异，主要包括破产信息、司法判决信息、欠税信息和行政处罚信息等。

7. 评分/风险评估结果。在美国，邓白氏等企业征信机构出具的小微企业信用报告还包括反映企业信用状况、财务压力的评分。

8. 所处行业分析。部分征信机构提供的资信调查报告中还包含企业所处行业的总体状况，如平均利润率、平均付款周期、市场竞争程度、发展前景等，其目的是将企业放在行业背景下，了解其经营管理水平及发展前景，以作为信用评价的参考。

### 三、企业征信的高级形式——信用评级

在我国现阶段，鉴于信用评级的特殊性，在监管和规制上，将企业征信机构和信用评级机构分列。实际上，围绕企业公开举债的信用评级（可延伸到金融机构和政府公开发债），是企业征信的高级形式。历史上，美国穆迪评级公司就是从美国最大的企业征信机构邓白氏公司中分离出来的。在当代美国发布的北美自由贸易区产业目录和联合国发布的统计手册中，均将信用评级作为征信的一个子项对待。

信用评级是对被评对象信用状况判断的一种方式，对被评对象未来的偿债意愿与偿债能力用特定的等级符号予以标识。它具有信用风险揭示和信用风险定价的功能，主要服务于债市投资，对其他经济金融交易活动也具有辅助作用。

我国信用评级市场已经对外开放。信用评级对经济金融活动的影响将日益加深。

## 自测习题

**多项选择题**

1. 企业信用报告主要内容包括（　　）。

A. 企业基本信息、经营状况信息、财务状况信息

B. 商业信用信息、信贷信息、公共信息

C. 评分/风险评估结果

D. 所处行业分析

2. 企业信用报告主要类型包括（　　）。

A. 主动调查报告　B. 商业信用报告　C. 金融信用报告　D. 年度信用报告

3. 信用评级是（　　）。

A. 企业信用状况判断的一种方式　　　B. 主要服务于债市投资

C. 企业征信方式之一　　　　　　　　D. 已对外开放

# 知识点五　公共征信系统

### 引导/概述

从历史进程看，建立公共征信系统的最主要原因是为了防范系统性金融风险，在市场无法迅速有效建立全国统一的征信系统时，国家会采用一系列制度安排以推动其产生和发展。要对我国征信体系现状有一个较为清晰的了解，首先要先掌握公共征信系统的主要内涵。

### 学习目标

人民银行征信管理人员、征信机构中高层管理人员和征信业务岗位人员应熟悉掌握公共征信系统的定义和特点等内容。金融机构中高层管理人员和从事征信业务岗位人员应对公共征信系统的定义和特点有一个基本的了解。

### 知识点正文

一、公共征信系统的定义

国际金融公司（IFC）《征信知识指南2012》将"公共信贷登记系统"定义为"公共部门管理的数据库，通常由中央银行或银行监管机关来管理，数据库从受监管的金融机构收集借款人（个人和企业）的信用信息，向金融机构提供这些信息，并主要用于监管目的。"从世界范围来看，出于防范系统性风险和加强商业银行授信风险控制等目的，由国家设立公共征信系统，收集个人和企业的信用

信息，特别是信贷信息，是许多国家的共同选择。

### 二、公共征信系统的特点

1. 公共征信系统主要由政府建设、运营和管理。一般由中央银行等政府监管部门设立并具体负责运行管理，是政府金融监管的重要组成部分，不以营利为目的，通常以较低的成本提供信用报告。例如，德国公共征信系统所需费用全部由德意志联邦银行承担，法国公共征信系统的运行费用绝大部分列入法兰西银行的预算管理。

2. 公共征信系统的信息采集通常带有强制性。公共征信系统往往通过法律的形式，强制要求所有被监管的对象包括银行、财务公司、保险公司在内的金融机构都参加，并严格按照法律规定，定期向公共征信系统报送信用信息数据。如《德意志联邦银行法》规定，德国所有的信贷机构及其国内外分支机构、保险公司、风险投资公司等必须按季向德国公共征信系统报送信贷数据。

3. 公共征信系统的信息来源一般以金融机构的放贷信息为主。公共征信系统的信息来源通常只包括银行、财务公司、保险公司等金融监管对象，主要收集分析借款人在金融机构的信用信息数据，同时有少量的金融系统外的其他信用信息。此外，不少公共征信系统只收集一定起点金额以上的贷款信息，如德意志联邦银行信贷登记中心只收集金额 150 万欧元以上的贷款信息，法国信贷登记服务中心只收集 2.5 万欧元以上的贷款信息。

4. 公共征信系统的主要作用是防范金融风险。设立公共征信系统的主要目的是维护金融稳定，防范系统性金融风险。如德意志联邦银行信贷登记中心开发的 BAKIS – M 系统主要供德意志联邦银行等银行监管当局使用，定期提供金融机构的偿债能力和流动性分析报表，为信贷机构和监管部门提供了大量的实际案例和数据支持，为德国央行加强审慎监管和信贷投放发挥了重要作用。

## 自测习题

### 一、判断题

1. 公共征信系统的主要作用是防范金融风险。（    ）
2. 公共征信系统的数据主要来源于商业银行等受监管金融机构。（    ）
3. 公共征信系统的信息采集通常带有强制性。（    ）
4. 公共征信系统主要由政府建设、运营和管理。（    ）

### 二、多项选择题

公共征信系统的特点包括（    ）。

A. 公共征信系统主要由政府建设、运营和管理
B. 公共征信系统的信息采集通常带有强制性
C. 公共征信系统的信息来源一般以金融信息为主
D. 公共征信系统的主要作用是防范金融风险

## 知识点六　私营征信机构

### 引导/概述

私营征信机构是征信市场重要的组成部分，其主要功能是满足市场各类主体对信用信息产品和服务的需求。了解私营征信机构和公共征信系统的不同特点，是进一步掌握征信市场特点的基础。

### 学习目标

人民银行征信管理人员、征信机构中高层管理人员和征信业务岗位人员应熟悉掌握私营征信机构的定义和特点等内容。金融机构中高层管理人员和从事征信业务岗位人员应对私营征信机构的定义和特点有一个基本的了解。

### 知识点正文

#### 一、私营征信机构的定义

私营征信机构，顾名思义，是指由民营资本或私人投资设立和运营管理的征信机构，具体来说，是指市场化运作、主要为各类商业机构和消费者提供服务的征信机构。私营征信机构通常业务运作非常灵活，信息种类相对丰富，主要为各类商业机构和消费者等信息使用者提供服务。私营征信机构通常实行商业化运作，依靠市场经济法则和机制运作，建立在自愿登记的基础上进行信息共享，政府仅负责提供立法支持和监管服务。

#### 二、私营征信机构的特点

1. 私营征信机构由私人投资设立和运营管理。私营征信机构应具备完善的公司治理结构，采取商业化运作方式，以市场为导向，向各类信息使用者提供信用信息服务。如占据美国征信市场 90% 以上份额的三大消费者信用报告机构都是上市公司，通过股东大会、董事会和经营管理层对公司进行管理。

2. 私营征信机构的信息采集不具有强制性。私营征信机构不能强制金融机构或其他机构向其报送数据,数据提供商提供数据与否以及所提供数据的范围、类型等通常以协议或合同约定,信息提供者和使用者自愿决定是否与私营征信机构开展合作。

3. 私营征信机构信息采集内容相对广泛。私营征信机构信息来源除商业银行以外,还包括保险公司、电信运营商、一般工商企业,此外,也包括数据代理商等。私营征信机构不仅全面采集各种贷款信息数据,还采集个人和企业的其他种类信息。如美国三大个人征信机构采集个人的工龄、职业、居住地址、居住时间、公用事业记录等信息。

4. 私营征信机构主要作用是满足商业活动的信用信息需求。私营征信机构的商业化特点决定了其主要作用是提高经济透明度,防范商业活动中的信用风险,促进形成更为公平的商业环境,有利于信用风险评估以及商业和金融交易。

## 自测习题

### 一、判断题

1. 私营征信机构由私人投资设立和运营管理。(    )
2. 私营征信机构的信息采集不具有强制性。(    )
3. 私营征信机构主要作用是满足商业活动的信用信息需求。(    )

### 二、多项选择题

私营征信机构的主要特点包括(    )。

A. 私营征信机构由私人投资设立和运营管理
B. 私营征信机构的信息采集不具有强制性
C. 私营征信机构信息采集内容相对广泛
D. 私营征信机构主要作用是满足商业活动的信用信息需求

# 知识点七  会员制征信机构

## 引导/概述

会员制征信机构是一种特有的征信组织模式。了解会员制征信机构的内涵和运行模式,能够帮助征信从业人员掌握了解各国征信体系和市场特点。

## 学习目标

人民银行征信管理人员、征信机构中高层管理人员和征信业务岗位人员应熟悉掌握会员制征信机构的定义和运行模式等内容。金融机构中高层管理人员和从事征信业务岗位人员应对会员制征信机构的定义和运行模式有一个基本的了解。

## 知识点正文

### 一、会员制征信机构的定义

会员制征信机构是指由银行业协会或消费者协会等发起建立和参与的征信机构，负责对消费者个人或企业进行征信信息采集和使用。会员制征信机构产生的动因是行业内成员有共享彼此间客户信息的需求，由会员代表全体成员出面，组建这种信息共享平台。会员制征信机构在收集与提供信息服务时通常会对内部会员收费，是否营利由发起方确定，一般不以营利为目的，征信产品定价采取浮动制，以支定收。在亚洲的日本、柬埔寨以及中国香港，这种由银行机构共同参与以会员制的方式组建独立运行的征信机构，取得了良好的市场效果。

### 二、会员制模式的特点

1. 会员制征信机构在会员共识基础上建立。会员制征信机构兼具私营征信机构产权明晰特点和公共征信系统非营利性特征。会员制征信机构在会员共识基础上构建行业征信服务平台，由独立经营的个人信用信息中心进行运营。同时，由于会员内各成员均为征信机构成员，因此会员与征信机构之间对市场需求信息采集等问题可方便地达成一致，可以较为迅速地建立共享平台。但是，会员制征信机构可能将服务精力过多地集中在某个特定的行业，很难建立跨行业、具有包容性的全面征信框架体系。

2. 会员制征信机构不向非会员提供服务。会员制征信机构不向非会员提供服务，运营经费来源于对会员的服务收费。会员制征信机构制定会员章程，依据会员章程对会员的准入、退出和共享查询行为进行管理。所有会员享有平等的权利，承担同等的义务。会员制征信机构需要围绕出资人需要，开发增值产品以满足其需求，并不断提升服务质量，同时数据掌控机制比私营征信机构可靠，且不以营利为目的，定价较为合理。

3. 会员间信用信息的共享采取"查询+数据报送"并行方式。会员制征信机构通过提供查询服务来采集数据的方式，可以有效地避免会员查询的随意性，保障提供共享信息的及时性。同时，为最大限度地保护会员各自的客户资源，在会员获取的共享查询结果报告中将不显示每条信息记录的来源机构。除了提供会员间的信用信息共享服务外，会员制征信机构还会从信息公开的信息源单位和第三方信息提供机构自主采集会员所需的其他信用信息，从而满足会员对信用信息服务的需求，并使会员的征信成本处于可控的范围内。

## 自测习题

**判断题**

1. 会员制征信机构产生的动因是行业内成员有共享彼此间客户信息的需求。（    ）

2. 采用会员制模式成立征信机构能够迅速建立跨行业、具有包容性的全面征信框架体系。（    ）

## 知识点八　政务信用信息系统

### 引导/概述

对政务信用信息进行征集和管理是经济和社会发展的客观需要，同时，政务信用信息也是征信机构的重要信息来源。因此，各国都陆续建立了政务信用信息系统并向社会提供查询服务。

### 学习目标

人民银行征信管理人员、征信机构中高层管理人员和征信业务岗位人员应熟悉掌握政务信用信息系统的定义、建立目的和价值、建立方式等内容。金融机构中高层管理人员和从事征信业务岗位人员应对政务信用信息系统的定义、建立目的和价值、建立方式有一个基本的了解。

### 知识点正文

#### 一、政务信用信息系统的定义

政务信用信息系统是指具有征集和共享国家行政、司法机关和社会公共管理部门在行使职权过程中形成的，与企业和个人等信息主体有关的政务记录信息功能的系统平台。政务信用信息系统采集的政务信用信息按照内容可以分为以下四类：

1. 基本信息。指的是信息主体的身份及具有从事特定行业资格的相关信息，主要包括登记备案类信息、行政许可类信息和年检合格信息等。

2. 良好信息。指的是表明信息主体在特定领域超出普通个体一般水平能力或作出突出贡献行为的相关信息，主要包括信息主体受表彰或荣誉信息、产品或服务质量免检信息、评价结果为优良的信息主体信息等。

3. 提示信息。指的是信息主体有关责任人员无主观故意侵犯或者虽侵犯第三方利益但负面影响程度较轻微的不良行为信息，主要包括周期或专项抽检检查结果不合格的信息，年检不合格或异常信息，欠费违约信息如有限拖欠税收或法定缴费、职工工资等违约信息，情节较轻或简易程序作出的行政处罚信息等。

4. 警示信息。指的是信息主体违反法律法规或者侵犯损害第三方利益造成较大负面影响的不良行为信息，主要包括行政处罚信息、行政强制信息、法院判决信息及未履行法定义务信息、评价结果为差的信息等。

**二、政务信用信息征集与共享的目的和价值**

（一）保障公民知情权，提升政府效率

政务信用信息的征集和共享有其法理基础和经济、社会发展的实际需要。政府部门属于公权部门，政府信息公开是惯例，不公开是例外，若该公开不公开，则易形成暗箱操作、权钱交易、有法不依等行为且无从监督，从而降低政府公信力。同时，民众知情权得不到保障也易造成民众对政府部门的不信任感增加，不利于政令的畅通和实施。通过将政务信用信息进行征集和共享，使得民众方便地获取，在保障公民知情权的同时，可以确保政府部门依法行使职权，促进政府效率提高和防止政府滥用权力。总之，政务信用信息的可获得性越方便，越有利于提高政府透明度、可问责性和执政效率。

（二）发挥应有价值，促进征信业发展

政务信用信息是征信数据的重要补充，有着极高的经济价值。政务信用信息对于征信业的应用价值源于其自身独特的属性：一是全面性，二是时间跨度长，三是真实性。因此，各国都非常重视对公共信息的利用，通过制定法律框架、利用最佳实践、制订相关计划、设立专属机构等措施促进政务信用信息的征集与共享。完善的政务信用信息征集和共享机制也可以促进经济增长、带来就业机会，提高政府透明度。政务信用信息系统对公众、企业部门和政府各方来说具有共赢价值。

### 三、政务信用信息系统征集和共享方式

为便于政务信用信息的征集，应推动政务信用信息公开，同时引导社会对政务信用信息进行有效传播和充分利用，方便公众查询，为社会各界包括征信机构等批量获取与更新数据提供支持等。这涉及一国政府关于政务信用信息资源利用的战略性安排、法律框架构建、具体制度执行等多个方面。从各国的实践来看，传统的政务信用信息征集途径为在政府机构的办公窗口、图书馆、档案馆查找后录入自身数据库，查询手续不便，传播方式也较为落后，一些资料只能手抄或复印。

随着网络时代的到来，建立统一的公共信息资源开放共享网站，集中开放可加工的数据已经成为了一种通行做法。如美国 2009 年启用政府数据网（www.data.gov）、英国于 2010 年建立政府数据网（www.data.gov.uk）等。通过建设政务信用信息系统和平台，建立政务信息目录体系、采集体系、基础编码体系、交换体系、分类指标体系等基础性、普遍性的技术规范，可以实现政务信用信息在全国范围内的数据征集和整合。

## 自测习题

**多项选择题**

1. 政务信用信息系统征集的政务信用信息主要包括（　　）。

A. 信息主体的身份及具有从事特定行业资格的相关信息

B. 表明信息主体在特定领域超出普通个体一般水平能力或作出突出贡献行为的相关信息

C. 信息主体有关责任人员无主观故意侵犯或者虽侵犯第三方利益但负面影响程度较轻微的不良行为信息

D. 信息主体违反法律法规或者侵犯损害第三方利益造成较大负面影响的不良行为信息

2. 政务信用信息对于征信业的应用价值源于其自身独特的属性，政务信用信息的属性主要包括（　　）。

A. 全面性　　B. 时间跨度长　　C. 真实性　　D. 不可复制性

# 第五章 监管要素

**本章使用说明**：本章适用于人民银行征信管理人员，征信机构从业人员，信息提供者、信息使用者的征信从业人员。

### 本章介绍

本章重点从理论视角介绍了征信监管的定义、监管主体、监管对象和内容、监管方式，并对征信体系的共性和个性问题进行了探讨。

## 知识点一 征信监管的定义

### 引导/概述

征信监管是指政府通过特定的机构（如中央银行）依照相关法律法规，对征信市场主体业务活动进行监督管理，以此促进其稳健经营和发展。征信从业人员正确理解并配合征信监管工作，首先要了解征信监管的基本概念。

### 学习目标

要求所有征信从业人员对征信监管相关概念有基本的了解。

### 知识点正文

征信监管是指政府通过特定的机构（如中央银行）依照相关法律法规，对征信市场主体业务活动进行监督管理，以此促进其稳健经营和发展。征信监管本质上是一种具有特定内涵和特征的政府规制行为。纵观世界各国，在征信业发展过程中，普遍存在着政府部门对征信业务活动的规制。

大部分国家将对征信业的监管权赋予中央银行或其他金融监管部门。我国国务院于2013年1月21日颁布了《征信业管理条例》，自2013年3月15日起施行，正式明确人民银行作为国务院征信业监督管理部门的执法主体地位。

### 重要概念

征信监管是指政府通过特定的机构（如中央银行）依照相关法律法规，对征信市场主体业务活动进行监督管理，以此促进其稳健经营和发展。

### 自测习题

#### 填空题

1. 征信监管是指政府通过特定的机构（如中央银行）依照相关法律法规，对_____进行监督管理，以此促进其稳健经营和发展。

2. 2013年1月21日，征信业上位法_____正式颁布，自2013年3月15日起施行，明确了_____作为国务院征信业监督管理部门的执法主体地位。

## 知识点二　征信监管的主体

### 引导/概述

征信监管的主体，是指履行征信业监督管理职责的主体。在不同的征信市场发展模式下，征信监管体制有所不同，主要有单一主体监管和多部门联合监管两种模式。我国在2013年颁布实施《征信业管理条例》，从法律层面明确了人民银行的行政执法主体地位。征信从业人员正确理解并配合征信监管工作，首先要了解征信监管主体和征信监管模式的基本概念。

### 学习目标

要求征信从业人员对征信监管的主体及其职能有基本的了解。

### 知识点正文

#### 一、征信监管的主体

征信监管的主体，是指履行征信业监督管理职责的主体。在不同的征信市场发展模式下，征信监管体制有所不同，主要有单一主体监管和多部门联合监管两种模式。在实行单一主体监管模式的国家，如中国、韩国、印度、印度尼西亚等，主要由中央银行或金融监管部门履行征信管理职责。在实行多部门联合监管模式的国家，如美国、英国等，通常由中央银行或金融监管部门、财政部门、数据保护机构、消费者保护部门等共同承担征信监管职责。此外，还有一种以司法部门为监管主体的监管体制，如智利、哥伦比亚等，对征信业不设立专门的监督管理部门，因征信业务活动产生的纠纷，直接由司法部门裁决。

### 二、我国的征信监管主体

2003 年，中央编制委员会办公室印发《关于中国人民银行主要职责内设机构和人员编制调整意见的通知》，赋予人民银行管理信贷征信业的职能，征信管理局据此设立。2008 年，国务院办公厅发文将征信管理职责调整为"管理征信业，推动建立社会信用体系"。

2013 年，国务院颁布《征信业管理条例》，明确人民银行是国务院征信业监督管理部门，主要职责包括：一是协调有关方面，组织推动社会信用体系建设；二是负责拟定征信业发展规划、规章制度和行业标准并组织实施；三是管理征信机构的市场准入与退出，对个人征信机构实行审批管理，对企业征信机构实行备案管理，定期向社会公告征信机构名单；四是对信息提供者、征信机构、信息使用者的业务活动进行现场与非现场监管；五是对个人征信机构的董事、监事和高级管理人员实行任职资格管理；六是督促征信异议处理工作，负责接受和处理有关征信业务投诉，保护当事人在征信活动中的合法权益；七是承办征信及有关金融知识的宣传教育培训工作；八是负责指导征信行业自律组织的工作。

### 重要概念

征信监管的主体，是指履行征信业监督管理职责的主体。在不同的征信市场发展模式下，征信监管体制有所不同，主要有单一主体监管和多部门联合监管两种模式。

### 自测习题

**一、填空题**

2013 年实施的＿＿＿＿＿＿＿明确人民银行是国务院征信业监督管理部门。

**二、多项选择题**

2013 年实施的《征信业管理条例》明确征信业监督管理职责主要包括

( )。

A. 制定征信业管理的规章制度

B. 管理征信机构的市场准入与退出

C. 对征信业务活动进行现场与非现场监管

D. 对个人征信机构的董事、监事和高级管理人员实行任职资格管理

E. 负责接受和处理有关征信业务投诉

## 知识点三 征信监管的对象

### 引导/概述

征信监管的对象，即征信管理的客体，包括征信机构、信息提供者、信息使用者和信息主体等。征信从业人员正确理解并配合征信监管工作，应对征信监管的对象和内容有基本的了解。

### 学习目标

要求征信从业人员对征信监管的对象有基本的了解。

### 知识点正文

征信监管的对象，即征信管理的客体，包括征信机构、信息提供者、信息使用者和信息主体等。

#### 一、征信机构

征信机构是征信市场最重要的参与主体，从信息提供者等信息源搜集企业和个人的信用信息，加工整理成信用报告等征信产品，提供给有合法需求的信息使用者使用。因此，征信机构是连接信息提供者、信息使用者、信息主体的纽带，实现信用信息在行业、地区、领域间传播和共享。

通常来讲，征信机构包括以下类型：一是由政府部门组织建立的公共征信系统，由法律明确金融机构按照一定规则向其报送信贷信息，为金融机构防范信用风险和金融监管提供信息支持。二是由行业协会组织会员机构建立的征信系统，按照互惠原则建立信用信息共享机制，为会员机构提供查询服务。三是由民间资本投资设立的社会征信机构，按照市场原则收集商业领域的信用信息，向市场提

供多元化征信产品和服务。

### 二、信息提供者

信息提供者是向征信机构提供企业和个人信用信息的主体。信息提供者的业务活动与征信业务和产品的有效性、信息主体权益保护等密切相关，通常也被纳入监管的范畴，以确保符合征信制度规范要求，如提供的信用信息准确、客观，提供信息征得信息主体同意，履行不良信息告知义务，按照信息主体要求进行异议核查等。

信息提供者包括金融机构、政府部门、商业机构、行业协会等，信息主体也可以向征信机构提供信息，成为信息提供者。金融机构是最主要的信息提供者，借贷活动中产生的大量信息，是信用评价最重要的参考变量。政府部门也是重要的信息来源，其履职过程中产生了大量经济主体履行法定义务的相关信息，广泛应用于各类信用评价模型。随着信息技术的发展进步，一些互联网企业、大数据公司在业务活动中产生的海量信息也被广泛应用于信用分析和评价，成为新型的信息提供者。

### 三、信息使用者

信息使用者是使用征信产品和服务的主体。信息使用者从征信机构购买产品和服务，应用于各类信用交易场景，帮助防范信用违约风险。金融机构是最为典型的信息使用者，在融资授信、发行债券、发放信用卡、担保等活动中广泛使用征信产品和服务。近年来，征信也被应用于行政管理、提供公共服务、互联网借贷、汽车租赁、酒店等场景，以降低交易成本、提升服务效率。

### 四、信息主体

信息主体是被征信的对象，包括企业、事业单位等组织和个人。信息主体出于融资等信用活动的需要，让渡其信息权益，即同意征信机构收集其信用信息，提供给债权人放贷参考。在这一过程中，信息主体处于相对弱势的地位，需要政府部门介入监管，以保障信息主体合法权利的实现。

**重要概念**

征信监管的对象，即征信管理的客体，包括征信机构、信息提供者、信息使用者和信息主体等。

**自测习题**

**一、填空题**

1. 征信机构是连接_____、_____、_____的纽带，实现信用信息在行业、地区、领域间传播和共享。

2. 信息使用者是使用_____的主体。信息使用者从征信机构购买产品和服务，应用于各类信用交易场景，帮助防范_____。

3. 信息主体是_____，包括企业、事业单位等组织和个人。

### 二、判断题

在征信业务活动中，信息主体处于相对弱势的地位，需要政府部门介入监管，以保障信息主体合法权利的实现。（　　）

### 三、多项选择题

1. 在我国，征信监管的对象，即征信管理的客体，主要包括：（　　）。

A. 社会（民营）征信机构

B. 金融信用信息基础数据库运行机构

C. 信息提供者

D. 信息使用者

E. 信息主体

2. 下列哪些主体可以成为征信机构的信息来源？（　　）

A. 金融机构　　B. 政府部门　　C. 互联网公司　　D. 行业协会

E. 信息主体

## 知识点四　征信监管的内容

### 引导/概述

按照监管对象不同或者业务流程不同，征信监管内容各有区别。征信从业人员应当对征信监管所包括的内容有基本的了解。

### 学习目标

要求征信从业人员对征信监管的内容有基本的了解。

### 知识点正文

按照监管对象不同，征信监管内容包括：一是信息提供者向征信机构提供企业和个人信用信息的相关活动；二是征信机构收集、整理、保存、加工、使用和对外提供信用信息的相关活动；三是信息使用者使用征信产品和服务的相关活动；四是信息主体维护自身权益的相关活动。

按照业务流程不同，征信监管内容包括：一是监管对象的内控制度建设和执行情况；二是征信机构、业务和从业人员的准入和退出；三是信用信息采集、整理、加工、使用和提供情况；四是投诉和异议处理情况；五是信息系统建设及信息安全情况等。

我国征信管理的总体目标是以征信法律制度为基础，推动形成良好的征信行业发展环境，促进征信市场主体规范经营，促进征信产品创新和应用，维护信息主体合法权益。

### 自测习题

#### 一、填空题

按照业务流程不同，征信监管内容包括：监管对象内控制度建设和执行情况，_____，信用信息采集、整理、加工、使用和提供情况，_____，信息系统建设及信息安全情况等。

#### 二、判断题

我国征信管理的总体目标是以征信法律制度为基础，推动形成良好的征信行业发展环境，促进征信市场主体规范经营，促进征信产品创新和应用，维护信息主体合法权益。（　　）

#### 三、多项选择题

按照监管对象不同，征信监管的内容可以分为（　　）。

A. 信息提供者提供信用信息相关活动
B. 征信机构收集、整理、保存、加工、使用和对外提供信用信息相关活动
C. 信息使用者使用征信产品和服务相关活动
D. 信息主体维护自身权益相关活动

## 知识点五　征信监管的方式

### 引导/概述

征信监管部门对征信市场主体的具体监管方式，现阶段主要为非现场监管和

现场检查。征信从业人员应当了解并掌握非现场监管与现场检查的基本内容。

**学习目标**

要求征信从业人员对征信监管的方式有基本的了解，掌握非现场监管与现场检查的基本内容。

**知识点正文**

一、非现场监管

1. 内控制度制定及备案。为促进征信合规，征信监管部门要求征信机构、信息提供者、信息使用者完善内控制度体系并向管理部门备案，包括人员、业务操作、信息安全、异议和投诉、内部审计等。当内控制度发生变化，或者有新制定的内控制度时，应当在规定的时限内进行报备。

2. 业务情况统计与报告。基于履职需要，征信监管部门定期或不定期对征信机构、信息提供者、信息使用者业务情况进行统计分析。征信机构、信息提供者、信息使用者应当按规定向征信监管部门报送征信业务统计报表、财务会计报告、审计报告等资料，并对报送的报表和资料的真实性、准确性、完整性负责。

3. 日常监测分析。征信管理部门通过技术手段，对征信机构、信息提供者、信息使用者的业务活动情况进行实时监测，及时发现和化解征信信息泄露风险，保障征信系统安全稳健运行和信息主体合法权益。

4. 从业人员培训。根据《征信业管理条例》和人民银行相关规定，征信从业人员应当熟悉征信相关的法律知识，具备一定的征信业务能力。征信机构、信息提供者、信息使用者应当制订从业人员教育培训计划，并支持、鼓励从业人员参加征信业务培训。征信监管部门也可组织开展从业人员培训。

5. 业务综合评价。征信监管部门按年度对征信机构、信息提供者、信息使用者开展征信业务活动的合规情况进行综合评价，评价内容包括年度综合治理、业务经营的质量和数量、信息安全、对外宣传、接受和配合监管、举报投诉及社会曝光等，并根据评价结果采取相应监管措施。

二、现场检查

现场检查是征信监管部门履行职责的重要手段之一，指通过深入征信机构、信息提供者、信息使用者的经营场所，调阅相关原始档案资料，及时发现征信违规行为并予以纠正。

1. 常规检查。即定期或不定期组织人员对征信机构、信息提供者、信息使用者进行全面检查，检查内容包括内控制度建设、业务合规性、系统建设及信息安全、信息主体权益保护等，程序上一般分为准备阶段、实施阶段、报告形成阶段和档案整理阶段四个阶段，对检查发现的违法违规行为依法进行处罚。

2. 重点检查。与常规检查不同，重点检查有很强的目标性，主要针对非现场监管中发现的问题较为严重的机构，如制度执行不严格、业务开展不规范、报表和年度报告不按时报送等。通过重点检查，对征信机构存在的问题进行深入剖析，查找问题根源并督促其及时整改。

3. 专项检查。专项检查主要围绕监管部门关注的具有共性的问题，对征信机构、信息提供者、信息使用者的某一类业务活动进行有针对性的检查。

**重要概念**

现场检查是征信监管部门履行职责的重要手段之一，指通过深入征信机构、信息提供者、信息使用者的经营场所，调阅相关原始档案资料，及时发现征信违规行为并予以纠正。

**自测习题**

一、填空题

1. 征信监管部门对征信市场主体的具体监管方式，现阶段主要为_____和_____。

2. 根据管理的需要，征信机构、信息提供者、信息使用者应当按规定向征信监管部门报送_____，并对报送的报表和资料的_____、_____、_____负责。

3. 现场检查方式包括_____、_____和_____。

二、判断题

1. 重点检查具有很强的目标性，主要针对小型征信机构开展重点检查。（    ）

2. 为促进征信合规，征信监管部门要求征信机构、信息提供者、信息使用者完善内控制度体系并向管理部门备案。当内控制度发生变化时，应在规定的时限内进行报备。（    ）

### 三、多项选择题

征信非现场监管方式包括:(　　)。

A. 内控制度制定及备案　　　　B. 业务情况统计与报告

C. 日常监测分析　　　　　　　D. 从业人员培训

E. 业务综合评价

# 第六章 征信法制

**本章使用说明：**本章适用于人民银行征信管理人员，征信机构从业人员，信息提供者、信息使用者的征信从业人员。

### 本章介绍

在了解征信、信用信息、征信业务、征信机构、征信监管等概念后，本章对现有征信法律制度进行了梳理，甄选部分适用范围广、实用性强的规章和规范性文件，从出台背景、主要内容、适用原则等方面进行解读。

## 知识点一 征信法律制度的内涵

### 引导/概述

征信法律制度是征信市场主体开展相关业务活动的依据，是征信合规管理的基础。征信从业人员应当了解征信法律制度的出台背景、立法目的和主要内容。

### 学习目标

要求所有征信从业人员对征信法律制度的内涵有基本的了解。

### 知识点正文

#### 一、征信法律制度的定义

征信法律制度是指调整征信市场主体在征信业务及其相关活动中所产生社会关系的法律规范的总称，包括征信法律、征信行政法规以及征信管理部门依法颁布的规章和规范性文件等。征信法律制度是一国征信体系的重要组成部分。

### 二、征信法律关系的主体和客体

征信法律关系的主体是指征信法律关系的参加者，包括征信机构、信息提供者、信息使用者、征信监管部门、信息主体及行业协会等。

征信法律关系的客体是指权利和义务所指向的对象，包括各类征信市场主体开展的征信业务活动。

### 三、征信法律制度的主要内容

征信法律制度主要围绕征信活动主体在征信业务及相关活动中的关系展开，包括征信法律、行政法规以及征信管理部门依法颁布的规章和规范性文件等，对征信市场准入、征信业务活动、征信监督管理、信息主体权益保护、征信信息安全等进行全面规范。

我国现行法律中与征信相关的主要有《刑法修正案（七）》《刑法修正案（九）》《全国人大常委会关于加强网络信息保护的决定》和《网络安全法》等。《征信业管理条例》作为行政法规，弥补了我国征信业发展缺乏上位法的空白。随后，以《征信业管理条例》为核心，逐渐形成了包括部门规章、规范性文件、行业标准等在内的征信法律制度体系。部门规章主要有《征信机构管理办法》《个人信用信息基础数据库管理暂行办法》。规范性文件主要有《企业征信机构备案管理办法》《征信投诉办理规程》。行业标准有《征信机构信息安全规范》《金融信用信息基础数据库用户管理规范》等。

## 重要概念

征信法律制度是指调整征信市场主体在征信业务及其相关活动中所产生社会关系的法律规范的总称，包括征信法律、征信行政法规以及征信管理部门依法颁布的规章和规范性文件等。

## 自测习题

### 一、填空题

征信法律制度是指调整_____在征信业务及其相关活动中所产生的法律规范的总称。

## 二、判断题

《征信业管理条例》是由人民银行出台的行政法规。（   ）

## 三、多项选择题

征信法律制度包括：（   ）。

A. 征信法律

B. 征信行政法规

C. 征信管理部门依法颁布的规章

D. 征信管理部门依法出台的规范性文件

# 知识点二　法律位阶

### 引导/概述

法律位阶范畴揭示了法律规范在整个法律体系中的纵向地位，是确立法律效力等级制度的根本依据。不同位阶的法律制度其制定主体、制定程序、法律效力会有所区别。

### 学习目标

要求征信从业人员对法律位阶的等级体系有所了解。

### 知识点正文

#### 一、法律位阶的定义

法律位阶是指在统一的法律体系内，确定不同类别规范性法律文件之间效力等级与适用顺序的制度。

#### 二、法律位阶的特征

法律位阶范畴揭示了法律规范在整个法律体系中的纵向地位，是确立法律效力等级制度的根本依据，处于高一层次的法律规范是上位法，反之为下位法。不同位阶的法律规范之间构成了等级体系，高位阶的法律规范的效力高，低位阶的法律规范的效力低。

## 三、法律位阶图示

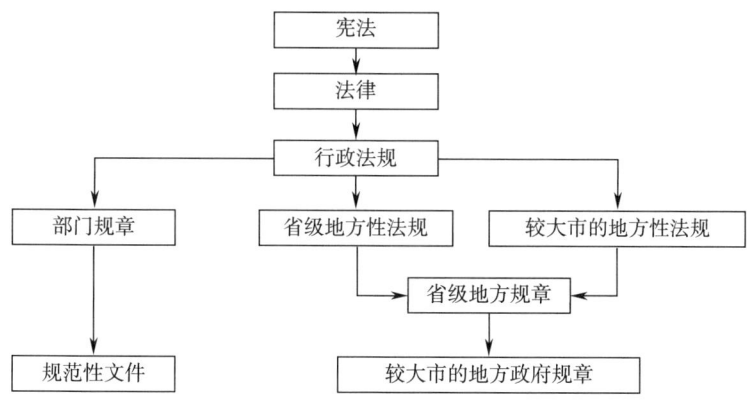

图 6-1 法律位阶

## 四、现有征信法律位阶

表 6-1　　　　　　　现有征信法律制度及其法律位阶

| 法律位阶 | 法律制度 |
| --- | --- |
| 法律 | 《刑法修正案（七）》《刑法修正案（九）》 |
|  | 《网络安全法》 |
|  | 《全国人大常委会关于加强网络信息保护的决定》 |
| 行政法规 | 《征信业管理条例》 |
| 部门规章 | 《征信机构管理办法》 |
|  | 《个人信用信息基础数据库管理暂行办法》 |
| 规范性文件 | 《企业征信机构备案管理办法》 |
|  | 《征信投诉办理规程》 |
| 行业标准 | 《征信机构信息安全规范》 |
|  | 《金融信用信息基础数据库用户管理规范》 |

## 重要概念

法律位阶是指在统一的法律体系内，确定不同类别规范性法律文件之间效力等级与适用顺序的制度。

## 自测习题

### 一、填空题

法律位阶是指在统一的_____内，确定不同类别规范性法律文件之间_____与_____的制度。

## 二、判断题

1. 不同位阶的法律规范之间构成了等级体系,高位阶的法律规范的效力高,低位阶的法律规范的效力低。（　　）

2. 与《征信业管理条例》相比,《征信机构管理办法》属于低位阶法律规范。（　　）

# 知识点三　《征信业管理条例》

### 引导/概述

《征信业管理条例》是征信行业的基本法,是征信市场业务活动的基本准则,解决了征信业发展中无法可依的问题,有利于加强对征信市场的管理,维护信息主体合法权益,有利于发挥市场机制的作用,推进社会信用体系建设。

### 学习目标

要求征信从业人员对《征信业管理条例》出台背景、主要内容等有基本的了解。

### 知识点正文

#### 一、出台背景

改革开放以来,随着社会主义市场经济体制的建立和逐步完善,我国征信业也逐步发展,征信市场初具规模,征信业在经济中的作用日益显现。与此同时,也面临一些问题:征信经营活动缺乏统一遵循的制度规范,对企业和个人信用信息的采集、加工、保存、提供、使用等缺乏应有的规则,市场主体的信用信息获取困难与不当收集和滥用公民、法人信息,侵犯其合法权益的现象并存,影响征信业的健康发展。为建立制度,明确规范,促进征信业健康发展,国务院在 2013 年 1 月 21 日颁布了《征信业管理条例》。

#### 二、主要内容

《征信业管理条例》共八章四十七条,包括:总则、征信机构、征信业务规则、异议和投诉、金融信用信息基础数据库、监督管理、法律责任、附则。

（一）适用范围

适用于在我国境内从事个人或企业信用信息的采集、整理、保存、加工,并向信息使用者提供的征信业务及相关活动。

国家机关以及法律、法规授权的具有管理公共事务职能的组织依照法律、行政法规和国务院的规定,为履行职责而进行的企业和个人信息的采集、整理、保存、加工和公布,如税务机关依法收集、公布欠税信息,人民法院依法公布被执行人不执行生效法律文书的信息等,不适用《征信业管理条例》。

(二)征信机构管理和征信业务规则

考虑到个人信用信息的高度敏感性,《征信业管理条例》对个人征信与企业征信实行分类管理,对个人征信的管理严于对企业征信的管理。在市场准入方面,对从事个人征信业务的征信机构实行审批制,对从事企业征信业务的征信机构实行备案制。在业务规则方面,对个人信息的采集、整理、保存、加工、使用和对外提供作了较多的限制,对企业信息则鼓励公开透明。

(三)信息主体权益保护

1. 在信息范围方面,明确了可以采集、限制采集和禁止采集的个人信息范围,如限制征信机构采集个人财产性信息,禁止采集涉及个人隐私的信息。

2. 在业务规则方面,赋予了采集个人信息的征信机构较多的责任和义务,如采集个人信息须经本人同意,提供不良信息应告知信息主体,使用个人信息须经本人同意,个人不良信息保存期限为五年,未经同意不得向第三方提供信息。

3. 在信息主体权益方面,明确规定个人对本人信息享有查询、异议和投诉等权利。包括:个人可以每年免费两次向征信机构查询自己的信用报告;个人认为信息错误、遗漏的,可以向征信机构或信息提供者提出异议,异议受理部门应当在规定时限内处理;个人认为合法权益受到侵害的,可以向征信业监督管理部门投诉,征信业监督管理部门应当及时核查并限期答复;个人也可以就上述事项依法直接向人民法院起诉。

4. 在法律责任方面,征信机构或信息提供者、信息使用者违反《征信业管理条例》规定、侵犯信息主体权益的,由征信业监督管理部门依法给予行政处罚;造成损失的,依法承担民事责任;构成犯罪的,依法追究刑事责任。

(四)金融信用信息基础数据库

《征信业管理条例》规定金融信用信息基础数据库由国家设立,为防范金融风险,促进金融业发展提供相关信息服务。金融信用信息基础数据库由不以营利为目的的专业机构建设、运行和维护,由国务院征信业监督管理部门监督管理。金融信用信息基础数据库的运行遵循征信业务一般规则,又有其强制报送的特殊性。

## 自测习题

### 一、填空题

《征信业管理条例》中的国务院征信业监督管理部门是指_____。

### 二、判断题

1. 金融信用信息基础数据库由国家设立，为防范金融风险，促进金融业发展提供相关信息服务。（   ）

2. 《征信业管理条例》规定，对从事个人征信业务的征信机构实行备案制。（   ）

### 三、单项选择题

个人不良信息保存期限为（   ）。

A. 3 年　　　　B. 5 年　　　　C. 7 年　　　　D. 10 年

### 四、多项选择题

从事征信业务活动，应当（   ）。

A. 遵守法律法规　　　　　　　B. 诚实守信
C. 不得危害国家秘密　　　　　D. 不得侵犯商业秘密
E. 不得侵犯个人隐私

## 知识点四　《征信机构管理办法》

### 引导/概述

《征信机构管理办法》作为《征信业管理条例》的配套措施，遵循"个人征信机构从严、企业征信机构从宽"的管理原则，进一步细化了对征信机构的监督管理，对个人征信机构设立审批和企业征信机构备案提出了进一步的要求。

### 学习目标

要求人民银行征信管理人员及征信机构从业人员对《征信机构管理办法》的出台背景、制定原则、主要内容等有基本的了解。

### 知识点正文

#### 一、出台背景

《征信业管理条例》出台后，面临的迫切问题是征信市场准入问题。《征信业管理条例》规定了设立个人和企业征信机构应当符合的条件以及管理规则，但相关条款较为原则，有必要对个人征信机构审批和企业征信机构备案的条件和程序进行细化，为人民银行开展征信市场准入管理工作提供依据。2013年11月，人民银行出台了《征信机构管理办法》。

二、主要内容

《征信机构管理办法》共六章三十九条，包括总则，机构的设立、变更与终止，高级任职人员管理，监督管理，罚则，附则。

1. 个人征信机构的准入管理。个人征信机构的设立实行审批制。设立个人征信机构，除具备《征信业管理条例》第六条规定的条件外，还需要有健全的组织机构，完善的业务操作、安全管理、合规性管理等内控制度以及个人信用信息系统符合国家信息安全保护等级二级或二级以上标准。

2. 企业征信机构的备案管理。《征信机构管理办法》对企业征信机构的管理相对宽松。企业征信机构的设立，实行备案制。

3. 征信机构的退出。征信机构在发展过程中，因经营期限届满、被依法宣告破产等原因退出征信业务时，要履行相应义务：一是在拟终止之日前60日内向人民银行报告退出方案；二是按照法律规定处理信用信息数据库；三是在指定媒体上公告；四是将行政审批许可证或备案资质证明材料缴回人民银行等。

4. 高级任职人员的管理。《征信机构管理办法》对企业征信机构高级任职人员的资格没有限制，只需要在任命后，向所在地人民银行省会（首府）城市中心支行以上分支机构备案。

个人征信机构高级任职人员的任职资格，由人民银行核准，并对其名单进行公示。

5. 监督管理。《征信机构管理办法》在监督管理方面设置了报告制度、定期测评制度和重点监管制度。一是报告制度，要求征信机构每年年初报告上一年度业务开展情况，定期向人民银行报送报表等相关资料；二是定期测评制度，要求征信机构信息系统安全保护等级为二级的，每两年测评一次，信息系统安全保护等级为三级以及以上的，每年进行一次测评；三是重点监管制度，人民银行可将部分出现严重违规、被大量投诉等问题的机构纳入重点监管范围，对其进行更为严格的监管，督促征信机构尽快纠正违规行为，消除其安全隐患，尽快使其恢复到正常状态。

### 重要概念

- **个人征信机构许可**

经营个人征信业务的征信机构由人民银行总行审批。人民银行受理申请后,将申请企业的基本情况,资本情况,以及拟任的董事、监事和高级管理人员等事项对外公示,在 60 日内进行审查,根据申请的具体情况,从有利于征信业公平竞争和健康发展的审慎性原则作出审批决定。

- **企业征信机构备案**

设立企业征信机构,只要符合《中华人民共和国公司法》规定的条件即可注册登记,在登记后 30 日内向所在地的人民银行省会(首府)城市中心支行以上分支机构备案。

- **任职资格核准**

个人征信机构董事、监事和高级管理人员应当具备以下任职条件:正直诚实,品行良好;具有大专以上学历;从事征信工作 3 年以上或者从事金融、法律、会计、经济工作 5 年以上;具有履行职责所需的管理能力;熟悉与征信业务相关的法律法规和专业知识。个人征信机构董事、监事和高级管理人员应当在任职前取得人民银行核准的任职资格。

### 自测习题

**一、填空题**

_____依法履行对_____的监督管理职责。_____在总行的授权范围内,履行对_____的监督管理职责。

**二、判断题**

1. 企业征信机构实行审批制,个人征信机构实行备案制。(　　)
2. 经营个人征信业务的征信机构由人民银行总行审批。(　　)

**三、单项选择题**

企业征信机构应当在注册登记后(　　)日内向所在地的人民银行省会(首府)城市中心支行以上分支机构备案。

A. 15 日　　B. 20 日　　C. 30 日　　D. 60 日

**四、多项选择题**

《征信机构管理办法》对个人征信机构董事、监事和高级管理人员任职资格的条件包括（　　）。

A. 正直诚实，品行良好

B. 具有大专以上学历

C. 从事征信工作 3 年以上或者从事金融、法律、会计、经济工作 5 年以上

D. 在任职前取得人民银行核准的任职资格

## 知识点五　《企业征信机构备案管理办法》

### 引导/概述

制定《企业征信机构备案管理办法》的目的，是规范企业征信机构备案管理，促进企业征信市场健康发展。

### 学习目标

要求人民银行征信管理人员及企业征信机构从业人员对《企业征信机构备案管理办法》的出台背景、主要内容等有基本的了解。

### 知识点正文

一、出台背景

随着《征信业管理条例》和《征信机构管理办法》的出台，企业征信机构备案工作随之展开，先后有 140 多家企业征信机构完成备案工作。随之产生的问题是，企业征信机构备案资料不准确、不及时，备案后未实质性开展业务、隐蔽违规代理、夸大虚假宣传等，这一系列问题严重扰乱了企业征信市场的健康发展，有必要对企业征信机构的备案与经营活动加以规范。2016 年，人民银行依法制定了《企业征信机构备案管理办法》。

二、主要内容

《企业征信机构备案管理办法》共五章二十八条，包括总则、备案的受理、备案的审核、备案的管理、附则。

1. 备案的主要流程和程序。共分为征信机构认定、合规性审查、真实性审核、公示和异议处理、同步公告五个阶段。

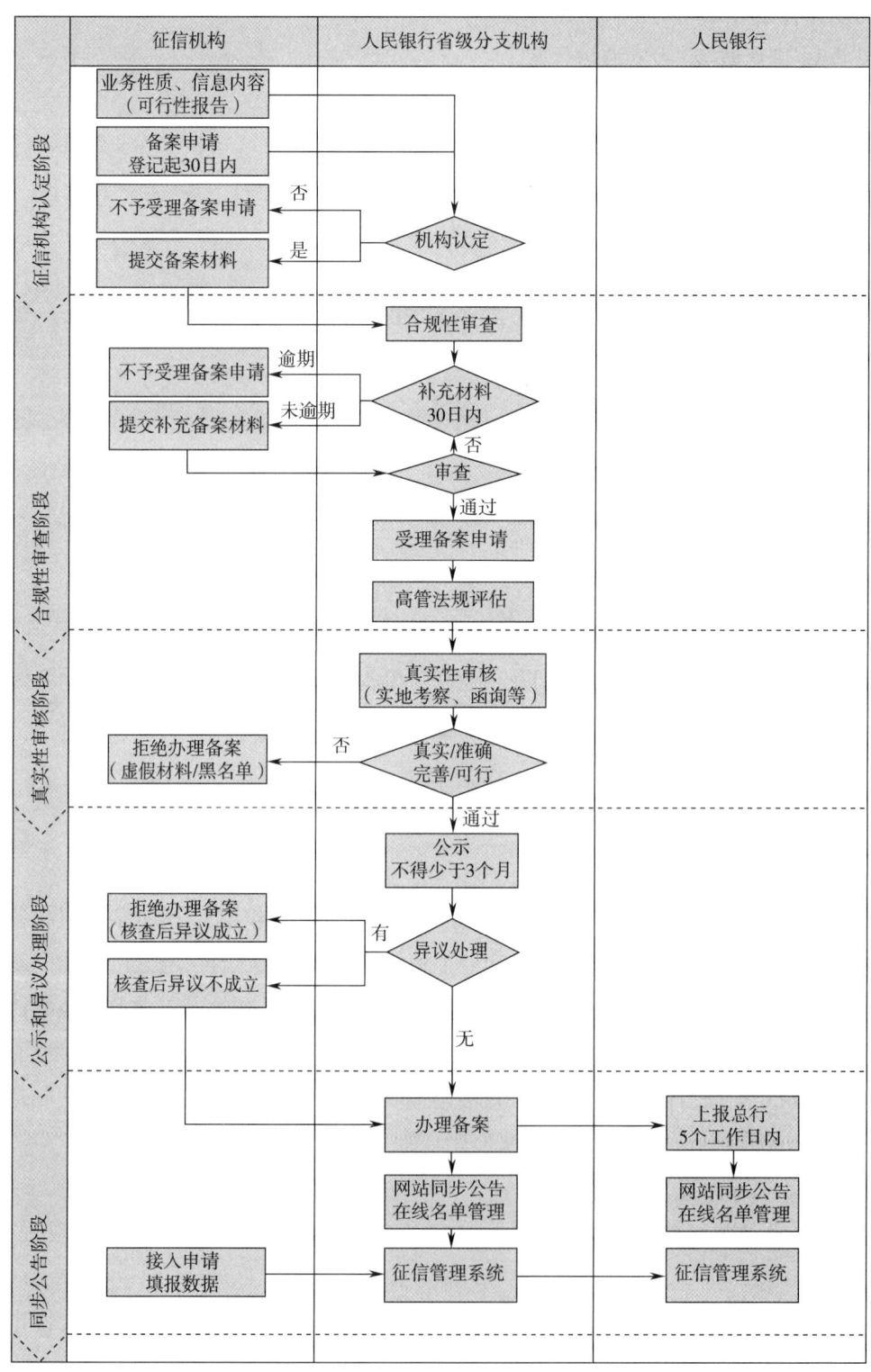

图 6-2 企业征信机构备案流程

2. 备案的管理。分为系统管理和动态管理。

系统管理：企业征信机构备案后，应当按照规定接入人民银行征信管理系统。人民银行省级分支行办理企业征信机构备案后，应当在征信管理系统中及时、准确、完整地填报企业征信机构信息。

动态管理：具体包括日常监管和定期审核。

**重要概念**

- 合规性审查

企业征信机构提交的备案材料不齐全或者不符合要求的，人民银行省级分支行应当告知企业征信机构在 30 日内补充材料；逾期未补充的，不予受理备案申请。

- 真实性审核

人民银行省级分支行应当对申请备案机构提交的备案材料进行真实性审核，审核时可以采用实地考察、函询有关政府部门等方式。

- 动态管理

人民银行及省级分支行对企业征信机构备案实行动态管理，人民银行省级分支行在日常监管或者开展现场检查中发现备案企业征信机构存在违规情形的，可以注销其备案；人民银行省级分支行应当每两年对企业征信机构的备案情况审核一次，审核中发现企业征信机构存在《企业征信机构备案管理办法》第二十二条（一）、（二）所述情形之一的，可以注销其备案。

**自测习题**

一、填空题

企业征信机构在_____的人民银行_____办理备案，并接受其监督管理。

二、判断题

1. 人民银行征信管理局具体负责企业征信机构备案工作。（　　）
2. 征信监管部门不对申请备案机构提交的备案材料进行真实性审核。（　　）

三、单项选择题

设立企业征信机构应当符合《中华人民共和国公司法》规定的公司设立条件，自公司登记机关准予登记之日起（　　）日内向注册地的人民银行省级分支行办理备案。

  A. 5 日    B. 20 日    C. 30 日    D. 10 日

### 四、多项选择题

企业征信机构备案流程包括（   ）。

  A. 征信机构认定      B. 合规性审查
  C. 真实性审核       D. 公示和异议处理
  E. 同步公告

## 知识点六 《征信投诉办理规程》

### 引导/概述

《征信投诉办理规程》是从信息主体权益保护方面对《征信业管理条例》的细化和补充，它的实施解决了投诉办理流程不明确、异地投诉处理难度大等问题，有利于规范征信投诉的办理，有效维护信息主体合法权益。

### 学习目标

要求人民银行征信管理人员，征信机构、信息提供者和信息使用者的征信从业人员对《征信投诉办理规程》的出台背景、主要内容等有基本的了解。

### 知识点正文

#### 一、出台背景

随着信用知识普及和社会信用环境改善，消费者日益关注自身信用相关权益，由此引发的投诉事件日益增多，迫切需要对信息主体投诉办理活动进行规范，切实维护信息主体权益。人民银行于 2014 年 3 月印发《征信投诉办理规程》，进一步细化了《征信业管理条例》关于投诉相关规定，为信息主体维护自身合法权益提供制度保障。

#### 二、主要内容

《征信投诉办理规程》共六章二十四条，包括总则、投诉受理、投诉的取证与核查、投诉的处理决定、日常管理和附则。

(一) 投诉受理

1. 现场投诉。规范了《征信投诉受理单》的填写及签字确认的要求；明确了投诉人为自然人、法人或其他组织、委托代理人投诉时需登记及留存的资料。

表6－3　　　　　　　　各类型投诉人需登记及留存的资料

| 投诉人 | 登记资料 | 留存资料 |
|---|---|---|
| 自然人 | 有效身份证件 | 有效身份证件复印件 |
| 法人或其他组织 | 有效的机构设立文件、经办人身份证件 | 介绍信、经办人身份证件复印件 |
| 委托代理人 | 代理人的有效身份证件（或有效机构设立文件） | 授权委托书 |

2. 非现场投诉。明确了非现场投诉的前提是投诉人确因客观原因无法现场提交材料并签字确认，投诉方式包括传真、书信、电子邮件等，并附带本人签名。

3. 异地投诉。首次明确了异地投诉受理：投诉人所在地与被投诉机构所在地不一致的，投诉人可以向任一人民银行分支机构投诉。

(二) 投诉办理及结果反馈

《征信投诉办理规程》明确了投诉办理各环节的时间要求。

表6－4　　　　　　　投诉办理各环节时间要求及承办机构

| 办理环节 | | 时间要求 | 承办机构 |
|---|---|---|---|
| 接到投诉 | 能当场答复 | 当场答复 | 人民银行分支机构 |
| | 不能当场答复 | 接到投诉之日起5日内，作出是否受理的决定，并告知投诉人或代理人 | 人民银行分支机构 |
| 转送资料 | | 在作出投诉受理决定之日起5日内，将相关材料转送被投诉机构 | 人民银行分支机构 |
| 书面说明 | | 收到《征信投诉受理单》之日起10日内就投诉事项的实际情况和发生原因向人民银行分支机构作出书面说明 | 被投诉机构 |
| 补充资料 | | 相关材料不能充分证明投诉事项是否存在以及理由、原因不清的，被投诉机构应在3日内补充材料 | 被投诉机构 |
| 处理决定 | | 投诉受理之日起30日内 | 人民银行分支机构 |
| 整改 | | 对投诉处理结果无异议的，应当在收到处理决定之日起10日内按照处理意见进行整改，并将整改情况报告人民银行分支机构 | 被投诉机构 |

**重要概念**

投诉人是指向人民银行分支机构提出投诉的信息主体。

## 自测习题

**一、填空题**

投诉人、被投诉机构对投诉处理结果持有异议的，可以向_____的人民银行分支机构_____申请复议。

**二、判断题**

投诉人只能向所在地人民银行分支机构投诉。（　　）

**三、多项选择题**

投诉有哪些情形之一的，人民银行分支机构不予受理？（　　）

A. 无明确的投诉对象

B. 无具体的投诉事项和理由

C. 人民银行相关分支机构已经就投诉事项进行过核实处理，无新情况、新理由

D. 投诉事项已通过司法等途径受理或处理

## 知识点七　《征信机构信息安全规范》

### 引导/概述

信息安全是征信机构赖以生存的基础。《征信机构信息安全规范》从管理安全、技术安全、业务操作安全三个维度，明确了征信机构信息系统安全管理的规范要求，为征信机构信息系统建设、运行和维护的安全性依据以及开展安全检查和内部审计的依据。

### 学习目标

要求人民银行征信管理人员、征信机构、信息提供者和信息使用者的征信从业人员对《征信机构信息安全规范》的出台背景、主要内容等有基本的了解。

### 知识点正文

**一、出台背景**

征信机构是专门从事信用信息服务的机构，其信息来源广泛，涉及信息主

体和信息使用者众多。鉴于征信业务活动的复杂性，如何建立完善的信息安全管理体系，保障征信信息安全和征信业务活动的连续性，是征信机构普遍面临的问题。从目前实践看，征信机构需要制定哪些内控制度，设置哪些管理部门和安全岗位，采取哪些技术措施和手段，征信系统如何规范建设和运行等尚不统一和明确，迫切需要管理部门出台相关制度和标准，为行业发展提供统一遵循的安全制度规范。基于此，人民银行于 2014 年 11 月发布了《征信机构信息安全规范》。

**二、主要内容**

（一）安全管理

安全管理与征信系统中各种参与人的活动有关，通过从政策、制度、规范、流程以及记录等各方面作出规定，来控制各种参与人的活动。

表 6-5　　　　　　　　　　　安全管理具体内容

| 管理要求 | 具体内容 |
| --- | --- |
| 安全管理制度 | 信息安全工作的总体方针和安全策略、系统建设和运维管理制度、数据管理制度 |
| 安全管理机构 | 设置安全管理岗位、配备安全管理人员，对重要的安全管理事项应授权审批 |
| 人员安全管理 | 安全主管、信息安全管理员、部门计算机安全员、技术支持人员、业务操作人员和一般计算机用户等六类人的安全职责和行为规范 |
| 系统建设管理 | 安全方案设计、产品采购与使用、自主软件开发、外包软件开发、工程实施、测试验收、系统交付、外包及安全服务商管理 |
| 系统运维管理 | 环境管理、设备管理、监控管理与评估、网络安全管理、系统安全管理、备份与恢复管理、安全事件管理 |

（二）安全技术

安全技术与征信系统采用的技术安全机制有关，通过在信息系统中部署软硬件并正确配置其安全功能来实现。

（三）业务操作

1. 全流程管理：从系统接入和注销、用户管理、信息采集和处理、信息加工、信息保存、信息查询、异议处理、信息跨境流动、研究分析、安全检查和评估等环节，有针对性地提出征信机构业务操作的管理要求。

2. 差异化要求：系统接入方面，对接口方式和非接口方式进行区别对待；用户管理方面，明确征信机构和征信系统接入机构的不同职责，内部用户管理较之外部用户管理更为严格；信息查询方面，对单笔查询和批量查询设置不同的校验规则。

**重要概念**

征信系统是指征信机构与信息提供者协议约定，或者通过互联网、政府信息公开等渠道，对分散在社会各领域的企业和个人信用信息，进行采集、整理、保存和加工而形成的信用信息数据库及相关系统。

**自测习题**

一、填空题

1. 征信机构应当按照"＿＿＿＿＿＿＿＿＿＿＿＿＿＿＿＿"流程对征信系统实行安全等级保护。

2. 《征信机构信息安全规范》根据征信系统前、中、后端的不同特性，明确了＿＿＿＿、＿＿＿＿和＿＿＿＿的不同技术要求。

二、多项选择题

1. 《征信机构信息安全规范》的主要内容包括（　　）。

A. 管理安全　　　B. 技术安全　　　C. 业务操作安全　　　D. 人员安全

2. 《征信机构信息安全规范》适用主体包括（　　）。

A. 征信机构　　　B. 信息提供者　　　C. 信息使用者　　　D. 测评机构

## 知识点八　《金融信用信息基础数据库用户管理规范》

**引导/概述**

为规范金融信用信息基础数据库相关业务活动，保障征信信息安全和数据库平稳运行，人民银行征信管理局组织人民银行分支机构、人民银行征信中心、商业银行等制定了《金融信用信息基础数据库用户管理规范》，从机构、用户角度对金融信用信息基础数据库进行规范管理。

**学习目标**

要求人民银行征信管理人员、征信机构、信息提供者和信息使用者的征信从业人员对《金融信用信息基础数据库用户管理规范》的出台背景、主要内容等有基本的了解。

## 知识点正文

### 一、出台背景

鉴于金融信用信息基础数据库的重要作用,《征信业管理条例》第五章专门对"金融信用信息基础数据库"的法律地位、数据来源、数据服务对象、管理原则、收费标准进行了规范。

随着金融信用信息基础数据库收集信息主体范围和内容的扩大、接入机构和查询用户的增加,金融信用信息基础数据库的重要性日益增加,需要按照《征信业管理条例》确立的管理原则,对金融信用信息基础数据库的数据采集、数据提供、数据查询使用等方面的管理制度进行细化,促进《征信业管理条例》的真正落实。基于此,人民银行在 2014 年 11 月印发了《金融信用信息基础数据库用户管理规范》。

### 二、主要内容

《金融信用信息基础数据库用户管理规范》按照从事信贷业务的机构、征信中心、人民银行分支机构查询网点、金融监管部门等四类机构,数据上报用户、管理员用户、查询用户三类用户进行划分,对 4 类机构的 13 类用户的职责、用户创建、用户变更、用户停止、用户操作等行为进行规范,使同一类型的不同机构按照统一的标准创建用户、对用户进行管理。

1. 对征信中心各类用户的规范。标准明确征信中心的超级管理员、一般管理员、窗口查询用户和异议处理用户的职责,赋予了征信中心加强对数据库信息使用合规的监测职能,要求一般管理员用户及时监测所创建用户的业务操作行为,发现异常情况向用户所在机构和征信业监督管理部门报告;规范了征信中心窗口查询用户向信息主体和国家机关提供查询服务的条件、异议处理用户的异议处理程序等。标准明确规定征信中心一般管理员用户可根据国务院征信业监督管理部门的通知停止从事信贷业务的机构或其分支机构的查询权限。

2. 对人民银行各级查询网点用户的规范。标准明确了人民银行各级查询网点代理征信中心,为信息主体和国家机关提供查询服务的职责,规范了管理员用户、窗口查询用户、异议处理用户的操作行为。标准规定分支机构查询网点为国家机关查询服务出现异常的,可暂停其查询权限,同时规定人民银行分支机构查询应按照国家机关查询办理,防止人民银行分支机构利用查询便利,违规查询、违规使用信息主体信息现象的发生。

3. 对从事信贷业务的机构用户的规范。从事信贷业务的机构应当按照要求,对其管理员用户、数据报送用户、业务查询用户、异议处理用户进行规范，要严格按照约定查询、使用信息主体的信息。标准要求从事信贷业务的机构采用页面查询或接口、批量查询的，都应当确保业务操作记录可追溯到具体人员，防止以统一查询用户名义规避违规查询责任。

4. 对金融监管部门用户的规范。标准明确金融监管部门只设立查询用户，不设其他用户，查询用户要严格按照规范查询信息主体的信息，有违规查询行为的，可停止其查询权限。

5. 其他要求。标准对不同机构的制度建设、信息反馈、内部审计、用户培训作出要求，要求不同机构针对自己的征信活动情况，建立相应的内控制度，保障信息的安全和合规使用；定期对相关数据报送和数据使用进行审计，防范违规行为的产生；对本机构的各类用户，尤其是查询用户和上报数据用户进行培训，保障其合规操作。同时，征信中心建立异常查询的反馈机制，定期向查询机构反馈本机构的查询情况，便于各类机构，尤其是从事信贷业务的机构及时发现内部的违规查询行为。

**重要概念**

- **管理员用户**

征信中心、从事信贷业务的机构、人民银行查询网点负责管理数据报送用户、查询用户、异议处理用户和下级一般管理员用户的管理员用户。

- **数据报送用户**

从事信贷业务的机构负责向金融信用信息基础数据库报送本单位信贷信息的用户。

- **业务查询用户**

从事信贷业务的机构为自身业务需要查询金融信用信息基础数据库信用信息的用户。

- **窗口查询用户**

征信中心、人民银行各级查询网点为信息主体、法律规定有权查询的国家机关提供查询服务的用户。

**自测习题**

一、填空题

1. 查询用户职责是根据_____或_____查询金融信用信息基础数据

库的企业和个人信息。

2.《金融信用信息基础数据库用户管理规范》要求从事信贷业务的机构、征信中心做好内控检查工作，定期对＿＿＿＿＿＿、＿＿＿＿＿＿＿＿、＿＿＿＿＿＿＿＿、＿＿＿＿＿＿以及＿＿＿＿＿＿＿、＿＿＿＿＿＿进行检查。

二、判断题

从事信贷业务的机构的一般管理员用户只能管理本级业务查询用户、异议处理用户、数据报送用户。（　　）

三、单项选择题

用户机构应建立征信业务培训机制，对辖内各类用户，每年至少开展(　　)次专项培训。

A. 1　　　　　　B. 2　　　　　　C. 3　　　　　　D. 4

# 第七章 信息主体权益保护

**本章使用说明：** 本章适用于人民银行征信管理人员，征信机构从业人员、信息提供者、信息使用者等单位的征信从业人员。

### 本章介绍

在征信活动中，信息共享与信息主体权益保护之间存在着矛盾，信息共享越充分，信息主体自身权益受到的影响就越大。信息主体权益保护旨在平衡信息隐私性、安全性和提高信用信息可获得性之间的关系。妥善保护信息主体的权益是征信合规管理的重要目标。本章对信息主体的定义及类型进行阐释，对信息主体的知情权、同意权、信息安全权、异议权、投诉权、诉讼权、重建信用记录权等权益逐一进行介绍，为针对性开展征信合规管理工作奠定理论基础。

## 知识点一 信息主体定义及类型

### 引导/概述

在《征信业管理条例》中，被征信人的概念表述为信息主体，包括信息所属的自然人、法人以及其他组织。征信从业人员正确开展征信合规管理工作，首先要了解信息主体的基本概念。

### 学习目标

要求人民银行征信管理人员，征信机构、信息提供者、信息使用者的征信从业人员对信息主体的概念、类型有基本的了解。

# 第七章 信息主体权益保护

## 知识点正文

### 一、信息主体的定义

主体，指权利义务的承受者。在民事法律关系中，主体是指享受权利和负担义务的自然人、法人以及其他组织。

信息主体，广义而言，是指信息所属的自然人、法人以及其他组织；狭义而言，是指征信信息主体，也称为被征信人，是征信机构采集、整理、加工和使用的征信信息描述对象，包括自然人、法人以及其他组织。

### 二、信息主体的类型

从信息主体的种类来看，信息主体的类型可分为个人信息主体和法人信息主体两类。个人信息主体指信息所属的自然人。法人信息主体指信息所属的法人以及其他组织。

个人信息主体在征信法律制度中属于严格保护的对象。征信法律制度为个人信息主体权益保护作出专门制度性安排，以此赋予信息主体有效维护自身合法权益的渠道和手段。

### 三、外国人是否属于我国的个人信息主体

部分国家认为个人信息主体应包括外国人，其主要理由是：网络具有无国界的特色，因此在处理个人信息时，外国人的个人信息也应得到个人信息保护法的保护。同时，外国人个人作为贷款人、担保人，或者外国人任法人、高管的企业在我国境内金融机构贷款的，其有关个人信息会通过金融机构报送至人民银行金融信用信息基础数据库。因此，在实践中，外国人涉及有关征信业务的权利与责任关系，与本国人并无本质区别。

在我国，个人信息保护法对外国人的个人信息实施同等保护并不能认为外国人是国内合法主体。个人信息保护法通过涉外条款对外国人的个人信息实行平等保护。

### 四、法人是否应该视同个人被严格保护

目前国际上存在两种立法理念。一是认为法人信息主体应当和个人信息主体同等地位进行保护。如奥地利、挪威与卢森堡等少数国家的立法均将法人信息主体等同于个人信息主体加以规定。此种主张的理论基础是，法人和个人一样具有人格权，并且对法人信息和个人信息的一并保护，可以防止竞争对手掌握法人营业信息。二是认为法人信息主体和个人信息主体的保护程度应当进行区分。大部

分国家认为法人信息主体的信息应当以公开为主,将法人等社会团体的资料排除在信息保护立法的范围之外。

我国立法采用的是后者,如《征信业管理条例》对个人信息主体和企业信息主体赋予不同的保护权益,对个人信息主体加强隐私保护,对企业信息主体促进信息公开和共享。

### 重要概念

信息主体,从广义上来讲,是指信息所属的自然人、法人以及其他组织;从狭义上来讲,是指征信信息主体,也称为被征信人,是征信机构采集、整理、加工和使用的征信信息描述对象,包括自然人、法人以及其他组织。

### 自测习题

**一、填空题**

1. 信息主体,从狭义上来讲,是指征信信息主体,也称为被征信人,是征信机构采集、整理、加工和使用的征信信息描述对象,包括_____、_____以及_____。

2. 在民事法律关系中,主体是指_____和_____的自然人、法人以及其他组织。

**二、判断题**

个体工商户是企业信息主体。(　　)

**三、单项选择题**

《征信业管理条例》对个人信息主体和企业信息主体赋予不同的保护权益,对个人信息主体加强隐私____,对企业信息主体促进信息____和____。(　　)

A. 保护、公开、共享　　　　B. 公开、共享、保护

C. 共享、公开、保护　　　　D. 保护、保护、共享

**四、多项选择题**

1. 信息主体指信息所属的(　　)。

A. 企业　　　B. 自然人　　　C. 法人　　　D. 其他组织

2. 从信息主体的种类来看,信息主体的类型可分为(　　)。

A. 社会信息主体　　　　　　B. 自然人信息主体

C. 个人信息主体　　　　　　D. 法人信息主体

## 知识点二 信息主体权益

**引导/概述**

根据《征信业管理条例》及相关规定，信息主体享有知情权、同意权、信息安全权、异议权、投诉权、诉讼权、重建信用记录权等征信权益。这七项权利，构成了对信息主体全方位的保护。在信息主体权益保护的实践中，需要征信机构、信息提供者、信息使用者共同履行在数据合法采集、使用、异议处理、保障信息安全与准确等方面的责任和义务。

**学习目标**

要求人民银行征信管理人员，征信机构、信息提供者、信息使用者的征信从业人员对信息主体的各项权益有基本的了解。

**知识点正文**

### 一、信息主体的权益

信息主体权益保护旨在平衡信息隐私性、安全性和提高信用信息可获得性之间的关系。法律赋予信息主体知情权、同意权、信息安全权、异议权、投诉权、诉讼权、重建信用记录权，构成了对信息主体权益的全方位保护。在信息主体权益保护的实践中，需要征信机构、信息提供者和信息使用者共同履行在数据合法采集、使用、异议处理、保障信息安全与准确等方面的责任和义务。

### 二、国外信息主体权益保护实践

近年来，信息主体权益保护问题日益受到世界各国征信业监管部门的重视，越来越多的监管规定被引入征信业，以加强对信息主体的权益保护。

2008年金融危机后，美国设立了金融消费者保护局，合并了多家监管机构在权益保护方面的职责，进一步加强对征信业务信息主体权益保护。美国宪法未明确规定信用信息权益内容，而是采用专门立法的方式，制定了《公平信用报告法》《隐私权法》《信息自由法》和《统一商业秘密法》等多部单一法规来规范征信业市场和保护信息主体权益，调整信息主体与信息提供者、征信机构和信息使用者之间的关系。

在欧盟设立数据保护委员会后，成员国也纷纷设立数据保护机构，强化信息主体权益保护。欧盟关于征信的法律规定分散于民法、银行法、个人数据保护法等法律中，通过分散立法模式对信息主体权益予以保护。欧盟立法的突出特点是对个人信息主体权益进行严格保护，先后制定出台了《保护隐私及跨国交流个人资料准则》《欧盟个人数据保护指令》《电子通信数据保护指令》《通用数据保护条例》等相关法律法规。特别是近期出台、将于 2018 年 5 月 25 日正式生效的《通用数据保护条例》，统一了欧盟各国数据保护法律制度，细化了信息主体权利规定，为维护信息主体权益提供了坚实的法律保障。

**三、国内征信信息主体权益保护现状**

目前，国内在信息主体权益保护方面初步建成了以法律法规、部门规章文件和地方法规为基础的多层次法律保护体系。在国家法律层面，我国《宪法》《民法通则》《刑法修正案（七）》《刑法修正案（九）》《网络安全法》《全国人大常委会关于加强网络信息保护的决定》等法律部分条款中均涉及信息主体权益保护内容，主要为间接原则规定。《消费者权益保护法》对经营者收集、使用消费者个人信息提出了明确要求并细化了违反规定的法律责任。《反不正当竞争法》对商业秘密进行了界定并规定了涉及不正当竞争的罚则。《征信业管理条例》初步建立了覆盖知情权、异议权和救济权等权益的信用信息法律保护体系。

《征信业管理条例》明确，我国征信信息主体权益保护由人民银行负责。在部门规章及规范性文件方面，人民银行颁布了《个人信用信息基础数据库管理暂行办法》，保障征信体系中个人信息的安全，明确个人信用信息保密的原则和信息采集客观性原则；根据《征信业管理条例》制定的《征信投诉办理规程》完善了人民银行受理信息主体投诉的行政救济渠道；《中国人民银行金融消费者权益保护实施办法》（银发〔2016〕314 号）以及《中国人民银行关于银行业金融机构做好个人金融信息保护工作的通知》（银发〔2011〕17 号）、《中国人民银行关于金融机构进一步做好客户个人金融信息保护工作的通知》（银发〔2012〕80 号）等规范性文件，从个人金融信息保护的角度对信息主体权益保护进行了规范。

**重要概念**

信息主体权益是指在征信活动中，信息主体享有知情权、同意权、信息安全权、异议权、投诉权、诉讼权、重建信用记录权等权益。

## 自测习题

### 一、填空题

1. 信息主体的权益保护一般包括_____、_____、_____、_____、_____、_____、_____等七项内容。

2. 信息主体权益保护旨在平衡_____、_____和_____之间的关系。

### 二、单项选择题

（　　）初步建立了覆盖知情权、异议权和救济权等权益的信用信息法律保护体系。

A.《宪法》　　　　　　　　B.《民法通则》

C.《合同法》　　　　　　　D.《征信业管理条例》

### 三、多项选择题

美国宪法未明确规定信用信息权益内容，而是采用专门立法的方式，制定了（　　）等多部单一法规来规范征信业市场和保护信息主体权益，调整信息主体与信息提供者、征信机构和信息使用者之间的关系。

A.《公平信用报告法》　　　B.《隐私权法》

C.《信息自由法》　　　　　D.《统一商业秘密法》

# 知识点三　知情权

## 引导/概述

知情权是指信息主体有权在征信业务中知悉自身信息被采集和使用的情况，包括内容、用途、使用者及使用目的等，并有权获知信用记录。保护信息主体权益的最核心部分是让信息主体清晰地了解自身信用信息被采集和使用的情况，而知情权又是其他权益的基本前提。

## 学习目标

要求人民银行征信管理人员、征信机构、信息提供者、信息使用者的征信从业人员对信息主体知情权的基本概念、内容、相关规定有基本的了解。

## 知识点正文

**一、知情权的定义**

知情权是指信息主体有权在征信业务中知悉自身信息被采集和使用的情况,包括内容、用途、使用者及使用目的等,并有权获知信用记录。包括:一是被告知权。有权了解自身数据被采集、处理和使用条件。二是查询权。有权以较低成本获得自身信用报告。

信息主体权益保护的核心内容是让信息主体清晰地了解自身信用信息被采集和使用的情况,而知情权又是其他权益得以实现的基本前提。世界银行建议,信息主体应被告知征信机构的存在,尤其是当信息被用于作出对他们不利的决定时,应当让他们了解这一情况。

**二、国外知情权规定**

1. 被告知权。美国《公平信用报告法》明确规定了消费者享有知情权,即消费者有权从征信机构处获得本人信用信息,并充分了解征信机构对自己信用状况的评价及依据。该法规定,信用报告中有不利于消费者的内容时,应将相关征信机构的名称、住址等通知该消费者。2011年,美国联邦储备委员会和联邦贸易委员会联合发布新规则,要求授信机构在借贷交易中对消费者作出不利决定时,承担向消费者提供免费信用报告、信用评分及其使用情况的义务。英国《消费信贷法》规定,提供信贷者在利用征信机构获得消费者信用报告作出放贷决策时,应当披露征信机构的名称和地址。

2. 查询权。美国、英国、法国、比利时、意大利和巴西等多数国家法律明确规定,信息主体有权查询自己的信用报告,并且有权每年获得一定的免费查询机会,一般是1~2次。超过免费查询次数的,个人就需要再支付一定费用后获得自己的信用报告。

**三、国内知情权规定**

《中华人民共和国消费者权益保护法》对征信主体知情权进行了专门规定。该法第二十九条第一款规定:"经营者收集、使用消费者个人信息,应当遵循合法、正当、必要的原则,明示收集、使用信息的目的、方式和范围,并经消费者同意。经营者收集、使用消费者个人信息,应当公开其收集、使用规则,不得违反法律、法规的规定和双方的约定收集、使用信息。"根据该条款,征信机构和信息提供者在收集、使用个人征信信息时,应当向信息主体公开收集、使用的规则，并明示收集、使用信息的目的、方式和范围。

我国的《征信业管理条例》也充分体现了国际通行的立法理念。在知情权方面主要进行如下明确：

1. 信用记录知情权。第十七条规定，信息主体可以向征信机构查询自己的信息，个人信息主体有权每年两次免费获取本人的信用报告。

2. 财产类信息采集知情权。第十四条规定，征信机构采集个人的收入、存款、有价证券、商业保险、不动产的信息和纳税数额信息，应明确告知信息主体提供该信息可能产生的不良后果。

3. 不良信息报送知情权。第十五条规定，信息提供者向征信机构提供个人不良信息，应当事先告知信息主体本人。

4. 格式合同知情权。第十九条规定，采用格式合同条款取得个人信息主体同意的，应当在合同中作出足以引起信息主体注意的提示，并按照信息主体的要求作出明确说明。

《中国人民银行金融消费者权益保护实施办法》（银发〔2016〕314号）等规范性文件进一步明确，金融机构通过格式条款取得个人金融信息书面使用授权或者同意的，应当在条款中明确该授权或者同意所适用的向他人提供个人金融信息的范围和具体情形，应当在协议的醒目位置使用通俗易懂的语言明确向金融消费者提示该授权或者同意的可能后果。该规定对信息主体知情权的内涵和外延作出了进一步规定。

## 重要概念

知情权，是指信息主体在征信业务中有权知悉自身信息被采集和使用的情况，包括内容、用途、使用者及使用目的等，并有权获知信用记录。

## 自测习题

### 一、填空题

1. 知情权，是指信息主体在征信业务中有权知悉自身信息被_____的情况，包括_____、_____、_____及_____等，并有权获知信用记录。

2. 保护信息主体权益的最核心部分是让信息主体清晰地了解自身信用信息被____和____的情况。

### 二、单项选择题

我国的《征信业管理条例》规定，信息主体可以向征信机构查询自己的信息，个人信息主体有权每年（　　）次免费获取本人的信用报告。

A. 1　　　　　　B. 2　　　　　　C. 3　　　　　　D. 4

### 三、多项选择题

知情权包含以下内容：（　　）。

A. 有权被告知关于其自身数据采集、处理和使用条件的被告知权

B. 同意报送信息、同意第三方查询使用自身信用记录的同意权

C. 有权以较低成本获知自身信用报告的查询权

D. 对征信机构采集的自身信用信息提出异议的异议权

---

## 知识点四　同意权

**引导/概述**

同意权是指信息主体有权决定自身信息采集、存储、加工、传播、使用的范围和途径。信息主体的同意权包括信息采集同意权和信息使用同意权。表现为：信息提供者、征信机构在收集、存储信用信息，征信机构在加工、对外提供信用信息，信息使用者在使用、对外提供信用信息时，应事先取得信息主体的授权或同意。

**学习目标**

要求人民银行征信管理人员，征信机构、信息提供者和信息使用者的征信从业人员对信息主体同意权的基本概念、内容、有关规定有基本的了解。

**知识点正文**

### 一、同意权的定义

同意权是指信息主体有权决定自身信息采集、存储、加工、传播、使用的范围和途径。

信息主体的同意权包括信息采集同意权和信息使用同意权。表现为：信息提供者、征信机构在收集、存储信用信息，征信机构在加工、对外提供信用信息，信息使用者在使用、对外提供信用信息时，应事先取得信息主体的授权或同意。

### 二、同意的方式

"同意"的方式可以是书面授权，也可以是知情同意。例如，德国和俄罗

斯立法规定，征信机构在收集、处理和使用信息时，必须取得数据主体本人书面授权同意；英国和美国规定，在收集敏感数据时，需要取得信息主体的书面授权。泰国虽然没有规定收集信息必须经信息主体书面授权，但规定信息收集后30日内需将收集信息的种类、用途和征信机构名称告知信息主体，如信息主体不明示反对，即视为同意。我国《征信业管理条例》明确同意的形式是书面授权。

### 三、国外同意权规定

在美国，征信机构仅在采集个人医疗信息以及对外使用个人信息时才需要取得信息主体的授权。美国《公平信用报告法》规定消费者有权选择自己的信息不能用于就业目的，消费者的雇主或者潜在雇主查阅个人信用报告时必须得到消费者本人的书面授权。而针对信贷和保险产品的主动市场营销行为，消费者也有权拒绝。数据报送机构和使用机构等如果要使用消费者信息进行市场营销，需要取得信息主体的书面同意。

欧盟国家一般规定，征信机构采集以及对外使用个人信息时都要经过个人授权同意。欧盟在1998年《数据保护指南》中明确数据的收集需要得到数据主体的授权同意。但这些规定一般用来规范私营信贷信息登记机构，欧洲公共征信机构收集信息一般不需要得到信息主体的授权同意。同时，欧盟从法律上规定了数据的特定使用范围。

### 四、国内同意权规定

《中华人民共和国消费者权益保护法》第二十九条第一款对同意权作出了明确规定："经营者收集、使用消费者个人信息，应当遵循合法、正当、必要的原则，明示收集、使用信息的目的、方式和范围，并经消费者同意。"此外，由于商业性信息对于信息主体的生活安宁权可能产生一定影响，该法还明确排除了在商业性信息使用方面消费者默示同意的效力。该法第二十九条第三款规定："经营者未经消费者同意或者请求，或者消费者明确表示拒绝的，不得向其发送商业性信息。"

我国《征信业管理条例》对同意权作出如下规定。

1. 信息采集（提供）同意。第十三条规定，"采集个人信息应当经信息主体本人同意"；第十四条规定，"征信机构不得采集个人的收入、存款、有价证券、商业保险、不动产的信息和纳税数额信息。但是，征信机构明确告知信息主体提供该信息可能产生的不利后果，并取得其书面同意的除外"；第二十九条规定，

"从事信贷业务的机构向金融信用信息基础数据库或者其他主体提供信贷信息，应当事先取得信息主体的书面同意"。

2. 信息查询使用同意。第十八条规定，"向征信机构查询个人信息的，应当取得信息主体本人的书面同意并约定用途"；第二十八条规定，"金融信用信息基础数据库为信息主体和取得信息主体本人书面同意的信息使用者提供查询服务"；第二十条规定，"信息使用者应当按照与个人信息主体约定的用途使用个人信息，不得用作约定以外的用途，不得未经个人信息主体同意向第三方提供"；第十八条规定了法律规定可以不经同意查询的除外，即公、检、法等国家机关基于案件调查、取证等目的，可以不受同意权的约束。

《中国人民银行金融消费者权益保护实施办法》（银发〔2016〕314号）对于信息主体的同意权专门作出了禁止性规定，从另一方面对信息主体同意权进行保护。该办法第三十条第二款规定："金融机构不得以概括授权的方式，索取与金融产品和服务无关的个人金融信息使用授权或者同意。"第三十一条规定："金融机构不得将金融消费者授权或者同意其将个人金融信息用于营销、对外提供等作为与金融消费者建立业务关系的先决条件，但该业务关系的性质需要预先做出相关授权或者同意的除外。"

**五、书面授权的性质及作出方式**

1. 信用主体的同意应当以书面形式作出，取得信息主体同意的行为是信息使用者和信息主体双方的合意行为，法律性质上属于合同。

2. 书面形式包括纸质形式和具有法律效力的电子形式。根据《中华人民共和国合同法》第十一条规定，书面形式是指合同书、信件和数据电文（包括电报、电传、传真、电子数据交换和电子邮件）。

3. 电子形式授权书应符合《中华人民共和国电子签名法》或按照不低于三类结算账户安全标准验证信息主体身份。其中，三类结算账户安全验证标准包括：一是验证身份证件有效性，可通过公安联网身份核查验证；二是通过人脸识别与身份证件比对验证一致性；三是至少通过一个一类结算账户和密码验证。

**重要概念**

同意权是指信息主体有权决定自身信息采集、存储、加工、传播、使用的范围和途径。

## 自测习题

**一、填空题**

1. 同意权是指信息主体有权决定自身信息_____、_____、_____、_____、_____的_____和_____。

2. 信息主体的同意权包括_____和_____。

**二、多项选择题**

我国《征信业管理条例》规定：（   ）。

A. 采集个人信息应当经信息主体本人同意

B. 从事信贷业务的机构向金融信用信息基础数据库或者其他主体提供信贷信息，应当事先取得信息主体的书面同意

C. 向征信机构查询个人信息的，应当取得信息主体本人的书面同意并约定用途

D. 信息使用者应当按照与个人信息主体约定的用途使用个人信息，不得用作约定以外的用途，不得未经个人信息主体同意向第三方提供

## 知识点五　信息安全权

### 引导/概述

信息安全权是指信息主体对其征信信息所享有的不受他人非法知悉、利用和公开的权利。信息安全权包括三个方面的权利：第一，信息主体可以自主决定其信用信息的被收集程度。第二，信息主体有权自主决定允许或不允许第三人知悉和利用其信用信息。第三，当信用信息被不当泄露或被侵害时，信息主体有权寻求司法救济。征信信息安全权的核心，是信息主体对其信用信息享有的不受非法侵害的权利。

### 学习目标

要求人民银行征信管理人员，征信机构、信息提供者和信息使用者的征信从业人员对信息主体信息安全权的基本概念、作用、相关规定有基本的了解。

### 知识点正文

**一、信息安全权的定义**

信息安全权指信息主体对其征信信息所享有的不受他人非法知悉、利用和公

开的权利。一般认为，征信信息安全权属于个人隐私权的一部分，主要内容涵盖消费者征信信息的安全保护，金融机构及相关信息提供者、信息使用者侵犯金融消费者的信息安全权时应当承担相应的责任。

征信机构、信息提供者等单位通过构建数据系统，在信息主体同意的前提下采集了信息主体大量的个人信用信息，这些信息具有极大的经济价值。而在金融市场中，这类单位享有的这些征信信息和信息主体对于自身信息的保护需求之间具有天然的不平衡性，因此，需要构建专门的信息安全制度，确保信息主体征信信息安全。

**二、国外征信信息安全权规定**

美国是较早形成系统、完备的金融隐私权法律保护体系的国家，其对于信息安全权的保护主要沿用金融隐私权保护的一般规则。美国对于金融隐私权的保护采取的是单独立法的模式。1975年美国国会通过《金融隐私权利法》，对金融机构的数据信息中涉及客户隐私权保护的内容加以规定。1999年，美国颁布的《金融服务现代化法》，规定了金融机构对非公开的个人信息的保护。

相比于美国，欧盟采用的是专门的数据保护立法。欧盟出台的《欧盟数据保护指令》《关于个人资料的处理和自由流动的保护指令》《欧盟职能机构处理和传播个人数据的专门规章》《通用数据保护条例》，对个人数据的收集和处理作出了全面的规定。

**三、国内征信信息安全权规定**

我国的《中华人民共和国消费者权益保护法》《征信业管理条例》《个人信用信息基础数据库管理暂行办法》《中国人民银行金融消费者权益保护实施办法》等均对征信机构在保护信息主体信息安全权时需要履行的义务作出规定。

1. 建立健全信息安全内控制度。《征信业管理条例》第二十二条规定："征信机构应当按照国务院征信业监督管理部门的规定，建立健全和严格执行保障信息安全的规章制度，并采取有效技术措施保障信息安全。"《个人信用信息基础数据库管理暂行办法》第八条规定："征信服务中心应当建立完善的规章制度和采取先进的技术手段确保个人信用信息安全。"

2. 完善技术防范措施和手段。《中华人民共和国消费者权益保护法》第二十九条第二款规定："经营者及其工作人员对收集的消费者个人信息必须严格保密，不得泄露、出售或者非法向他人提供。经营者应当采取技术措施和其他必要措施，确保信息安全，防止消费者个人信息泄露、丢失。"

3. 明确个人征信业务的查询权限和规则。《征信业管理条例》第二十二条规定："经营个人征信业务的征信机构应当对其工作人员查询个人信息的权限和程序作出明确规定，对工作人员查询个人信息的情况进行登记，如实记载查询工作人员的姓名，查询的时间、内容及用途。"

4. 严防个人信用信息被非法采集、使用或者泄露。《刑法》第二百五十三条规定，违反国家有关规定，将在履行职责或者提供服务过程中获得的公民个人信息，出售或者提供给他人，情节严重的，处三年以下有期徒刑或者拘役，并处或者单处罚金。《中华人民共和国消费者权益保护法》第二十九条第二款规定："经营者及其工作人员对收集的消费者个人信息必须严格保密，不得泄露、出售或者非法向他人提供。"《征信业管理条例》第二十二条规定："工作人员不得违反规定的权限和程序查询信息，不得泄露工作中获取的信息。"《个人信用信息基础数据库管理暂行办法》第三十一条规定："商业银行应当建立保证个人信用信息安全的管理制度，确保只有得到内部授权的人员才能接触个人信用报告，不得将个人信用报告用于本办法第十二条规定以外的其他用途。"

5. 建立有效的信息泄露应急机制及补救措施。《中华人民共和国消费者权益保护法》第二十九条第二款规定："在发生或者可能发生信息泄露、丢失的情况时，应当立即采取补救措施。"

**重要概念**

信息安全权指信息主体对其征信信息所享有的不受他人非法知悉、利用和公开的权利。

**自测习题**

**一、填空题**

信息安全权是指信息主体对其征信信息所享有的不受他人_____的权利。

**二、单项选择题**

根据《征信业管理条例》规定，向金融信用信息基础数据库提供或者查询信息的机构违反规定，因过失泄露信息的，由国务院征信业监督管理部门或者其派出机构责令限期改正，对单位处（　　）罚款。

A. 1 万元以上 5 万元以下　　　　B. 5 万元以上 10 万元以下

C. 10 万元以上 20 万元以下　　　D. 5 万元以上 50 万元以下

### 三、多项选择题

我国的《征信业管理条例》规定，经营个人征信业务的征信机构应当对其工作人员查询个人信息的权限和程序作出明确规定，对工作人员查询个人信息的情况进行登记，如实记载查询工作人员的（　　）。

A. 姓名　　B. 查询时间　　C. 查询内容　　D. 查询用途

## 知识点六　异议权

### 引导/概述

异议权指信息主体认为征信机构采集、保存、提供的信息存在错误、遗漏，对自己的信用记录中反映的信息持否定或者不同意见，有权要求征信机构对存疑信息进行调查及更正。受各类因素的影响，在征信信息采集、整理、保存、加工的各个环节有可能出现错误或遗漏，从而影响信息主体的正常经济活动和经济声誉，因此，为了加强对信息主体正当权益的保护，应赋予信息主体对信用记录中的问题提出质疑并得以更正错误信息的权利。

### 学习目标

要求人民银行征信管理人员，征信机构、信息提供者和信息使用者的征信从业人员对信息主体异议权、异议标注、个人声明的基本概念、作用、相关规定有基本的了解。

### 知识点正文

#### 一、异议权的定义

异议权指信息主体认为征信机构采集、保存、提供的信息存在错误、遗漏，对自己的信用记录中反映的信息持否定或者不同意见，有权要求征信机构对存疑信息进行调查及更正。

"异议标注"是要求征信机构和信息提供者对异议信息及时进行标注，提示信息使用者被标注的信息存在错误或遗漏的可能，以便对信息主体进行客观、准确的评价。

声明权是异议权的延伸。信息主体对经过异议核查处理的信息仍有不同意见的，有权向征信机构提交一份异议声明，由征信机构将该异议声明附在信用报告中。

### 二、国外异议权规定

美国《公平信用报告法》规定，消费者有权对与自己实际情况不符的信息提出异议，征信机构应对消费者异议进行内部核查，并应在接到消费者异议申请后5个工作日内，将所有有关异议申请的信息提供给数据提供机构。消费者还可以直接向数据提供机构提出异议申请。数据提供机构应承担提供准确信息和更正错误信息的义务。在异议处理环节，报数机构应直接受理异议并进行严格的调查，如果信息确实不准确、不完整，应向征信机构报送正确的信息；如无法核实信息是否准确、完整，则应删除或永久隐藏异议信息。消费者在对争议结果不满意时，有权在信用报告中附上一份简要个人声明。

英国《消费信贷法》规定，个人有权要求征信机构删除或修改其信用报告中的错误信息。征信机构在收到个人异议通知的28天内，应当通知信息主体该错误信息是否已经删除或修改。对异议结果不满意时，个人可以要求征信机构在其信用报告中加入一条他自己所拟的声明，并获得加入该声明的信用报告。意大利征信机构科锐富要在收到异议申请后15天内，将错误标识插入信息主体的信用报告中，并在30日内更正错误信息。

### 三、国内异议权规定

《征信业管理条例》通过建立信息纠错机制，保障信用信息准确，防止错误信息对信息主体带来的不良影响。第二十五条规定："信息主体认为征信机构采集、保存、提供的信息存在错误、遗漏的，有权向征信机构或者信息提供者提出异议，要求更正。征信机构或者信息提供者收到异议，应当按照国务院征信业监督管理部门的规定对相关信息作出存在异议的标注，自收到异议之日起20日内进行核查和处理，并将结果书面答复异议人。经核查，确认相关信息确有错误、遗漏的，信息提供者、征信机构应当予以更正；确认不存在错误、遗漏的，应当取消异议标注；经核查仍不能确认的，对核查情况和异议内容应当予以记载。"

《征信业管理条例》明确了信息主体提出异议的两个渠道：可以向征信机构提出，也可以向报送信息的机构直接提出。实际上，是把异议信息接收、核查、处理的责任人从征信机构扩大到信息提供者，方便信息主体提出异议，并有效、及时地得到解决。同时，在操作上，还有"异议标注""个人声明"这两个保护信息主体合法权益的有效手段。"异议标注"是要求征信机构和信息的报送机构通过对异议信息及时进行标注，提示信息使用者被标注的信息存在异议，让信息使用者充分考虑信息存在错误或遗漏的可能，以便对信息主体进行更为全面的了解。"个人声明"为信息主体提供了一个对异议结果仍不满意的自我解释方式，从而为信息使用者提供更多的信息参考。

### 重要概念

异议权指信息主体认为征信机构采集、保存、提供的信息存在错误、遗漏，对自己的信用记录中反映的信息持否定或者不同意见，有权要求征信机构对存疑信息进行调查及更正。

### 自测习题

#### 一、填空题

异议权指信息主体认为征信机构采集、保存、提供的信息存在_____，对自己的信用记录中反映的信息持_____，有权要求征信机构对存疑信息进行_____。

#### 二、单项选择题

《征信业管理条例》通过建立信息纠错机制，保障信用信息准确，防止错误信息对信息主体带来的不良影响。第二十五条规定："征信机构或者信息提供者收到异议，应当按照国务院征信业监督管理部门的规定对相关信息作出存在异议的标注，自收到异议之日起（　　）日内进行核查和处理，并将结果书面答复异议人。"

A. 10　　　　B. 15　　　　C. 20　　　　D. 30

## 知识点七　投诉权

### 引导/概述

投诉权是指信息主体认为征信机构、信息提供者、信息使用者侵害其合法权益，从而向征信业监督管理部门进行申诉，要求对方停止侵害，维护其合法权益的行为，是法律赋予信息主体的一项行政救济手段。

### 学习目标

要求人民银行征信管理人员，征信机构、信息提供者和信息使用者的征信从业人员对信息主体投诉权的基本概念、相关规定有基本的了解。

## 知识点正文

### 一、投诉权的定义

投诉权是指信息主体认为征信机构、信息提供者、信息使用者侵害其合法权益，从而向征信业监督管理部门进行申诉，要求对方停止侵害，维护其合法权益的行为，是法律赋予信息主体的一项行政救济手段。

### 二、投诉权与异议权的区分

1. 从法律关系上看，异议权属于自力救济的范畴，即信息主体在平等协商的基础上，处理与征信机构、信息提供者之间的纠纷；而投诉权属于行政救济的范畴，即信息主体请求行业监管部门运用行政权力处理其与投诉对象之间的纠纷。

2. 从提起事由上看，异议权针对征信机构、信息提供者采集、保存、提供的信息有错误或遗漏提出；投诉权的提起事由还包括侵害信息主体知情权、同意权、异议权等侵权行为。

3. 从提起目的上看，信息主体行使异议权时仅要求更正错误或遗漏的信息，信息主体行使投诉权不但会要求行业监管部门纠正投诉对象的侵权行为，还会要求对投诉对象进行处理。

### 三、国外投诉权规定

在美国，《公平信用报告法》规定联邦贸易委员会受理个人的投诉，同时赋予其包括程序和实体上的调查权及强制执行权等。实践中，美国消费者金融保护局重点处理征信异议投诉，根据《公平信用报告法》和其他法律法规逐项核查信息提供机构的合规情况，并对违规行为进行处理，保护消费者的征信权益。在欧洲，为严格保护个人信息，很多国家设立专门的信息保护机构，行使行政裁判权。英国根据《1984年数据保护法》的规定设立了数据保护登记办公室，后更名为数据保护专员办公室，"受到个人数据处理直接影响的人员，或相信自己受到该种影响的人员可以亲自或以其名义向专员提出申请，要求就已经或正在进行的处理活动是否符合本法的规定进行评估"。在德国，根据《联邦数据保护法》的规定，联邦政府设置联邦数据保护专员，"任何认为联邦的公共机关在个人数据收集、处理或者使用过程中侵犯其权利的人均可以向联邦数据保护专员申诉"。

### 四、国内投诉权规定

《中华人民共和国消费者权益保护法》第十五条规定："消费者有权检举、控告侵害消费者权益的行为和国家机关及其工作人员在保护消费者权益工作中的违法失职行为，有权对保护消费者权益工作提出批评、建议。"第三十九条规定："消费者和经营者发生消费者权益争议的，可以通过下列途径解决：……（三）向有关行政部门投诉……"

我国《征信业管理条例》第二十六条规定："信息主体认为征信机构或者信息提供者、信息使用者侵害其合法权益的，可以向所在地国务院征信业监督管理部门投诉。"

从上述规定可以看出，征信投诉的主要特征为：一是投诉的主体是认为自身权利受到侵害的信息主体，包括自然人、法人以及其他组织。二是投诉对象包括征信机构、信息提供者和信息使用者。三是投诉的内容是信息主体认为其合法权益遭受不当侵害而需要救济。四是投诉由国务院征信业监督管理部门进行核查，依法作出处理决定。

**重要概念**

投诉权是指信息主体认为征信机构、信息提供者、信息使用者侵害其合法权益，从而向征信业监督管理部门进行申诉，要求对方停止侵害，维护其合法权益的行为，是法律赋予信息主体的一项行政救济手段。

**自测习题**

一、填空题

投诉权是指信息主体认为征信机构、信息提供者、信息使用者＿＿＿＿＿＿，从而向＿＿＿＿＿＿＿＿＿＿进行申诉，要求对方停止侵害，维护其合法权益的行为，是法律赋予信息主体的一项＿＿＿＿＿手段。

二、单项选择题

合理合法的行政处理行为可以减轻（　　）技术性裁决的压力和工作负担。

A. 异议　　　　B. 投诉　　　　C. 诉讼　　　　D. 司法

三、多项选择题

1.《征信业管理条例》第二十六条规定，信息主体认为（　　）侵害其合法权益的，可以向所在地国务院征信业监督管理部门投诉。

A. 征信机构　　　　　　　　B. 信用信息提供者

C. 信用信息使用者　　　　　D. 信息主体

2. 征信投诉的主要特征为：（    ）。

A. 投诉的主体是认为自身权利受到侵害的信息主体，包括自然人、法人以及其他组织

B. 投诉对象包括征信机构、信用信息提供者和信用信息使用者

C. 投诉的内容是信息主体认为其合法权益遭受不当侵害而需要救济

D. 投诉由国务院征信业监督管理部门进行核查，作出相关处理决定

## 知识点八  诉讼权

### 引导/概述

诉讼权是指信息主体为解决与征信监管部门、征信机构、信息提供者、信息使用者间的争议而进行诉讼活动，要求国家司法机关予以保护和救济的权利。信息主体认为征信机构、信息提供者、信息使用者在征信过程中侵害其权益时，或认为征信业监管管理部门行政执法不当的，可向司法机关提起诉讼或向仲裁机构提起仲裁。诉讼权包括两个方面的内容：一是惩戒违反法律义务的主体，二是纠正侵害行为并对受损的权利主体给予补偿。

### 学习目标

要求人民银行征信管理人员，征信机构、信息提供者和信息使用者的征信从业人员对信息主体诉讼权的基本概念、有关规定有基本的了解。

### 知识点正文

#### 一、诉讼权的定义

诉讼权是指信息主体为解决与征信监管部门、征信机构、信息提供者、信息使用者间的争议进行诉讼活动，要求国家司法机关予以保护和救济的权利。信息主体认为征信机构、信息提供者、信息使用者在业务活动中侵害其权益时，或认为监管部门行政执法不当的，可向司法机关提起诉讼或向仲裁机构提起仲裁。诉讼权包括两个方面的内容：一是惩戒违反法律义务的主体，二是纠正侵害行为并对受损的权利主体给予补偿。

#### 二、国外诉讼权规定

美国对违反信用信息采集使用义务的机构和行为规定了民事诉讼、刑事处罚

等法律手段。

1. 民事诉讼。由当事人提起民事诉讼是确保个人征信机构遵守法律规定义务的重要手段。因过失而违反《公平信用报告法》的机构，负有赔偿消费者遭受的实际损害金额、律师费及诉讼费的责任；因故意违反该法的组织或个人，除了要支付以上各项费用外，还要增加惩罚性的损害赔偿。如果个人征信机构及其他机构出于故意或恶意的目的提供了错误的信用信息或拒绝当事人的知情请求，构成对个人名誉或隐私权的侵害，则要支付1万美元精神损害赔偿。

2. 刑事处罚。美国《公平信用报告法》针对以下两种社会危害性较为严重的行为，加强了刑事责任：一是以欺诈方式获取他人信用信息的。该法规定，任何人故意借欺诈手段从征信机构获得有关消费者的信息，应被单处或并处罚款或两年以下的监禁。二是征信机构的职员或雇员未经授权而故意对他人信用信息进行披露的，应单处或并处罚款或两年以下监禁。

意大利《个人数据保护法》规定，如果数据主体被禁止行使对自身信息查询、要求修改或更新的权利，那么他可以通过法院或直接向数据保护委员会提起诉讼。

### 三、国内诉讼权规定

《中华人民共和国消费者权益保护法》第三十九条规定："消费者和经营者发生消费者权益争议的，可以通过下列途径解决：……（四）根据与经营者达成的仲裁协议提请仲裁机构仲裁；（五）向人民法院提起诉讼。"

《征信业管理条例》第二十六条规定："信息主体认为征信机构或者信息提供者、信息使用者侵害其合法权益的，可以直接向人民法院起诉。"《征信业管理条例》第四十三条规定："国务院征信业监督管理部门及其派出机构的工作人员滥用职权、玩忽职守、徇私舞弊，不依法履行监督管理职责，或者泄露国家机密、信息主体信息的，依法给予处分。给信息主体造成损失的，依法承担民事责任；构成犯罪的，依法追究刑事责任。"由此可见，征信被诉讼对象可分为两类：一是信息提供者、征信机构或信息使用者；二是征信业监督管理部门及其工作人员。

### 四、诉讼权与投诉权的关系

1. 行政救济并非司法救济的前提条件，信息主体认为自身权益受到侵害，可以直接采取司法救济途径（向法院起诉）。

2. 信息主体已向征信业监管部门投诉，但对行政救济处理结果不满的，也可采取司法救济方式（向法院起诉）。

3. 同一侵权事项信息主体已向法院起诉的，不可以再进行投诉。

**自测习题**

**多项选择题**

1. 信息主体认为（　　）在征信过程中侵害其权益时，或认为征信业监督管理部门行政执法不当的，可向司法机关提起诉讼。

A. 信息提供者　　B. 征信机构　　C. 信息使用者　　D. 信息发布者

2. 诉讼权的享有包含：（　　）。

A. 处罚信息主体　　　　　　　　B. 惩戒违反法律义务的主体
C. 纠正侵害行为　　　　　　　　D. 对受损的权利主体给予补偿

3. 征信被诉对象可分为：（　　）。

A. 信息提供者　　　　　　　　　B. 征信机构
C. 信息使用者　　　　　　　　　D. 征信业监督管理部门及其工作人员

# 知识点九　重建信用记录权

**引导/概述**

重建信用记录权是指个人不良信息超过保存期限时，信息主体所拥有的要求征信机构予以删除的权利。

征信在减少交易主体之间信息不对称的同时，也重在构建"守信激励、失信惩戒"机制，因此需要为负面信息设定保存期限，给予信息主体重建信用记录、修复自身信用的机会，避免长时间存在的负面信息成为一直影响个人信用交易的"污点"。我国《征信业管理条例》规定的个人重建信用记录权时限为5年，但该条例没有对企业负面信息的重建信用记录权作出规定，目前金融信用信息基础数据库采用的是长久保存企业的所有历史信息，包括正面信息与负面信息。

**学习目标**

要求人民银行征信管理人员，征信机构、信息提供者和信息使用者的征信从业人员对信息主体重建信用记录权的概念、规定有基本的了解。

## 知识点正文

### 一、重建信用记录权的定义

重建信用记录权是指个人不良信息超过保存期限时，信息主体所拥有的要求征信机构予以删除的权利。

征信在减少交易主体之间信息不对称的同时，也重在构建"守信激励、失信惩戒"机制，因此需要为负面信息设定保存期限，给予信息主体重建信用记录、修复自身信用的机会，避免长时间存在的负面信息成为一直影响个人信用交易的"污点"。

### 二、国外重建信用记录权规定

征信发达国家一般都制定了有关负面信息保存期限的法律，以促进行业健康发展。

美国《公平信用报告法》规定，正面信息保留 10 年，负面信息则区别对待。如个人破产记录保存期限为 10 年，自被裁定破产救济之日起或法庭宣判之日起算；民事诉讼、民事判决、逮捕记录、缴纳欠税滞纳金记录、被追收或被冲销坏账负面记录只能保留 7 年，自民事执行日期、拖欠税款缴清之日或刑事服刑、释放或假释之日起算。

英国个人违约或债务未被清偿的记录保存 6 年，破产记录保存 30 年。意大利关于负面信息的保存期限是按照违约事件长短来分档的，违约不超过两个分期付款周期或两个月的负面信息的保存期限，自负面信息被消除之日起不超过 1 年；违约超过两个分期付款周期或两个月的负面信息的保存期限，自负面信息被消除之日起不超过 2 年。

### 三、国内重建信用记录权规定

按照国际惯例，我国《征信业管理条例》也对个人不良信用信息规定了保存期限，且这一期限较征信发达国家的规定低。

《征信业管理条例》第十六条规定："征信机构对个人不良信息的保存期限，自不良行为或者事件终止之日起为 5 年；超过 5 年的，应当予以删除。"

1. 不良信息的范围。《征信业管理条例》明确规定，不良信息是指对信息主体信用状况构成负面影响的信息：信息主体在借贷、赊购、信用卡等信用活动中未按照合同履行义务的信息，对信息主体的行政处罚信息，法院判决及强制执行信息，征信业监管部门规定的其他不良信息。

2. 保存期限的起算点。5 年保存期限的起始时间计算点是个人信息主体采取有效措施终结了对信用状况构成负面影响的行为或事件之日。如个人信用卡违约的，自持卡人还款结束时起算；个人受到行政处罚的，自当事人缴纳完毕罚款时起算；个人刑事犯罪的，自执行终结时起算。

规定不良信息的保存期限，目的是让有不良信息的个人，通过修复自身信用行为，积极履约、还款，提高信用意识，而获得重建信用的机会。

## 重要概念

重建信用记录权是指个人不良信息超过保存期限时，信息主体所拥有的要求征信机构予以删除的权利。

## 自测习题

### 一、填空题

1. 重建信用记录权是指个人不良信息_____时，信息主体所拥有的要求征信机构_____的权利。

2. 规定不良信息的保存期限，目的是让有不良信息的个人，通过修复自身信用行为，积极履约、还款，提高信用意识，而获得_____的机会。

3. 《征信业管理条例》规定，征信机构对个人不良信息的保存期限，自_____之日起为 5 年。

### 二、单项选择题

我国《征信业管理条例》规定个人不良信息保存期限为（　　）年。
A. 5　　　　　B. 6　　　　　C. 8　　　　　D. 10

### 三、多项选择题

征信服务在减少交易主体之间信息不对称的同时，也重在构建"守信激励、失信惩戒"机制，因此需要为负面信息设定保存期限，给予信息主体（　　）的机会，避免长时间存在的负面信息成为一直影响个人信用交易的"污点"。

A. 自我更新信用　　　　　B. 重建信用记录
C. 重新建立信用　　　　　D. 修复自身信用

## 下篇
# 征信合规管理的基本要求

# 第八章 征信合规管理概述

**本章使用说明：** 本章适用于人民银行征信管理人员，征信机构从业人员，信息提供者、信息使用者的征信从业人员。

### 本章介绍

征信合规管理对于规范信息提供者、征信机构、信息使用者行为，保护信息主体合法权益，推动征信市场健康有序发展具有重要意义。本章所指征信合规管理是指信息提供者、征信机构、信息使用者、征信监管部门根据征信原理和征信法制，对自身业务活动进行规范管理。本章将从概念、原则、目标、主体、对象、内容和方式等方面对征信合规管理进行概括性介绍，以使征信从业人员能够对征信合规管理有直观上的认识，为更好地理解下面章节的内容奠定基础。

## 知识点一 征信合规管理的概念

### 引导/概述

合法合规是征信业务有序开展、征信市场稳健运行的重要前提，信息提供者、征信机构、信息使用者必须充分认识到合规管理的重要性，理解什么是合规管理，才能更好地开展业务，征信的作用才能正常发挥。

### 学习目标

要求人民银行征信管理人员，征信机构从业人员，信息提供者和信息使用者的征信从业人员充分了解征信合规管理的概念、内涵及外延，能够按照征信原理和征信法制要求合规开展征信业务活动。

## 知识点正文

征信合规管理是指征信活动各参与方,依据征信法律法规规定,主动采取措施,对自身征信相关业务活动实施管理,确保其行为符合征信法制规范及监管要求的过程。其中:

1. 征信合规管理的主体,即征信活动各参与方,包括信息提供者、征信机构、信息使用者和征信监督管理部门。

2. 征信合规管理的客体,即征信相关业务活动,包括业务活动相关的人和事。不同主体的业务活动有所不同,有的主体并非仅从事征信业务活动,但征信相关业务活动才是征信合规管理的对象,例如信息提供者提供信息的活动、信息使用者使用信息的活动。

3. 征信合规管理的内容,即征信市场主体业务活动符合征信相关法制规范要求的情况,包括信息采集,信息整理、保存和加工,信息查询和使用,异议和投诉处理,信息安全等方面。

4. 征信相关法制规范既是征信合规管理的依据,也是目标,具体包括征信相关法律法规、监管规定、行业规则、自律规范以及适用于各参与方自身业务活动的规章制度和行为准则。征信活动各参与方通过征信合规管理来确保征信相关业务活动与征信相关法制规范的要求相一致。

## 重要概念

征信合规管理是指征信活动各参与方,依据征信相关法制规范,主动采取措施,对自身征信相关业务活动实施管理,确保其行为符合征信法制规范及监管要求的过程。

## 自测习题

### 一、填空题

征信合规管理是指_____,依据征信相关制度规范,主动采取措施,对_____实施管理,确保其行为符合征信监管要求的过程。

### 二、判断题

合法合规是征信业务有序开展、征信市场稳健运行的重要前提,信息提供

者、征信机构、信息使用者都应充分认识到合法合规的重要性，切实加强对自身行为的管理，确保其合法合规。（  ）

### 三、多项选择题

关于征信合规管理，以下说法正确的是：（    ）。

A. 征信合规管理的主体是征信活动各参与方，包括信息提供者、征信机构、信息使用者

B. 征信合规管理的客体是征信相关业务活动

C. 征信合规管理的内容是征信相关业务活动符合征信相关法制规范的情况，包括信息采集，信息整理、保存和加工，信息查询和使用，异议和投诉处理，信息安全等方面

D. 征信合规管理的目的是确保征信相关业务活动的行为与征信相关法制规范的要求相一致

## 知识点二　征信合规管理的原则

### 引导/概述

征信合规管理是一项系统性工作，必须遵循一定的原则开展，才能确保管理的措施是合理、适当及有效的。

### 学习目标

要求人民银行征信管理人员，征信机构从业人员，信息提供者、信息使用者的征信从业人员理解征信合规管理的原则，并在管理过程中严格遵循各项原则。

### 知识点正文

#### 一、全面性原则

首先，对单个主体而言，征信合规管理应覆盖征信业务活动相关的所有人和事，通过细化到岗、落实到人，来确保征信业务每个环节的合规。其次，征信合规管理应立足于形成信息提供者、征信机构、信息使用者、征信监督管理部门整体的合规文化，从而促进整个行业合规水平的提高。

#### 二、持续性原则

征信合规管理是一个动态的、长期的过程。外部监管环境、行业本身发展，

都可能引起征信合规管理要求的改变，因此征信合规管理必须根据上述改变作出实时的反应和调整，征信活动参与方应定期检查合规机制是否符合最新的合规要求，并且不断加强合规宣传、教育和培训。

### 三、强制性原则

征信合规管理是征信活动各参与方必需的一种风险管理方式，无论认识与否、接受与否，各参与方都必须实施征信合规管理，各部门、各层级员工都应当履行各自的征信合规管理职责。

### 四、权责明晰原则

征信合规管理应当由专门的牵头部门组织实施，建立相应的合规工作机制，并通过书面文件对各相关部门、岗位、人员的职责和要求予以清晰界定，并运用系统观点进行系统的设计和组织，构建合理的运行体制，提高合规管理的效果，确保目标实现。

**重要概念**

征信合规管理的原则包括全面性原则、持续性原则、强制性原则和权责明晰原则。

**自测习题**

### 一、填空题

征信合规管理是征信活动各参与方必需的一种风险管理方式，无论_____、_____，各参与方都必须实施征信合规管理，各部门、各层级员工都应当履行各自的征信合规管理职责。

### 二、判断题

征信合规管理是没有终点的一个动态过程，体现的是征信合规管理的全面性原则。（    ）

### 三、单项选择题

征信合规管理是征信活动各参与方必需的一种风险管理方式，无论认识与否、接受与否，各参与方必须实施征信合规管理，各部门、各层级员工都应当履行各自的征信合规管理职责，体现的是征信合规管理的（    ）原则。

A. 全面性　　　　B. 持续性　　　　C. 强制性　　　　D. 权责明晰

### 四、多项选择题

征信合规管理的基本原则包括（    ）。

A. 全面性原则　　B. 持续性原则　　C. 强制性原则　　D. 权责明晰原则

## 知识点三　征信合规管理的目标

### 引导/概述

了解和掌握征信合规管理的目标，信息提供者、征信机构、信息使用者和征信监督管理部门的从业人员才能把握方向，有的放矢，进而提升征信合规管理有效性，保障市场运行秩序，保护信息主体合法权益。

### 学习目标

要求人民银行征信管理人员，征信机构从业人员，信息提供者、信息使用者的征信从业人员理解并掌握征信合规管理的目标。

### 知识点正文

从征信合规管理的实践来看，不同国家和地区征信合规管理的目标各有侧重，一般包括保障征信业务健康有序的运行与发展，促进信用交易公平合理，保护信息主体合法权益等。

**一、促进征信市场主体稳健经营**

没有规矩，不成方圆。任何机构的健康发展都离不开有效的合规管理。通过要求信息提供者、征信机构、信息使用者和征信监督管理部门进行科学有效的合规管理，帮助他们发现自身业务活动中存在的风险点和薄弱环节，督促其及时整改，可以避免将小毛病拖成大问题。

**二、夯实征信行业发展基础**

通过合规管理，督促金融机构等信息提供者、信息使用者、征信机构、征信监督管理部门严格执行征信法制规范要求，厘清并执行各参与方的权利和义务，减少彼此之间的利益冲突。强化内部管理，确保内部工作人员掌握每项业务的操作规范，并能够执行到位，从而保障征信业市场的合规、安全、持续运行。

**三、促进信用市场健康发展**

征信为信用市场发展提供相关信息服务。合规管理是征信体系安全、高效运行的前提，是征信市场功能充分、有效发挥的保障。在信用供给方面，帮助信贷机构降低交易成本，减少信息不对称，扩大信贷市场覆盖面，促进金融支持实体经济发展。在信用需求方面，改善融资主体信用状况，提高信贷可获得性，促进金融普惠，创造良好的社会信用环境。

### 四、保护信息主体合法权益

信息提供者、信息使用者、征信机构应切实履行法律法规规定的信息主体权益保护义务，从信息采集范围、信息主体同意权、知情权、异议权以及投诉和诉讼权等方面着手，防止侵犯信息主体合法权益的行为发生。

**重要概念**

征信合规管理的目标主要包括促进征信市场主体稳健经营、夯实征信行业发展基础、促进信用市场健康发展和保护信息主体合法权益。

**自测习题**

一、填空题

征信合规管理的目标主要包括_____、_____、_____和_____。

二、单项选择题

以下不属于征信合规管理目标的是（    ）。

A. 夯实征信行业发展基础　　　　B. 促进信用市场健康发展
C. 保护信息主体合法权益　　　　D. 提升信用交易盈利水平

## 知识点四　征信合规管理的主体

**引导/概述**

征信合规管理是征信市场得以有序运行的重要前提，参与征信活动的各方主体都具有保障自身活动合法合规的义务和责任。只有每个主体做好合规管理，才能确保整个市场的秩序和效率。

**学习目标**

要求人民银行征信管理人员，征信机构从业人员，信息提供者、信息使用者的征信从业人员对自身的主体角色有明确的了解。

### 知识点正文

征信合规管理的主体包含四类：一是信息提供者，二是信息使用者，三是征信机构，四是征信监督管理部门。信息提供者即向征信机构提供数据的一方；信息使用者即从征信机构获取信息、使用征信产品和服务的一方；征信机构即依法设立，以独立第三方身份经营征信业务的机构；征信监督管理部门是指依照法律法规规定，对信息提供者、信息使用者和征信机构的业务活动进行监督管理的主体。

需要强调几类合规管理主体的特殊性：一是商业银行等从事信贷业务的机构，既是重要的信息来源（信息提供者），又是最主要的信息使用者，双重职能使其成为合规管理主体中的重点对象。二是人民银行分支机构既履行对辖内征信市场的监管职责，又承担向社会提供信用报告查询服务的服务职能，也要加强自身的合规管理。三是向社会征信机构提供信息和查询信息的商业机构，这类机构作为信息提供者和使用者，在征信活动中同样要加强合规管理。

### 重要概念

征信合规管理的主体包含四类：一是信息提供者，二是信息使用者，三是征信机构，四是征信监督管理部门。

### 自测习题

#### 一、填空题

征信合规管理的主体包含四类：一是_____，二是_____，三是_____，四是_____。

#### 二、判断题

人民银行分支机构征信管理部门，既作为征信中心分中心向社会提供查询服务，又履行对辖区征信市场的监管职责，因此也要加强自身的合规管理。（　　）

#### 三、多项选择题

（假设以下所有环节均有合法授权）A 企业在 B 银行获得一笔贷款，B 银行将该信息提供给了 C 征信机构（已备案成为企业征信机构），C 征信机构将该信

息提供给 D 银行进行业务审核，请问本情景中，哪些主体属于征信合规管理的主体？（　　）

A. A 企业　　　　B. B 银行　　　　C. C 征信机构　　　　D. D 银行

## 知识点五　征信合规管理的内容

### 引导/概述

对征信业务进行合规管理是整个征信市场管理的重点与核心，各征信合规管理主体开展合规管理必须先熟悉合规管理的内容。

### 学习目标

要求信息提供者、信息使用者、征信机构工作人员对征信合规管理的内容有全面的了解。

### 知识点正文

根据征信业务流程，征信合规管理可分为信息采集管理，信息整理、保存和加工管理，信息查询和使用管理，信息安全管理及异议和投诉处理管理五个方面，以下将分别对五个方面的主要内容进行介绍。

**一、信息采集管理**

1. 信息采集范围管理。信息主体的信息可分为可采集信息、限制采集信息和禁止采集信息三类。征信机构和信息提供者需按相关法律制度的规定及自身业务需要明确信息采集范围，避免侵犯信息主体的隐私权。

2. 信息采集质量管理。信息采集是征信业务开展的起点，信息质量的好坏直接关系到征信产品和服务的质量。信息采集应确保及时、准确和完整，尽可能避免因更新不及时或提供错误信息等原因对信息主体权益造成侵害。

3. 信息采集过程管理。根据已界定的信息采集范围设置合理的信息采集渠道，履行信息采集同意和不良信息告知义务。

**二、信息整理、保存和加工管理**

1. 信息整理管理。征信信息是对信息主体信用活动历史的客观记录。征信信息整理活动应当遵循完整、客观、及时等原则，以提升征信产品和服务的有效性。同时，应当如实记载征信信息整理过程中产生的日志文件，确保可追溯、可核查。

2. 信息加工管理。采集的原始信息只有经过整理加工才能转化为诸如信用报告、信用评分等多样化的信用产品，信息加工管理即对信息校验、归类、分析和评价等方法的管理，使得处理方法有据可依，处理结果有源可溯。

3. 信息保存管理。主要是对各类信息保存内容、保存方式及保存期限等的管理。征信法制规范通常对征信信息，尤其是负面信息的保存期限有明确规定。征信机构应当按照法规制度要求，对超过保存期限的信息进行处理，确保业务合规。

信息使用者也应当建立征信档案管理制度，对信息主体授权资料、查得的信用报告等进行妥善管理。

### 三、信息查询和使用管理

1. 查询用户管理。一是征信机构对查询人员组织框架的管理，包括查询岗位设置、查询权限界定及查询人员变动处理等。二是对查询人员查询账户使用的管理，包括账号保管和密码修改等。

2. 查询流程管理。信息查询一般分为信息主体授权（法律规定免于授权的情况除外）、信用信息查询及查询资料归档三个步骤。因此，查询流程管理又可分为事前授权管理、事中操作管理和事后归档管理三个方面，各项内容既相互独立又相互联系，管理既要有针对性又要不失关联性。

3. 查询使用管理。为防止信息滥用或不正当使用影响信用交易的公平竞争、侵犯信息主体合法权益，需对信息查询使用作严格管理。规定征信信息不得用于法律规定或与信息主体约定之外的其他目的，也不得任意向第三方提供。明确信用报告仅供信息使用者参考，不得损害信息主体在经济生活中公平交易的权利。

### 四、信息安全管理

信息采集、整理、保存、加工、查询和使用管理均需以信息安全管理为前提，数据库运行确保安全规范，杜绝信息主体信用信息被盗用、泄露或丢失等现象。

### 五、异议和投诉处理管理

在征信活动中，为保障信息主体合法权益，提升信用产品质量，必须做好异议和投诉处理管理，主要是做好异议和投诉受理、核查、处理、意见反馈及档案保管等环节的管理，要求各环节操作具有规范性和时效性，符合相关管理制度的规定。

### 重要概念

根据征信业务流程，征信合规管理可分为信息采集管理，信息整理、保存和加工管理，信息查询和使用管理、信息安全管理及异议和投诉处理管理等五个方面。

### 自测习题

**一、填空题**

信息保存管理主要是对各类信息＿＿＿＿、＿＿＿＿及＿＿＿＿等的管理。

**二、判断题**

根据征信业务流程，征信合规管理可分为信息采集管理，信息整理、保存和加工管理，信息查询和使用管理、信息安全管理及异议和投诉处理管理五个方面。（　　）

**三、多项选择题**

信息采集管理包括（　　）。

A. 信息采集范围管理　　B. 信息整理加工管理
C. 信息采集质量管理　　D. 信息采集过程管理

## 知识点六　征信合规管理的方式

### 引导/概述

征信合规管理的方式是否合理、有效，对合规管理的目的是否能够实现具有决定性作用。征信合规管理主体应掌握主要的合规管理方式。

### 学习目的

要求信息提供者、信息使用者、征信机构工作人员掌握主要的征信合规管理方式。

## 知识点正文

**一、加强制度建设**

1. 建立合规操作制度。各征信合规管理主体应立足自身业务，依据相关法律、法规和规范性文件的规定，制定征信信息采集、整理、保存、加工、查询、使用和异议处理等方面的操作规程和管理制度，规范各项业务的操作。

2. 建立用户管理制度。合理设置征信用户组织架构，明确管理员用户、数据上报用户和信息查询用户的职责，并对各用户设立、调整、使用和保管等作出详细的管理规定。

3. 建立风险监测制度。一是构建风险监测体系，及时监测和报告系统运行中出现的风险，并定期对征信合规工作进行审计。二是制定自查自纠制度，每年至少对本单位的征信合规情况开展一次全面的自查自纠，并及时形成自查自纠报告报送至监管部门。

4. 建立责任追究制度。对于违反《征信业管理条例》等法律法规或本单位内部合规管理制度规定的，明确相关领导责任和直接责任人员应承担的责任，依法依规从严追究，涉嫌犯罪的，移交司法机关处理。

5. 建立征信信息合规与安全管理考核评级制度。对征信信息合规与安全管理各项制度措施的执行与落实情况，征信监管部门针对被监管对象建立年度考核评级制度；并针对不同考核评级结果，采取不同的监管政策，以提高征信监管的针对性和有效性，进而提高征信全行业合规管理水平。

**二、加强系统建设**

1. 改进系统安全设置。配备与所从事的征信活动相匹配的安全技术，确保征信信息安全。通过内部专用网络开展征信业务活动的，征信信息的查询、下载、转移等应限制在单位的内部网络上，杜绝在与外部网络相连接的计算机上设置查询等功能。

通过互联网开展征信业务活动的，应按照信息安全监管部门和行业监管部门的要求，建立相应的征信信息安全管理体系，采取有针对性的技术措施保障征信信息安全和征信业务活动的连续性，防范互联网风险。

2. 强化异常监测功能。对用户登录、信息查询等合理设定监测阈值，出现问题及时自动阻断查询并进行警示。

**三、加强队伍建设**

建立征信从业人员的合规教育制度，通过内外部培训、上岗考试及集中宣传教育等方式定期或不定期对征信工作负责人及操作人员进行合规教育，强化合规意识、信息安全防范意识和责任意识，确保征信从业人员能够全面掌握相关征信知识和技能，遵循合规性操作要求。

**重要概念**

征信合规管理的主要方式包括加强制度建设、系统建设、队伍建设等方面。

**自测习题**

一、填空题

征信合规管理的主要方式包括加强_____、_____、_____等方面。

二、多项选择题

征信合规管理制度建设内容包括（　　）。

A. 建立合规操作制度　　　　　B. 建立用户管理制度

C. 建立风险监测制度　　　　　D. 建立责任追究制度

# 第九章 信息采集

**本章使用说明：** 本章适用于人民银行征信管理人员，征信机构从业人员，信息提供者、信息使用者的征信从业人员。

## 本章介绍

信息采集是征信机构开展征信业务的基础。本章将首先介绍信息采集的基本范围和主要来源，强调信息采集内容应当必要且有限，来源上应合法、清晰、可追溯，在此基础上对禁止采集的信息、限制采集的信息和公开信息几类比较特殊的情况作出说明。其次，将重点阐述如何依法合规采集信息，包括个人信息采集同意、企业信息采集同意、取得同意的方式、同意的具体内容、信息主体对于同意的自由决定权、不良信息告知义务等。最后，将对信息采集的方式、信息质量以及非债务信息在征信中的应用进行介绍。

## 知识点一 信息采集的范围和来源

### 引导/概述

随着信息技术的发展，市面上可获得的信息的范围越来越广泛，来源越来越复杂，征信机构容易在信息海洋中茫然失措、失去方向。了解信息采集的基本范围和主要来源是征信机构合规开展其他业务活动的基础。

### 学习目标

要求信息提供者、征信机构从业人员了解信息采集的基本范围和主要来源，理解不同种类信息的不同作用和重要程度。要求征信机构掌握在信息来源选择方面应注意的问题。

## 知识点正文

### 一、信息采集的基本范围和主要来源

征信机构开展征信业务采集的信息大致可以分为三大类：一是基本信息，主要用于识别信息主体身份，了解基本情况；二是负债信息，是体现信息主体信用风险状况的最主要的信息；三是与判断偿债能力和偿债意愿密切相关的其他信息，虽然与信用的关系不如负债信息紧密，但是也能够帮助判断信息主体的信用风险状况。

（一）基本信息

个人基本信息主要包括：姓名、身份证件类型及号码、居住地址、联系电话、婚姻状况及配偶、教育、职业等，主要来源于公安部门户籍登记信息、商业银行账户开户信息等，或者办理业务时需要填写基本信息的其他信息提供者。

企业基本信息主要包括：名称、社会信用代码等标识码、注册时间、注册地址、注册资本、法定代表人、企业性质、经营范围、营业地址、联系电话、官方网址、高管人员、股权结构、实际控制人、分支机构情况等，主要来源于工商注册登记部门。

基本信息不仅征信活动需要，而且其他所有的社会经济活动均需要，它在信息服务中实际上是一个公约数。不同的场景对信息的需求有差异。

（二）负债信息

1. 金融领域负债信息。个人在金融领域的负债信息主要包括各类贷款、贷记卡/准贷记卡、互联网融资、民间借贷、保险担保等。企业在金融领域的负债信息主要包括各类贷款、票据贴现、信用证、保理、保函、垫款、欠息、资产处置、证券融资、信托、融资租赁、典当、互联网融资、民间借贷、保险担保等。

金融领域负债信息主要来源于商业银行、证券公司、保险公司、小额贷款公司、担保机构、信托公司、融资租赁公司、典当行、互联网融资平台、民间借贷交易中心等各类金融、准金融、类金融机构。

2. 社会经济生活领域的负债信息，主要包括企业与企业之间、企业与个人之间、个人与个人之间因赊销等行为而形成的负债信息，如应付款、欠水费、欠电费、欠通信费等。

这类信息由于比较分散，因此采集相对困难。尤其是线下交易，只有部分垄

断行业可以比较集中地采集，如水、电、燃气、手机、固话、宽带等，其他大都通过调查等方式采集。线上交易则可通过电商平台等渠道采集。

3. 公权领域负债信息，主要包括企业和个人在履行法律、行政法规规定的义务的过程中形成的负债信息，如欠税、欠社保费、欠行政处罚款、欠法院执行款等。这相当于当事人通过非正常途径，享受了国家和法律关系对手方提供的信用支持。

这类信息主要来源于税务、社保、法院等行政和司法机关。此外，随着社会信用体系建设的推进，政府部门间的信息共享和公开机制越来越完善，不少地方政府都建有政务信息系统，将不同部门的公共信息归集起来，并将公共事业缴费欠费信息也纳入其中，统一对外提供查询服务，例如政务服务网、大数据中心、公共信用信息共享平台等。因此，公共领域负债信息也可通过这些来源进行采集，提高采集效率。

（三）与判断偿债意愿和偿债能力密切相关的其他非债务信息

个人的非债务信息主要包括：收入、存款、有价证券、保险、纳税金额等财产类信息；购物、水、电、燃气、手机、固话、宽带等支付信息；行政处罚、行政奖励、司法判决等公共信息；社交、上网等行为信息。

企业的非债务信息除了以上几类信息外，还包括生产、销售等生产经营信息、财务信息等。

除了行为信息外，非债务信息的来源和负债信息类似，只是采集的信息性质不同。例如商业银行，贷款属于负债信息，而存款属于非债务信息；又如水电燃气，欠费属于负债信息，缴费则属于非债务信息；再如行政处罚、司法判决，欠款属于负债信息，没有欠款则属于非债务信息；等等。行为信息大都来源于互联网、手机通信网络，采集时或公开搜索，或向互联网经营主体、电信运营商采集。

**二、征信机构在信息来源选择方面应注意的问题**

征信是围绕信息开展的活动，信息质量决定了征信产品和服务的质量。而信息采集是征信的第一步，因此信息源的选择非常重要，将对后续工作的开展起到基础性和决定性作用。征信机构选择信息来源应注意以下两个方面：

1. 要确保合法。合法是征信活动顺利开展的前提。然而当前，市场上存在不少不法分子，在利益诱使下非法从事信息的盗用、买卖等活动，严重损害了信用主体合法权益，扰乱了征信市场正常秩序。征信机构在选择信息来源时，务必要确保信息来源的合法性，从正规渠道采集信息，不得通过黑市买卖等非正规渠道采集信息。

2. 要确保清晰、可追溯。首先，清晰、可追溯是确保信息来源合法性的内在要求，只有清楚所采集的信息是从哪儿来的，才能进一步确定该来源是否可靠。其次，清晰、可追溯是做好异议处理的需要和保障。当信息主体发现自身信息有误向征信机构提出异议时，征信机构需要核实该信息是否有误、为何有误。若该信息的来源不清晰，或因多次转手而无法追溯，那么征信机构便无从核实，进而面临较大的法律风险。因此，征信机构应尽可能从一手来源采集信息。

**重要概念**

征信机构开展征信业务采集的信息大致可以分为三大类：一是基本信息，二是负债信息，三是与判断偿债能力和偿债意愿密切相关的其他非债务信息。

征信机构要按照"最低、适用"的理念采集信息，信息来源要合法、清晰、可追溯，以确保信息的准确性。

**自测习题**

一、填空题

1. 征信机构开展征信业务采集的信息大致可以分为三大类：_____、_____、_____。

2. 征信机构的信息来源应当要_____、_____、_____。

二、单项选择题

以下信息中不属于负债信息的是（　　）。

A. 个人贷记卡/准贷记卡信息　　B. 企业欠税信息

C. 企业的应付款信息　　　　　　D. 个人纳税信息

三、多项选择题

征信机构信息采集的主要来源包括（　　）。

A. 政府部门及政府部门组建的各类信息系统、公共事业单位

B. 商业银行、证券公司、保险公司等金融、准金融、类金融机构

C. 电商平台等线上线下交易平台或中心、电信运营商

D. 支付公司、银联

# 知识点二 信息采集应遵循必要且有限的原则

**引导/概述**

征信机构可以采集的信息很多，但并不是所有的信息都需要采集，征信机构信息采集应遵循必要且有限的原则，应根据自身的业务需要制订信息采集方案，以更高效率实现服务目标。

**学习目标**

要求信息提供者、征信机构了解为何信息采集要遵循必要且有限的原则。要求征信机构在实际操作中能够坚持并贯彻该原则。

**知识点正文**

### 一、必要且有限原则的含义

虽然为了更好地反映信息主体信用状况，需要全面了解信息主体各方面的特征，但并不意味着要穷尽采集信息主体所有信息记录。部分征信机构存在"拿来再说"的信息采集观念，而对为何"拿来"考虑甚少。征信的根本目的是防范信用风险，采集的重点应当放在那些能够与信用建立起明显相关关系的信息上。事实上，在信息技术日益发达的今天，并不缺少信息，缺少的是甄别信息的能力。征信机构应尽量避免信息的盲目采集、过度采集，尽可能消除"噪音"，抓牢核心。负债信息是最能够体现信用状况的信息，因此征信机构信息采集应以负债信息为主，其他信息为辅。

### 二、遵循必要且有限原则的原因

采集过多的不必要的信息，反而不利于征信作用的发挥，主要体现在以下几个方面：

1. 不利于信用风险的准确度量。征信的主要作用之一就是帮助债权人度量债务人信用风险的大小，度量的结果仅是估计值，与真实值之间存在一定的误差，误差越小，度量准确性越好。而误差的大小取决于计算所用的模型和数据。从统计学的角度看，所采用的数据项指标和需要被估计的指标之间相关关系越小，估计值的误差就会越大，反而导致度量结果与信息主体真实信用风险状况的偏离。

2. 不利于信息主体合法权益的保护。征信行业的发展通常要在信息共享和个人隐私、商业秘密保护之间寻找平衡。不同的国家、不同的历史阶段都会有不同的要求。在我国，个人隐私和商业秘密保护方面的规定还不是很完善，加上征信业发展初期，市场积极性较高，市场中的信息不仅种类繁多，而且来源复杂，征信机构稍有不慎就容易引起信息主体合法权益保护方面的问题。

3. 不利于征信机构服务效率的提高。随着信息采集量的增大，征信机构数据库的运行维护成本也会随之上升，并且信息筛选、挖掘、分析的难度也会增加，例如一些相互冲突的信息可能会影响对事实真相的了解。因此，征信机构采集信息，应充分考虑自身软硬件实力，信息不必包罗万象，而应以精简、突出反映核心问题为好，从而确保征信服务的效率。

### 重要概念

征信机构信息采集应遵循必要且有限的原则。负债信息是最主要的信用信息。

### 自测习题

**一、填空题**

征信机构信息采集应遵循_____的原则。_____是最主要的信用信息。

**二、单项选择题**

以下关于征信机构信息采集的说法正确的是（　　）。

A. 采集过多的不必要的信息，不利于信用风险的准确度量

B. 采集过多的不必要的信息，不利于信息主体合法权益的保护

C. 采集过多的不必要的信息，不利于征信机构服务效率的提高

D. 以上都对

## 知识点三　禁止采集的信息

### 引导/概述

实践中，人们往往对什么信息应该采、什么信息不应该采有不同的理解和看法，因此很容易触及一些敏感信息，甚至涉及个人隐私。因此，有必要对信息采

集的范围作出限制，明确禁止采集的信息。

## 学习目标

要求信息提供者、征信机构掌握禁止采集的信息的内容，了解禁止采集的原因。要求征信机构在实际操作中能够严格遵守，确保合法。

## 知识点正文

### 一、禁止采集的信息的内容

根据《征信业管理条例》第十四条规定，征信机构禁止采集个人的宗教信仰、基因、指纹、血型、疾病和病史信息以及法律、行政法规规定禁止采集的其他个人信息。

禁止采集是指无论任何情况下，包括信息主体本人同意或自愿公开的情况下，征信机构都不能采集。

### 二、禁止采集的原因

规定禁止采集的信息主要是基于对个人隐私的保护。征信的目的是帮助信用交易的双方建立起彼此信任的关系，为达到这一目的，虽然需要提高信息共享的程度，但是并不意味着要让个人抛开隐私，完全暴露在他人面前。保护个人隐私是对个人人格权利的尊重，同时也是避免个人在信用交易中因宗教信仰、疾病等原因而遭遇不公平待遇的必要措施。国外许多国家也大都通过法律对个人敏感信息的采集作出了限制性规定。

我国规定征信机构禁止采集的信息的范围，主要是基于以下几方面考虑：首先，信用交易是一种社会经济活动，对个人信用状况好坏的评估是对个人社会属性的判断。而基因、指纹、血型、疾病和病史都是个人的生命体特征，是人的自然属性，不应该也不需要被征信机构、信息使用者掌握。其次，根据《中华人民共和国宪法》，宗教信仰自由，是我国公民的基本权利，个人信仰或不信仰以及信仰什么，都不应影响其日常的社会经济交往。

## 重要概念

征信机构禁止采集个人的宗教信仰、基因、指纹、血型、疾病和病史信息以及法律、行政法规规定禁止采集的其他个人信息。

## 自测习题

### 一、判断题

1. 根据《征信业管理条例》规定，征信机构禁止采集个人的宗教信仰、基因、指纹、血型、疾病和病史信息以及法律、行政法规规定禁止采集的其他个人信息，但取得信息主体书面同意的除外。（    ）

2. 规定禁止采集的信息主要是基于对个人隐私的保护，这既是对个人人格权利的尊重，也是避免个人在信用交易中遭遇不公平待遇的必要措施。（    ）

### 二、单项选择题

根据《征信业管理条例》规定，以下属于禁止采集信息的是（    ）。

A. 收入和存款　　　　　　　　B. 宗教信仰和指纹
C. 商业保险和指纹　　　　　　D. 纳税数额和存款

### 三、多项选择题

根据《征信业管理条例》规定，征信机构禁止采集个人的（    ）等信息以及法律、行政法规规定禁止采集的其他个人信息。

A. 宗教信仰　　B. 指纹　　C. 血型　　D. 商业保险

## 知识点四　限制采集的信息

### 引导/概述

实践中，有些信息如财产类信息，虽然不如债务信息与信息主体信用状况关系密切，但是通常也是债权人比较看重的信息。但是此类信息相对比较敏感，尤其是对个人而言。因此，需要对个人财产信息的采集作出限制性规定。

### 学习目标

要求信息提供者、征信机构掌握限制采集的信息的内容，了解限制采集的原因。要求征信机构在实际操作中能够认真落实。

### 知识点正文

#### 一、限制采集的信息的内容

根据《征信业管理条例》第十四条规定，征信机构不得采集个人的收入、存款、有价证券、商业保险、不动产的信息和纳税数额信息。但是，征信机构明确告知信息主体提供该信息可能产生的不利后果，并取得其书面同意的除外。

不得采集不同于禁止采集，不得采集是指通常情况下不能采集，但符合一定条件时可以采集。需要符合的条件有两条：一是明确告知信息主体提供该信息可能产生的不利后果；二是取得信息主体书面同意。两个条件必须同时符合，才可以采集。

**二、限制采集的原因**

限制采集的信息主要是关于个人财产情况的信息。由于个人的信用状况反映的是个人履行承诺、偿还债务的情况，因此债务信息是最直接能够体现个人信用状况的信息。而财产信息虽然能够体现个人偿债的能力，但不能体现偿债的意愿，因此不能直接反映个人信用状况。并且财产信息对个人而言比较敏感，征信机构不宜随意采集。

然而，财产信息虽然不能直接反映信用状况，却能够体现偿债的能力，而偿债能力的大小又会影响到债务能否按约偿还。个人财产信息虽然敏感，但毕竟不同于人格权益，对于部分个人而言，提供财产信息会有助于信用交易的达成。因此，从充分尊重信息主体的角度，应对此类信息给予个人信息主体自由处置的权利。

但是，为了保护个人信息主体的合法权益，征信机构必须向个人说明提供此类信息可能存在的风险或可能导致的后果，个人在知晓可能的风险和后果的情况下仍然同意，则征信机构可以采集。

## 重要概念

征信机构不得采集个人的收入、存款、有价证券、商业保险、不动产的信息和纳税数额信息。但是，征信机构明确告知信息主体提供该信息可能产生的不利后果，并取得其书面同意的除外。

## 自测习题

**一、判断题**

根据《征信业管理条例》规定，个人的收入、存款、有价证券、商业保险、不动产的信息和纳税数额信息，只要信息主体同意便可采集。（    ）

**二、单项选择题**

根据《征信业管理条例》规定，以下信息属于征信机构限制采集的是（    ）。

A. 宗教信仰　　　B. 指纹　　　C. 血型　　　D. 商业保险

**三、多项选择题**

《征信业管理条例》规定，征信机构不得采集个人的（　　）信息。但是，征信机构明确告知信息主体提供该信息可能产生的不利后果，并取得其书面同意的除外。

A. 纳税数额　　　B. 担保　　　C. 不动产　　　D. 贷款

# 知识点五　公开信息

## 引导/概述

大数据时代，信息主体通过互联网等留下的足迹越来越多，征信机构通过网络搜索便能够查询获得信息主体的大量信息，由此信息安全问题也愈发突出。征信机构有必要了解并掌握哪些信息属于公开信息，如何采集公开信息。

## 学习目标

要求征信机构从业人员了解公开信息的定义、常见类型，知晓使用公开信息存在的风险，确保合规采集。

## 知识点正文

### 一、公开信息的定义

公开信息是指通过合法途径能够公开搜索、查询和获取的信息。公开主要包含两种情况：一是依照法律、行政法规规定强制公开，二是信息主体主动公开。

### 二、常见的公开信息类型

1. 依照法律、行政法规规定强制公开的信息。主要包含两类信息：一是公共信息，即国家机关以及依法具有管理公共事务职能的组织依法履职过程中制作或者获取的，依据《中华人民共和国政府信息公开条例》等法律、法规规定应当予以公开的信息，如各政府部门的官方网站、政务服务网、公共信用信息共享平台中的公开信息等。二是企业信息，即企业按照《企业信息公示暂行条例》等法律、法规规定应当予以公开的信息，如企业信用信息公示系统中的信息、上市公司年报信息等。这两类信息有交叉重叠的部分，比如企业公共信息，既能够在公共信用信息共享平台中查到，也能在企业信用信息公示系统中查到。

2. 信息主体主动公开的信息。主要是指信息主体通过互联网、新闻媒体等渠道主动公开的信息，例如企业在官方网站公开的基本情况、业务介绍、发展规划等信息，个人的公开评论信息等。

需要注意的是，并不是所有能够搜索到的信息都是公开信息，界定此类信息是否为公开信息的关键在于界定是否为信息主体主动公开。例如，信息主体的非公开评论、匿名交易记录被互联网经营主体未经信息主体同意而公开或被恶意程序攻击而获取，信息主体在不知情或不同意的情况下被爆料，信息主体在互联网上因技术原因被迫留下行为轨迹等，都不属于公开信息。

### 三、征信机构使用公开信息存在的风险及建议

对于使用依照法律、行政法规规定强制公开的信息，并无太大争议，而使用信息主体主动公开的信息，则存在较大的风险，主要是因为这类信息尤其是互联网信息，信息来源复杂，很难界定是否为信息主体主动公开。

因此，本着个人保护、企业公开的原则，建议征信机构谨慎采集个人公开信息，可通过和政府部门对接的方式采集个人公开信息，不建议通过互联网搜索、爬取等方式采集个人主动公开的信息。

**重要概念**

公开信息是指通过合法途径能够公开搜索、查询和获取的信息。公开主要包含两种情况：一是依照法律、行政法规规定强制公开，二是信息主体主动公开。

**自测习题**

一、判断题

1. 公开信息是指通过合法途径能够公开搜索、查询和获取的信息。公开主要包含两种情况：一是依照法律、行政法规规定强制公开，二是信息主体主动公开。（　　）

2. 只要能在互联网上搜索到的信息都是公开信息。（　　）

二、单项选择题

以下属于公开信息的是（　　）。

A. 个人的微信聊天记录　　　　B. 个人的网页浏览习惯
C. 个人被别人爆料的信息　　　D. 个人的行政处罚信息

### 三、多项选择题

以下属于公开信息的是（　　）。

A. 企业的注册登记信息　　　　B. 企业的许可备案信息
C. 企业的行政处罚信息　　　　D. 非上市企业的财务信息

## 知识点六　个人信息采集同意

### 引导/概述

个人信息具有高度敏感性，操作不当容易给信息主体造成不利影响。而信息采集是征信业务的第一步，信息提供者、征信机构有必要掌握个人信息采集的基本规则，从源头上加以控制，确保个人信息安全。

### 学习目标

要求信息提供者、征信机构从业人员掌握个人信息采集同意的相关规定，保障个人信息安全。

### 知识点正文

#### 一、采集个人信息须经信息主体同意

《征信业管理条例》第十三条规定，采集个人信息应当经信息主体本人同意，未经本人同意不得采集。

这样的制度安排，主要是基于个人信息的特殊性考虑。个人信息具有高度敏感性，可能涉及个人隐私，甚至关乎个人信息主体的生命财产安全和人格权益。从我国目前的实际情况看，法制方面，尚无保护个人信息主体权益的专门立法；操作方面，个人信息泄露、盗用、买卖等损害个人信息主体权益的行为时有发生。因此，从信息采集的源头上加以控制，对保护个人信息安全是十分必要的。从国外的立法和实践看，也基本体现了以上的观点。例如，俄罗斯、芬兰等国规定，采集个人信用信息需经信息主体书面同意；美国、英国、韩国等国规定，采集部分敏感信息需经信息主体同意。

**二、取得同意的责任主体**

1. 对于个人信贷信息。信息提供者向金融信用信息基础数据库、征信机构提供个人信贷信息，均须取得信息主体同意；金融信用信息基础数据库无须另行取得信息主体同意；征信机构仍需取得信息主体同意。

2. 对于个人其他信息。信息提供者向金融信用信息基础数据库提供个人其他信息，由信息提供者取得信息主体同意，金融信用信息基础数据库一般不直接进行取得信息主体同意的操作；信息提供者向征信机构提供个人其他信息，征信机构需要取得信息主体同意，信息提供者可根据和征信机构的合作协议或自身合规管理要求而定。

3. 主要依据和原因说明。根据《征信业管理条例》，出于保护个人信息安全的目的，在收集程序上设置了取得信息主体同意的环节。信息提供者向征信机构提供个人信用信息时，征信机构取得信息主体的同意是基础，信息提供者告知个人是辅助的保护手段。

但是，《征信业管理条例》第二十九条又规定，从事信贷业务的机构向金融信用信息基础数据库、征信机构提供信贷信息，需取得信息主体同意。这表明，提供或采集个人信贷信息时，取得信息主体同意的责任主体是信息提供者。之所以对信贷信息作出与普通信用信息采集流程不同的规定，是由于商业银行等从事信贷业务的机构与信息主体有着长期且紧密的业务联系，且涉及信息主体众多，由其取得同意相对容易。此外，在第二十九条的释义中还明确指出，金融信用信息基础数据库运行机构不必另行取得信息主体同意，但考虑到个人信息主体信息安全，征信机构还应取得信息主体同意。

**三、例外情况**

一般情况下，采集个人信息须经信息主体本人同意，但也有例外的情况。

1. 依照法律、行政法规规定公开的信息。依据《中华人民共和国政府信息公开条例》，人民法院依法裁决的信息、行政机关依法对信息主体进行行政处罚的信息等，应依照法定程序向社会公开。这些信息中涉及的个人信息本身已经公开，不再属于需要保护的范畴，全社会成员都可以查询、收集。因此，征信机构采集此类信息，不需要经信息主体同意。

2. 企业董事、监事、高级管理人员与其履行职务相关的信息。根据《征信业管理条例》第十三条第二款规定，企业的董事、监事、高级管理人员与其履行职务相关的信息，不作为个人信息。其中，高级管理人员是指企业的经理、副经理、财务负责人、上市公司董事会秘书和公司章程规定的其他人员。所谓"不作为个人信息",即指采集这些信息,不需要取得信息主体同意。因为这类信息更多地体现的是企业的情况,是企业信息的组成部分,例如法定代表人登记信息,上市公司披露的董事、监事、高级管理人员的简介和持股信息等。

### 重要概念

例外情况除外,采集个人信息应当经信息主体本人同意。取得同意的责任主体根据信息种类的不同有所不同:采集信贷信息时,信息提供者、征信机构均需取得信息主体同意;采集其他信息时,征信机构需要取得信息主体同意。金融信用信息基础数据库情况较为特殊,采集信贷信息时无须另行取得信息主体同意,采集其他信息时,虽无明确规定,但实际操作中也不直接向信息主体取得同意,而是由信息提供者取得。

### 自测习题

**一、判断题**

1. 根据《征信业管理条例》规定,企业的董事、监事、高级管理人员与其履行职务相关的信息,应作为个人信息采集,需取得信息主体的书面同意。(    )

2. 根据《征信业管理条例》规定,信息提供者向金融信用信息基础数据库、征信机构报送个人的行政处罚、法院判决等依法公开的信息时,不需要取得信息主体同意。(    )

**二、单项选择题**

1. 金融机构向金融信用信息基础数据库提供个人信贷信息,(    )需要取得个人信息主体同意。

   A. 金融机构              B. 征信中心
   C. 金融机构和征信中心    D. 都不需要

2. 金融机构向征信机构提供个人信贷信息,(    )需要取得个人信息主体同意。

   A. 金融机构              B. 征信机构
   C. 金融机构和征信机构    D. 都不需要

**三、多项选择题**

征信机构采集(    )信息时,需要取得信息主体同意。

A. 个人银行贷款　　　　　　B. 个人电信欠缴
C. 个人法院裁决　　　　　　D. 个人网购支付

## 知识点七　企业信息采集同意

### 引导/概述

企业信息不同于个人信息，除了涉及商业秘密以及其他法律、行政法规禁止采集的情况外，一般不作过多限制。原则上鼓励企业信息公开透明，对于采集同意权的取得也较为宽松，仅对企业信贷信息采集作出了相关要求。准确掌握企业信息采集同意的相关规定，是信息提供者、征信机构合规开展征信业务的重要前提。

### 学习目标

要求信息提供者、征信机构工作人员掌握采集企业哪些信息需要取得信息主体同意。

### 知识点正文

**一、采集企业信贷信息须经信息主体同意**

根据《征信业管理条例》第二十九条第二款规定，从事信贷业务的机构向金融信用信息基础数据库或者其他主体提供信贷信息，应当事先取得信息主体的书面同意，并适用该条例关于信息提供者的规定。其中，信贷信息既包含个人信贷信息，也包含企业信贷信息。除此之外，条例并未对企业信息采集同意作出规定。

因此，采集企业信贷信息，需要取得信息主体同意，采集企业其他信息，无须取得信息主体同意。

做这样的制度安排主要是考虑到企业信贷信息往往可以反映一个企业生产和经营的趋势，对企业的影响较大，因此条例在信贷信息的采集方面将企业和个人做了同等化的安排，均要求取得信息主体同意方可采集。

**二、取得同意的责任主体**

与个人信贷信息类似，信息提供者向金融信用信息基础数据库、征信机构提供企业信贷信息，均须取得信息主体同意；金融信用信息基础数据库无须另行取得信息主体同意；征信机构仍需取得信息主体同意。

**重要概念**

采集企业信贷信息需要取得信息主体同意，采集企业其他信息，无须取得信息主体同意。取得同意的责任主体为信息提供者以及征信机构。

**自测习题**

一、判断题

1. 为加快构建守信激励、失信惩戒的信用机制，优化社会信用环境，在我国鼓励企业信息的公开透明，征信机构应当尽可能全面地采集企业信用信息，采集过程中无须取得企业信息主体同意。（　　）

2. 商业银行向金融信用信息基础数据库提供企业信贷信息需取得信息主体同意，向征信机构提供企业信贷信息则无须取得信息主体同意。（　　）

二、单项选择题

1. 金融机构向征信机构提供企业信贷信息，（　　）需要取得信息主体同意。

　　A. 金融机构　　　　　　　　B. 征信机构
　　C. 金融机构和征信机构　　　D. 都不需要

2. 征信机构向电信部门采集企业电信缴费信息，（　　）需要取得信息主体同意。

　　A. 征信机构　　　　　　　　B. 电信部门
　　C. 征信机构和电信部门　　　D. 都不需要

三、多项选择题

征信机构采集（　　）信息时，需要取得信息主体同意。

　　A. 企业水电欠费　　　　　　B. 企业银行贷款
　　C. 企业对外担保　　　　　　D. 企业银行存款

# 知识点八　取得信息主体同意的方式

**引导/概述**

信息技术的发展，加速了征信业务的创新，征信机构、信息提供者、信息使用者、信息主体等征信业务中涉及的各方主体，相互之间的交涉、来往不再局限于见面、信件等传统方式，而是采取更为快捷的网络手段，各主体之间可能素未谋面却时常有着业务往来，从而大大拓宽了征信业务的范围。由此产生的对征信业务各个环节的影响都是深刻的，其中包括了同意权的实现方式。熟悉取得信息主体同意的方式，对于信息提供者、征信机构具有重要意义。

## 学习目标

要求信息提供者、征信机构工作人员掌握依法取得信息主体同意的方式，把握其中的关键点，了解存在的风险，确保合法合规地采集信息主体信息。

## 知识点正文

### 一、取得信息主体同意的方式

根据《征信业管理条例》，采集个人信息及企业信贷信息须取得信息主体同意。操作上，可以是信息主体亲笔签名的书面同意文件，也可以是符合《中华人民共和国电子签名法》规定的与手写签名或者盖章具有同等法律效力的可靠的电子签名方式。

### 二、关于电子签名

（一）电子签名的含义

根据《中华人民共和国电子签名法》规定，"民事活动中的合同或者其他文件、单证等文书，当事人可以约定使用或者不使用电子签名、数据电文。当事人约定使用电子签名、数据电文的文书，不得仅因为其采用电子签名、数据电文的形式而否定其法律效力"。其中，电子签名是指"数据电文中以电子形式所含、所附用于识别签名人身份并表示签名人认可其中内容的数据"，数据电文是指"以电子、光学、磁或者类似手段生成、发送、接收或储存的信息"。

从上述条款看，电子签名主要是用电子形式代替手写签名，用以证明当事人身份以及当事人对所签署文件的内容的认可。实际操作中，电子签名的具体实现形式并无统一标准，比较常见的形式有：电子签章，一般是将印章或手写签名转化为图像形式，用于电子公文、电子合同等；电子证书，例如商业银行网上银行使用的 UKey 等；密码验证，例如通过手机短信等方式发送动态口令等；生物识别，例如指纹、人脸、声音识别等。

## （二）在征信业务中使用电子签名的要求

随着征信行业的发展，传统的手写签名已无法满足征信业务创新和拓展的需要，电子签名在征信行业的应用将越来越广泛。然而，信息技术的高速发展也同时给信息安全带来了隐患。因此，使用电子签名时，尤其要注意签名的安全、有效、可靠。

使用电子签名，关键要把握三个原则：一是当事人约定，即当事人必须知晓且同意在之后签署的文件中使用电子签名；二是识别当事人身份，即在整个操作过程中，必须能够识别当事人身份，确保本人操作；三是表示当事人认可，即必须确保当事人使用电子签名签署的行为能够表示当事人对所签署的文件内容是知晓并且认可的。

## （三）使用电子签名存在的风险及操作建议

虽然《中华人民共和国电子签名法》对电子签名的含义、使用等进行了规定，但是在实际操作中，仍然存在一些不确定性，可能会给信息提供者、征信机构带来合规风险。主要体现在两个方面：一是当事人约定，法律并没有明确具体何种形式的约定符合要求；二是如何进行身份验证，包括约定环节以及签名环节。

对此，提出如下操作建议：一是建议增加约定环节。信息提供者、征信机构首次通过电子签名方式取得信息主体同意时，让信息主体在勾选同意操作前，添加一个操作，即勾选关于使用电子签名的约定。在约定的条款中，添加关于电子签名身份验证权责关系方面的内容。二是建议强化身份验证。信息提供者、征信机构在和信息主体约定或取得信息主体同意过程中，尽可能采取措施，例如电子证书、短信验证、生物识别等，验证信息主体身份，确保本人操作。

**重要概念**

采集个人信息及企业信贷信息须取得信息主体同意，操作上，同意的形式可以是信息主体亲笔签名的书面同意文件，也可以是符合《中华人民共和国电子签名法》规定的与手写签名或者盖章具有同等法律效力的可靠的电子签名方式。

**自测习题**

一、判断题

1. 征信机构采集个人和企业信贷信息时，为确保信息主体信息安全，必须取

得信息主体亲笔签名的书面同意文件，方可采集。（  ）

2. 在信息采集环节，信息提供者、征信机构可以通过电子签名方式取得信息主体同意，但需和信息主体约定，信息主体可以选择使用或者不使用电子签名。（  ）

### 二、单项选择题

关于信息提供者、征信机构取得信息主体同意的方式，以下不正确的是(　　)。

A. 手写签名

B. 盖章

C. 符合《中华人民共和国电子签名法》规定的电子签名

D. 口头同意

### 三、多项选择题

关于电子签名的使用，以下说法正确的是：(　　)。

A. 必须和当事人约定在之后签署的文件中使用电子签名

B. 必须能够识别当事人身份，确保本人操作

C. 必须确保当事人对所签署的文件内容是知晓并且认可的

D. 实际操作中，电子签名的具体实现形式可以多样化，但无论采取何种形式，都应确保签名的安全、有效、可靠

## 知识点九　同意的具体内容

### 引导/概述

大数据背景下，征信机构的信息采集范围大大拓宽。信息主体在日常社会、经济、金融交易和往来中留下的痕迹，都有可能被采集和挖掘。这一方面为征信业发展带来创新和机遇，另一方面也使得信息主体面临更大的信息泄露风险。因此，明确信息采集同意的具体内容，对合规开展征信业务、保障信息主体合法权益是非常关键和必要的。

### 学习目标

要求信息提供者、征信机构工作人员明晰信息采集同意的基本内容，实际操

作中，不得少于基本内容。

### 知识点正文

**一、采集同意应包含的基本内容**

虽然《征信业管理条例》没有具体说明信息采集同意应包含哪些内容，但是从保障信息主体知情权的角度，信息主体理应知晓自己的哪些信息被采集，被谁采集，为何被采集。只有在充分知晓的情况下，所做出的同意行为才有意义，信息主体同意权才得到实质性的保障。

一是对于信息提供者，同意的内容应至少包含：所提供信息的内容或范围，接收信息的征信机构的名称、地址和联系方式，信息用途，本次同意行为的时限。

二是对于征信机构，同意的内容应至少包含：所采集信息的来源及对应来源的信息内容或范围，信息用途，本次同意行为的时限。

以上内容为采集同意应包含的基本内容，信息提供者、征信机构在实际操作中不得少于基本内容。部分信息提供者和征信机构为简化程序、提高效率，会将同意的内容以格式条款的形式嵌入其本身的业务合同中，信息主体在签署合同的同时，便完成了同意的操作。由于信息提供者、征信机构相对信息主体通常是占有优势地位的一方，可能会在合同中规定不公正的条款，因此《征信业管理条例》规定，若信息提供者、征信机构通过格式条款取得信息主体同意，不仅内容上要包含完整，还应作出足以引起信息主体注意的提示。若信息主体要求对条款作出说明，信息提供者、征信机构应当进行说明。

**二、实际操作中常见的不合规情况**

目前，无论是信息提供者，还是征信机构，在提供或采集信息主体信息取得信息主体同意方面，都还存在许多不规范的地方，不仅容易造成纠纷，也给信息安全带来隐患。

情况一：表述宽泛。征信机构采集信息时，比较常见的表述如"您授权我们可以从合法保存有您信息的第三方采集及处理您的各类信息"，又如"第三方包括但不限于金融机构、类金融机构、电子商务公司、电信运营商、政府公共信用信息平台及事业单位等一切营利性、非营利性、公共、民间的机构及组织。采集您的信息包括但不限于您的个人信息、行为信息、交易信息、资产信息、设备信息等"。以上表述明显过于宽泛，后者虽然进行了细化，但是基本涵盖了所有可能发生的情况，对信息主体而言并没有实质性的作用。

情况二：内容不全。信息提供者提供信息时，比较常见的表述如"您同意本单位向金融信用信息基础数据库、征信机构报送您在本单位的信用信息"。以上表述一是没有明确所报送的信息的内容或范围，二是没有列明接收信息的机构的名称、地址和联系方式，三是缺少信息的用途以及本次同意行为的时限。

情况三：提示不明显。采用格式条款时，多数信息提供者、征信机构采用字体加粗的方式对信息主体进行提示。但是，实际操作中，由于合同的标题往往不体现其中包含了信息提供或采集同意的内容，因此，信息主体常在无意识或不知情的情况下勾选了同意。

### 重要概念

对于信息提供者，同意的内容应至少包含：所提供信息的内容或范围，接收信息的征信机构的名称、地址和联系方式，信息用途，本次同意行为的时限。

对于征信机构，同意的内容应至少包含：所采集信息的来源及对应来源的信息内容或范围，信息用途，本次同意行为的时限。

### 自测习题

**一、判断题**

1. 大数据背景下，征信机构采集的信息种类繁多，更新快速，因此为提高效率，在采集取得信息主体同意时，无须明确信息的具体来源和内容。（　　）

2. 信息提供者、征信机构在提供、采集信息，取得信息主体同意时，同意的内容有所不同，但都应明确信息的内容或范围、信息的用途以及本次同意行为的时限。（　　）

**二、多项选择题**

1. 信息提供者向金融信用信息基础数据库或征信机构提供个人信息或企业信贷信息，在取得信息主体同意时，应明确告知信息主体（　　）等内容。

A. 信息的内容或范围

B. 接收信息的征信机构的名称、地址和联系方式

C. 信息用途

D. 本次同意行为的时限

2. 征信机构采集个人信息或企业信贷信息，在取得信息主体同意时，应明确

告知信息主体（　　）等内容。

　　A. 信息的来源　　　　　　　　B. 信息的内容或范围

　　C. 信息用途　　　　　　　　　D. 本次同意行为的时限

## 知识点十　信息主体是否可以拒绝或者有选择地同意？

### 引导/概述

信息提供者、征信机构在提供或采集信息主体信息并取得信息主体同意时，不可避免地会遇到"信息主体是否可以拒绝或有选择地同意"的问题。正确地理解和合理地把握这一问题，才能顺利开展征信业务。

### 学习目标

要求信息提供者、征信机构工作人员掌握并贯彻关于该知识点的有关规定，了解通常的做法。

### 知识点正文

**一、向金融信用信息基础数据库提供信贷信息是从事信贷业务的机构的义务**

根据《征信业管理条例》第二十九条第一款规定，"从事信贷业务的机构应当按照规定向金融信用信息基础数据库提供信贷信息"。由此可见，向金融信用信息基础数据库提供信贷信息是从事信贷业务的机构的义务，具有强制性约束。

金融信用信息基础数据库是国家金融基础设施，其主要目的是防范信贷风险，维护金融稳定。因此，应尽可能地确保其运行稳定、有效。而要实现这一目标，关键在于能够收集到全面、及时、准确的信息，依靠金融信用信息基础数据库主动采集十分困难，由从事信贷业务的机构主动提供，不仅可以提高效率，还可以降低成本。并且从事信贷业务的机构也是金融信用信息基础数据库的主要受益者，这样的做法也符合"谁付出、谁受益"的原则。在国外，由从事信贷业务的机构主动向公共征信系统提供信息，也被许多国家证明是有效的政策选择，比如德国。

因此，信息主体可以自主选择是否与从事信贷业务的机构发生业务，但是一且发生业务,从事信贷业务的机构就必须按照规定向金融信用信息基础数据库提供信贷信息。

**二、其他情况下信息主体是否可以拒绝或有选择地同意尚未明确**

(一) 利弊分析

在我国,征信相关法律、行政法规并未对信息主体是否可以拒绝或有选择地同意信息提供者提供或征信机构采集自身信息作出明确规定。在国外,一些国家规定信息主体拥有退出权(有时也称拒绝权),即信息主体有权利要求自己的信息不被用于某种特定目的,比如美国。而另一些国家则规定信息主体拥有被遗忘权,即信息主体有权要求删除自己的某些信息,比如欧盟。作出这些规定的目的大都是基于信息主体信息安全和权益保护的考虑。

然而,我国的征信行业发展尚处于起步阶段,信息主体信用意识不强。基于趋利避害的心理,信息主体可能会拒绝提供不利于自己的信息,而同意提供有利于自己的信息,由此会影响到征信信息的全面性,进而影响到征信产品和服务的质量,甚至影响到整个征信行业的发展。因此,直接采用国外的做法,显然是不可行的,应当结合我国实际适当借鉴,逐步推进和完善。

(二) 操作建议

1. 对于征信机构,信息主体可以选择开通或不开通该机构服务,在已开通服务的情况下,对于非限制类信息,建议征信机构采集时不单独设置拒绝或选择性同意的功能。

2. 对于信息提供者,不得向信息主体未开通服务的征信机构提供信息,向已开通服务的征信机构提供非限制类信息时,建议不单独设置拒绝或选择性同意的功能。

尤其是商业银行,一般以提供信贷为主,因此提供前都会向信息主体取得同意,但是在向征信机构提供时,要注意信息主体是否已开通该机构服务。建议在格式条款中加以说明。

3. 对于限制类信息,建议征信机构、信息提供者均设置拒绝或选择性同意的功能,并说明同意和不同意分别的影响。

**重要概念**

从事信贷业务的机构应当按照规定向金融信用信息基础数据库提供信贷信息。

## 自测习题

**一、判断题**

若信息主体不同意,商业银行可以与该信息主体开展信贷业务,但不向金融信用信息基础数据库报送该笔信贷业务信息。（　　）

**二、多项选择题**

下列机构中,（　　）应按照要求向金融信用信息基础数据库提供信贷信息。
A. 商业银行　　B. 小额贷款公司　　C. 信用卡公司　　D. 网贷机构

# 知识点十一　个人不良信息告知义务

## 引导/概述

虽然正面信息和负面信息都能够反映信息主体的信用状况,但在很多时候,负面信息对信息主体的声誉和相关活动具有更加直接的不良影响。因此,负面信息采集应比正面信息采集要求更为严格,以尽可能避免因错误提供负面信息而造成对信息主体权益的侵害,美国等征信业较发达的国家也有类似规定。

## 学习目标

要求信息提供者、征信机构工作人员了解不良信息告知义务的作用,掌握该义务的具体内容及履行该义务的关键点。

## 知识点正文

### 一、不良信息告知义务的内容

《征信业管理条例》第十五条规定:"信息提供者向征信机构提供个人不良信息,应当事先告知信息主体本人。但是,依照法律、行政法规规定公开的不良信息除外。"

### 二、建立不良信息告知义务制度的作用

1. 有助于保护信息主体合法权益。虽然正面信息和负面信息都能够反映信息主体的信用状况,但是负面信息往往会对信息主体的声誉和经济活动造成更直接的不良影响,甚至构成实质性限制。建立不良信息告知义务制度,可以使信息主

体及时知晓自己已产生不良信息并将要被提供。若发现不良信息有误，信息主体可以立即向信息提供者提出异议，避免对自己产生不利影响，保障自己的合法权益。

2. 有助于督促信息主体积极履约。当信息主体被告知自己的不良信息会提供给金融信用信息基础数据库或征信机构时，会尽可能地去弥补，争取保持良好的信用记录。事实上，部分信息提供者在告知后确实会给予信息主体弥补的机会。如此，信息主体便会提高自己的守约意识，避免不良信息再次形成。

3. 有助于提高金融信用信息基础数据库和征信机构数据库数据质量。不良信息经过告知程序，能够及时纠错，从而使进入数据库的数据更加真实、准确。

### 三、履行不良信息告知义务的注意点

1. 告知义务的责任主体是信息提供者，即向金融信用信息基础数据库或征信机构提供信息的单位和个人。

2. 个人不良信息告知和信息采集同意是两个不同的环节。多数情况下，信息提供者提供个人信息会一揽子取得信息主体同意，而不分正面信息和负面信息，并且可能相应的信息尚未产生。例如，商业银行在与信息主体签订贷款合同时，以格式条款形式取得信息主体关于向金融信用信息基础数据库报送（包括正面、负面）信息的同意，而此时不良尚未产生。《征信业管理条例》所指的个人不良信息告知，应是逐项告知，即在不良已经产生的情况下，于报送之前告知。

3. 告知不等同于告知到。因地址、电话号码错误等原因，信息提供者可能无法联系到个人信息主体，在这样的情况下，信息提供者只要履行了告知义务，且有相应的记录证明，则在规定的期限内可以向金融信用信息基础数据库或征信机构报送。

4. 行政处罚、法院判决及执行情况等依据法律、行政法规应当公开的个人不良信息，信息提供者无须履行告知义务。

### 重要概念

信息提供者向金融信用信息基础数据库、征信机构提供个人不良信息，应当在不良产生后、报送前，逐项告知信息主体本人。依照法律、行政法规规定公开的不良信息除外。

### 自测习题

#### 一、判断题

根据《征信业管理条例》，商业银行向金融信用信息基础数据库提供个人不

良信息，可以在办理信贷业务时通过格式合同取得信息主体的书面同意，避免报送前一一告知，以提高信息报送的效率。（　　）

### 二、单项选择题

信息提供者违反《征信业管理条例》规定，向征信机构、金融信用信息基础数据库提供非依法公开的个人不良信息，未事先告知信息主体本人，情节严重或者造成严重后果的，由国务院征信业监督管理部门或者其派出机构对单位处（　　）的罚款；对个人处（　　）的罚款。

A. 2 万元以上 20 万元以下；1 万元以上 5 万元以下

B. 5 万元以上 50 万元以下；1 万元以上 5 万元以下

C. 5 万元以上 50 万元以下；1 万元以上 10 万元以下

D. 2 万元以上 20 万元以下；1 万元以上 3 万元以下

### 三、多项选择题

根据《征信业管理条例》，商业银行向金融信用信息基础数据库或征信机构报送（　　）数据，不需要履行告知义务。

A. 个人住房抵押贷款按月还款信息

B. 个人信用卡逾期信息

C. 对个人的行政处罚信息

D. 法院裁定个人履行义务及强制执行的信息

## 知识点十二　信息采集的方式

### 引导/概述

信息技术的发展水平决定了信息采集方式的现实基础，而市场对征信需求的变化则成为信息采集方式转变的动因。两者共同推动着信息采集方式的不断演进，推动着征信朝着更高效率、更广应用、更好服务的方向发展。了解信息采集的方式，有助于信息提供者、征信机构更好地开展征信业务。

### 学习目标

要求信息提供者、征信机构从业人员对信息采集方式的演变及目前主要采用的方式有比较全面的了解。

## 知识点正文

### 一、手工逐笔记载

在征信业刚刚起步的阶段，征信机构采集信息主要依靠人工调查或抄录，大量的信息是通过调查员进行实地调查，或到特定的场所抄录的方式采集得到的。随着经济金融的发展，尤其是信用卡业务的兴起，这种原始的采集方式由于效率低、成本高，已无法满足市场的需要。而同时，计算机信息技术在20世纪80年代开始飞速发展，从而为信息采集方式的转变奠定了技术基础。

### 二、接口批量导入

随着计算机信息技术的发展，以商业银行为代表的信息提供者、征信机构，都纷纷建立起庞大的计算机数据库系统，用于处理越来越复杂的业务。征信信息的采集也开始进入信息化、数字化、网络化的时代。信息提供者和征信机构会约定数据采集的接口规范，编制特定的程序，实现从信息提供者计算机数据库系统导出数据形成数据文件，再通过专线网络导入征信机构的计算机数据库系统的全自动化。

### 三、网络实时抓取

21世纪，互联网信息技术在各行各业广泛应用，大数据理念和技术迅速兴起并蓬勃发展，信息的种类、数量以及人们对信息的价值判断和应用方式都发生了巨大的变化。征信机构信息采集的方式也更加多元化。由于许多基于互联网的行为、社交数据一直都处于动态变化中，因此，征信机构大多采用实时抓取的方式，即事先建立好通道，需要的时候直接抓取过来即可，实现了信息使用和信息采集的同步进行，不仅最大可能地保证了信息的及时性，也大大提高了征信机构的效率。此外，随着信息公开度的提高，征信机构还广泛应用爬虫技术爬取互联网上的信息，比如法院、工商等各政府部门和单位的公开公示信息、评论信息、新闻事件等。

当然，现在的征信机构不会只采用一种方式来采集信息，一般会根据业务需要和信息提供者的信息技术水平来决定具体采用何种方式。比如，网络实时抓取的方式常用于信用评分业务，信用登记业务尤其是采集传统的信贷信息还是采用接口批量导入的方式较多；信用调查、信用评级业务则多采用实地调查的方式；而针对一些信息技术水平较为落后的信息提供者，部分征信机构还会留有手工录入或导入的端口。

## 重要概念

信息采集的方式大致经历了手工逐笔记载、接口批量导入、网络实时抓取的历史演变。目前，征信机构一般会同时采用多种方式采集信息，具体会根据不同业务的需要和信息提供者的信息技术水平来决定。

## 自测习题

### 一、判断题

1. 在征信业刚刚起步的阶段，征信机构采集信息主要依靠人工调查或抄录，大量的信息是通过调查员进行实地调查，或到特定的场所抄录的方式采集得到的。（　　）

2. 手工采集信息方式由于效率低、成本高，现在已经彻底被淘汰，不再使用了。（　　）

### 二、单项选择题

1. 信息提供者和征信机构约定数据采集的接口规范，编制特定的程序，从信息提供者计算机数据库系统导出数据形成数据文件，再通过专线网络导入征信机构的计算机数据库系统，这种信息采集方式为（　　）。

   A. 手工逐笔记载　　　　　　　B. 接口批量导入
   C. 网络实时抓取　　　　　　　D. 以上都不对

2. 通过（　　）方式采集信息，能够实现信息使用和信息采集的同步进行。

   A. 手工逐笔记载　　　　　　　B. 接口批量导入
   C. 网络实时抓取　　　　　　　D. 以上都不对

### 三、多项选择题

目前，征信机构比较常用的信息采集方式有（　　）。

A. 手工逐笔记载　　　　　　　B. 接口批量导入
C. 网络实时抓取　　　　　　　D. 爬虫技术爬取

# 知识点十三　非债务信息在征信中的应用

## 引导/概述

虽然负债信息是最主要的信用信息，但是实际操作中，征信机构为了能够更准确、全面地反映信息主体信用状况，通常会全面采集信息主体信用信息，其中也包含了许多非债务信息。正确地看待和应用非债务信息对于征信机构提高自身产品和服务竞争力非常重要。

## 学习目标

要求征信机构从业人员了解应用非债务信息对征信的作用，把握应用非债务信息的原则。

## 知识点正文

### 一、非债务信息在征信中的应用现状及趋势

传统的征信机构所采集的信用信息以负债信息为主，包括金融领域负债信息、贸易领域负债信息、公共领域负债信息。随着征信的发展，业内出现了全面征信理念，鼓励征信机构采集信息主体更加全面的信息，推动更广范围内的信息共享。世界银行征信委员会2016年在杭州召开工作例会，也曾明确提出鼓励非债务信息在征信领域的应用。目前，国际上许多大型征信机构都有采集非债务信息的趋势，例如艾克飞、益博瑞等，许多成立时间不长或非传统的征信机构对非债务信息的采集更积极。随着市场中信息供给和需求量的增加，征信机构在利益驱动下，势必会加快业务创新，从信息采集、产品和服务研发、场景应用各方面拓宽范围，实现多元化。

### 二、应用非债务信息对征信的作用

非债务信息虽然不像债务信息那样与信用关系密切，但是从全面征信的角度，能够帮助提高征信的效率。

1. 有助于提高信用风险管理的精准度。事实上，一些非债务信息也能体现信息主体的偿债能力和意愿。例如，财产情况能够直接决定偿债能力；个人的消费水平和习惯能够从一定程度上体现其偿债能力；企业的水电燃气使用情况能够相对真实地反映出企业的经营情况，从而影响企业的偿债能力；遵纪守法等行为反映信息主体的道德品质，有可能会影响其偿债意愿；与信用良好的人接近，可能会被其影响而提高自己的信用水平，等等。因此，信息共享越充分，越能准确地去度量信息主体的信用风险。

2. 有助于弱势群体获得更多支持和帮助。对于没有债务信息或债务信息较少的信息主体，债权人无法据此判断其信用风险，可能拒绝与其进行信用交易。而非债务信息的应用，可以帮助扩充信息主体的信息量，使其更容易获得支持和帮助。

### 三、应用非债务信息应遵循信息采集的一般原则

虽然应用非债务信息具有一定的积极作用,但是并不意味着非债务信息越多越好,或要穷尽采集。非债务信息不能替代债务信息,过度依赖非债务信息反而会导致度量结果与信息主体真实信用风险状况的偏离,从而限制征信作用的发挥。因此,应用非债务信息应遵循信息采集的一般原则,即必要且有限原则,信用信息的核心仍然应该是债务信息。

**重要概念**

非债务信息虽然不像债务信息那样与信用关系密切,但是从全面征信的角度,能够帮助提高征信的效率,主要体现在两个方面:一是有助于提高信用风险管理的精准度,二是有助于弱势群体获得更多支持和帮助。

非债务信息不能替代债务信息。应用非债务信息应遵循信息采集的一般原则,即必要且有限原则。

**自测习题**

一、填空题

应用非债务信息应遵循信息采集的一般原则,即_____原则。

二、判断题

1. 非债务信息能够通过挖掘分析,从各个方面反映出信息主体的行为特征,从而判断出信息主体的信用状况,因此可以替代债务信息作为征信机构的核心数据来源。(　　)

2. 非债务信息往往与信息主体信用风险状况没有直接的相关关系,因此在征信中没有应用的价值。(　　)

三、多项选择题

以下关于非债务信息的说法,正确的有:(　　)。

A. 非债务信息虽然不像债务信息那样与信用关系密切,但是从全面征信的角度,能够帮助提高征信的效率

B. 非债务信息不能替代债务信息,过度依赖非债务信息反而会导致度量结果与信息主体真实信用风险状况的偏离,从而限制征信作用的发挥

C. 应用非债务信息有助于提高信用风险管理的精准度

D. 应用非债务信息有助于弱势群体获得更多支持和帮助

# 第十章 信息整理、保存和加工

**本章使用说明:** 本章适用于人民银行征信管理人员、人民银行征信中心、征信机构从业人员,以及征信系统接入机构管理人员。

## 本章介绍

征信机构信息整理、保存和加工应当遵循客观性原则且全程可追溯。征信机构应当履行信息审核、验证的义务,对发现的错误信息应当及时更正。征信机构对征信产品要进行必要的解释说明,将信息处理方法、模型以适当方式让社会公众知晓。征信机构应当严格遵守个人不良信息保存期限以及信息跨境流动的相关规定。

## 知识点一 信息质量

### 引导/概述

信息质量的好坏一定程度上决定了征信产品和服务质量的好坏,进而会影响到信息主体信用状况的真实反映。因此,信息质量管理是信息提供者、征信机构合规管理的重要内容。

### 学习目标

要求信息提供者、征信机构工作人员了解什么是信息质量,认识到信息质量的重要性,要求征信机构工作人员掌握提高信息质量的主要措施。

### 知识点正文

一、信息质量的含义

信息质量是指信息符合规定和满足需要的程度,一般用准确性、完整性和及时性来评判信息的质量水平。其中：准确性是指信息所反映的情况与实际情况的一致性程度，一致性越高，信息准确性越好；完整性是指信息所包含的数据项的缺失程度，缺失越少，信息完整性越好；及时性是指信息采用时点和发生时点在时间间隔上的接近程度，时间间隔越小，信息及时性越好。

信息完整性和信息全面性是两个不同的概念。完整性是相对的，必须有特定的信息对象，才能评判其完整性。例如，首先确定信息对象为某企业工商注册信息，然后才能得出是否有数据项缺失的结论。全面性是指信息在来源、种类、内容等各方面的广覆盖，比如既采集了正面信息，又采集了负面信息。

### 二、信息质量的重要性

1. 信息质量是征信机构生存和发展的重要基础。信息质量是"征信机构的生命线"。信息质量不过关会带来很多问题，例如阻碍信息使用者作出合理的交易决策，导致社会经济资源的次优配置，也可能直接危害信息主体的合法权益，给信息主体的经济活动造成不良影响。因此，信息质量的好坏直接关系到征信机构的公信力问题，甚至关系到征信机构的生存和发展。

2. 信息质量是保障信息主体合法权益的重要内容。征信机构所采集的信息质量的好坏，会通过征信产品和服务的使用传递到信息使用者。不准确、不完整、不及时的信息均会导致信息使用者对信息主体的信用风险评估的偏离，进而影响到信息使用者和信息主体之间的交易，使信息主体可能在交易中遭受不公平待遇甚至直接的经济损失。因此，提高信息质量是加强信息主体权益保护的有效举措。

### 三、提高信息质量的主要措施

虽然产生信息质量问题的原因有很多，并不一定完全是由征信机构造成的。但是，征信机构作为从事信息服务的专业化机构，应尤其注重信息质量问题。《征信业管理条例》第二十三条规定，"征信机构应当采取合理措施，保障其提供信息的准确性"。以下将从征信机构的角度，列举提高信息质量的主要措施。

1. 选择合适的信息提供者。信息来源是影响信息质量的最主要的因素，征信机构应对信息提供者进行仔细筛选，谨慎合作，从源头上把控信息质量。筛选时，应重点考察信息提供者的业务开展情况、是否存在违法违规经营情况、信息数据兼容情况等方面内容。征信机构应尽量通过正规渠道采集一手信息，否则不仅信息质量无法保证，还可能面临违法违规的风险。

2. 制定信息采集相关规范，明确相关权责。征信机构应与信息提供者制定完善的信息采集接口规范和合作协议，明确信息采集的字段内容、格式要求、报送方式、更新频率等，并明确彼此关于信息质量问题的权利和责任。

3. 设置信息校验环节。信息入库前，征信机构应对原始信息进行严格的校验，包括格式、逻辑、内部矛盾及其他异常情况等各个方面。同时，征信机构应不断优化自身的信息校验技术和数据库系统性能，确保信息能够准确、完整、及时地加载入库，这也是征信机构核心竞争力的体现。例如，美国邓白氏公司的数据整合流程包含了 2 000 多次的自动核对及人工审核程序，有效保证了信息的质量水平。

4. 设立专门的信息质量管理部门实施动态监测和定期抽查。征信机构可内设信息质量管理部门，针对不同来源的信息采取不同的方式进行实时监测。同时，可定期抽查已经入库的信息，重点关注是否存在异常值，例如某些必填数据缺失会导致整条信息无法上传，填报人员可能胡乱填写，应付了事。

5. 完善信息主体异议处理。信息主体异议能够帮助征信机构发现信息准确性等方面的问题。征信机构应建有完整、规范的异议受理、核实、纠正、反馈流程，建立有效的信息提供者联动机制，从而能够及时、正确地对异议进行处理，并找出异议产生的原因，避免类似情况再次发生。

6. 建立问题数据处理机制。对于通过校验、监测、抽查、异议发现的问题数据，征信机构应建立相应的处理机制，根据不同的情况采取不同的措施，或重报，或删除，或替换等，不能听之任之，更不能随意处理。

**重要概念**

信息质量是指信息符合规定和满足需要的程度，一般用准确性、完整性和及时性来评判信息的质量水平。

信息质量是征信机构生存和发展的重要基础，也是保障信息主体合法权益的重要内容。

**自测习题**

一、判断题

1. 信息质量是征信机构生存和发展的重要基础，也是保障信息主体合法权益的重要内容，信息提供者、征信机构都应充分认识到信息质量的重要性，确保所提供或所采集信息的准确、完整和及时。（　　）

2. 信息来源是影响信息质量的最主要的因素,因此信息质量问题应由信息提供者负责,与征信机构无关。(　　)

## 二、单项选择题

1. (　　)是指信息所反映的情况与实际情况的一致性程度。
   A. 准确性　　　　B. 完整性　　　　C. 及时性　　　　D. 全面性
2. (　　)是指信息所包含的数据项的缺失程度。
   A. 准确性　　　　B. 完整性　　　　C. 及时性　　　　D. 全面性
3. (　　)是指信息采用时点和发生时点在时间间隔上的接近程度。
   A. 准确性　　　　B. 完整性　　　　C. 及时性　　　　D. 全面性

## 三、多项选择题

征信机构应采取多种措施,提高信息质量,例如(　　)等。
A. 选择合适的信息提供者
B. 制定信息采集相关规范,明确相关权责
C. 设置信息校验环节,并实施动态监测和定期抽查
D. 完善信息主体异议处理,建立问题数据处理机制

# 知识点二　信息处理应当遵循客观性原则

### 引导/概述

信息处理应当遵循客观性原则是由征信业务活动的本质决定的。客观性原则要求征信机构在信息处理过程中不得篡改信息、不得有选择性地处理信息、不得随意删除或修改信息。征信机构要从制度、技术、内控检查等方面贯彻落实信息处理的客观性原则。

### 学习目标

要求人民银行及金融机构、征信机构征信岗从业人员了解信息处理遵循客观性原则的基本要求及具体措施。

### 知识点正文

信息处理应当遵循客观性原则是由征信业务活动的本质决定的。征信业务活

动是征信机构以独立第三方的身份对信息提供者提供的信息进行整理、保存、加工并向信息使用者提供的服务。信息使用者对征信机构提供信息的信赖是建立在信息处理客观性的基础之上的。

**一、信息处理客观性原则的基本要求**

1. 不得篡改信息。所谓篡改是指未经信息提供者确认，仅凭自己的主观意愿对信息进行修改。在信息处理过程中，信息的格式、形式可能会发生变化，但是征信机构不得篡改信息提供者提供的信息的内容，即原始信息所客观表达的意思不得篡改。譬如，银行机构以数据报文的形式上报信息主体一笔30天内的逾期记录信息，经征信机构处理后在信用报告上可能会反映在最近24个月还款记录之中，虽然信用报告上该笔逾期记录的展现形式与银行机构提供的原始信息的形式可能不一样，但是信用报告上记载该笔逾期记录的相关内容应当客观、全面、一致地反映原始报文所表达的意思。

2. 不得有选择性地处理信息。征信机构对信息提供者按照约定或规定报送的信息，应当遵循统一的处理流程和方法，除法律法规另有规定外，不得人为地选择对部分信息进行处理，如信息提供者提供了100个信息主体信用卡还款记录信息，征信机构不得选择性地只处理负面或正面信息，而应当全部按照事先确定的信息采集目录和信息提供目录加以处理，更不得选择其中部分信息主体只处理正面信息，对另外一些信息主体只处理负面信息。

3. 不得随意删除或修改信息。信息处理过程中，除非有确切的证据表明信息提供者所提供的原始信息存在错误，否则，征信机构不得删除或修改原始信息的相关内容。对于删除或修改的信息还应当反馈给信息提供者进行确认，方可进行相应的处理。

**二、信息处理遵循客观性原则的主要保障措施**

1. 制度保障。征信机构在业务规则制度中要明确信息处理应当遵循客观性原则，明确规定在每个处理环节都不得篡改信息、不得有选择性地处理信息、不得随意删除或修改信息，并明确相应的检查监督和责任追究措施。

2. 技术保障。信息处理在技术上要尽量减少手工操作环节，最大限度地由征信系统自动完成，并在数据处理服务器以及相关终端设备上保存所有信息处理的操作记录。必要的手工处理操作应当经过严格的内部授权，并留存相应的操作记录。信息处理所有的操作记录应当严格保管，不得篡改、删除。

3. 内控监督保障。征信机构应当定期将处理后的信息与原始信息进行比对，出现差异应当及时查明原因，发现信息处理人员有违反客观性原则的行为，应当追责。承担信息比对工作职责的部门和人员应当与信息处理部门和人员保持独立。

### 自测习题

**一、填空题**

征信机构的信息处理应当遵循_____原则。

**二、多项选择题**

1. 客观性原则要求征信机构在信息处理过程中（　　）。

   A. 不得篡改信息　　　　　　　B. 不得有选择性地处理信息

   C. 不得随意删除或修改信息　　D. 不得改变原始信息的表现形式

2. 信息处理遵循客观性原则的保障措施主要包括（　　）。

   A. 制度保障　　　　　　　　　B. 技术保障

   C. 内控监督保障　　　　　　　D. 不得修改任何信息

## 知识点三　信息处理应当可追溯

### 引导/概述

信息处理可追溯是指信息处理的每个环节都必须有相应的操作处理记录，事后能够查验信息处理的全部过程。信息处理可追溯，也是保障信息质量、保护信息主体合法权益的重要手段。征信机构要建立健全信息处理可追溯制度，并具备信息处理可追溯的技术手段。

### 学习目标

要求人民银行及金融机构、征信机构征信岗从业人员了解信息处理可追溯的基本要求。

### 知识点正文

信息处理可追溯是指信息处理的每个环节都必须有相应的操作处理记录，事后能够查验信息处理的全部过程。信息处理可追溯，也是保障信息质量、保护信息主体合法权益的重要手段。信息处理可追溯的基本要求包括：

1. 建立健全信息处理可追溯制度。征信机构在业务规则或信息流程等制度中明确规定信息处理每个环节需要记载的要素和内容，一般至少包括：（1）待处理数据来源、接收时间、数量等；（2）处理操作名称、操作用户名称、操作终端设备 ID、处理时间、正常处理数据的数量、无法正常处理数据的数量等。

2. 具备信息处理可追溯的技术手段。征信机构的信息处理系统应当能够在信息处理的每个环节同步生成操作处理记录，且在技术上要确保信息处理用户无权对操作处理记录进行修改、删除。操作处理记录的保存时间不得小于信息保存期限。

3. 建立信息处理可追溯的核验机制。征信机构应当定期、不定期地抽查，来验证信息处理的可追溯性。

### 自测习题

#### 一、填空题

信息处理可追溯是指信息处理的每个环节都必须有相应的_____，事后能够查验信息处理的全部过程。

#### 二、多项选择题

征信机构在业务规则或信息流程等制度中明确规定信息处理每个环节需要记载的要素和内容，一般至少包括（　　）。

A. 待处理数据来源、接收时间、数量等

B. 处理操作名称、操作用户名称、操作终端设备 ID、处理时间、正常处理数据的数量、无法正常处理数据的数量等

C. 信息主体名称

D. 信息使用人名称

## 知识点四　征信机构的信息审核、验证义务

### 引导/概述

征信机构应采取必要措施，对采集的信息进行审核、验证，保障信用信息准确、及时、完整。

**学习目标**

要求金融信用信息基础数据库运行机构及其接入机构、征信机构及向征信机构报送信息的各类机构了解它们对于采集信息的审核和验证义务。

**知识点正文**

**一、征信机构应保障信息准确性**

根据《征信业管理条例》第二十三条的规定,征信机构应采取合理措施,保障其提供信息的准确性。该条对于征信机构保障信息准确性作出了明确的规定。

征信机构保障对外提供信息的准确性是其核心竞争力的内在要求。数据质量是征信机构的生命线,是征信机构生存和发展的内在要求。数据质量的高低取决于数据的准确性,只有提高数据的准确性,才能提高征信机构的市场竞争力。

**二、建立对于信息提供者的审查和约束机制**

1. 征信机构对信息提供者进行筛选和审查,选择合适的信息来源。具体审查内容包括:(1)信息提供者的各项业务开展情况、是否存在违法违规的经营历史、信息提供者与征信机构数据库之间的兼容性等。(2)根据审查情况,帮助并督促报数机构建立、培训相关管理制度和操作规程。(3)出现风险事件后对信息提供者实施再审查程序,淘汰不符合要求的信息提供者。

2. 征信机构应与信息提供者订立相关约束机制,从源头保证信息的及时、准确和完整。具体内容包括:(1)建立数据标准和规范,统一对数据的理解和使用。(2)建立数据报送制度,约定数据报送和更新规则,实现及时性原则。(3)建立对停报、迟报数据的处理机制。由于征信机构采集的数据是由信息提供者报送的,信息提供者在保证数据报送的准确性、及时性方面负有责任,征信机构在数据采集、处理等过程中则对确保数据的准确性方面负有责任。征信机构应根据实际情况建立对信息提供者停报、迟报数据的严肃处理机制。

征信机构应结合自身情况及信息技术的发展,不断完善审查和约束机制,保证信息提供者提供数据的准确性。

**三、征信机构应建立信用信息审核制度**

征信机构应当建立信用信息审核制度,对采集的企业和个人信用信息进行审核,采取必要措施保障整理、加工、保存和对外提供信息的准确性。

1. 严格检查原始数据质量。对于信息提供者报送的数据,开展格式校验、逻辑校验等质量检查，将未通过校验的数据退回信息提供者，待信息提供者核对纠正后重新报送。

2. 强化信息匹配程序。对于通过校验的数据，利用信息匹配技术正确定位到信息主体，准确添加到企业和个人信用档案中。这种信息匹配技术通常是一家征信机构的核心竞争力。

3. 对已入库数据进行检查和分析，主要包括三方面的工作：（1）统计数据分析。（2）随机抽样检查，主要检查是否存在异常值或统计上的异常集中。（3）现场检查。对信息提供者进行现场检查和比对，主要是检查数据是否符合报送规则和要求。

4. 设立专门的部门（或人员）和监测系统，对数据进行监测。主要是监测信息提供者的异常值，便于征信机构对于数据报送异常情况及时进行处理和纠错。

## 自测习题

### 一、判断题

1. 由于征信机构采集的数据是由信息提供者报送的，因此，数据的准确性应由信息提供者负责。（　　）

2. 根据《征信业管理条例》的规定，征信机构应采取合理措施，保障其提供信息的准确性。（　　）

### 二、多项选择题

1. 以下哪几项是征信机构对信息提供者进行筛选和审查的内容？（　　）

A. 信息提供者的各项业务开展情况
B. 信息提供者与征信机构数据库之间的兼容性
C. 信息提供者是否存在违法违规的经营历史
D. 信息提供者是否盈利

2. 征信机构对于已入库数据进行检查和分析的手段包括（　　）。

A. 强化信息匹配程序　　　　B. 统计数据分析
C. 现场检查　　　　　　　　D. 随机抽样检查

# 知识点五　及时更正错误信息

## 引导/概述

及时更正错误信息是保障信息主体合法权益的客观要求。征信机构在信息处理过程中有义务采取必要的措施对信息进行审核、验证，发现错误应当及时核查、确认、更正。经核查、确认的错误信息，征信机构应当及时予以更正，且在更正前不得对外提供；发现可能存在错误，但是经核查尚无法确认的信息，征信机构不得对外提供。

**学习目标**

要求人民银行及金融机构、征信机构征信岗从业人员了解及时更正错误信息的基本流程和要求。

**知识点正文**

虽然征信机构有义务采取必要的措施确保数据质量，但出现错误信息还是在所难免。错误信息有可能是信息提供者造成的，也有可能是征信机构信息处理不当引起的。征信机构在信息处理过程中有义务采取必要的措施对信息进行审核、验证，发现错误应当及时核查、确认、更正。征信机构应当建立错误信息更正操作流程，明确错误信息核查、确认、更正应当履行的手续及时限。

1. 核查。在履行信息审核、验证义务过程中，发现错误信息，应当及时对错误信息进行标注、记载，并核查错误原因。

2. 确认。因信息提供者造成的错误信息，应当与信息提供者确认信息的正确内容；因信息处理造成的错误，应当与原始信息进行比对确认。错误信息确认应当保存确认的原始资料及操作记录。

3. 更正。根据确认结果，及时对错误信息进行更正。因信息提供者造成的错误信息，应由信息提供者重新报送正确信息予以更正；因信息处理不当造成的错误信息，应由征信机构及时予以更正。所有更正均应保存相应的操作记录。

经核查、确认的错误信息，征信机构应当及时予以更正，且在更正前不得对外提供；发现可能存在错误，但是经核查尚无法确认的信息，征信机构不得对外提供。

**自测习题**

**判断题**

1. 发现错误信息征信机构应当立即核查、确认、更正，在更正前不得对外提供。（　　）

2. 发现信息可能存在错误，但是经核查尚无法确认的信息，征信机构依然可以对外提供。（　　）

## 知识点六 信息处理方法、模型以适当方式让社会公众知晓

### 引导/概述

征信机构应向社会公开信息整理和加工的方法、模型等，并按照监管要求向人民银行进行报备。

### 学习目标

要求金融信用信息基础数据库运行机构、征信机构了解在信息整理、保存和加工过程中需要向社会公开的内容，以及需要向人民银行报备的内容。

### 知识点正文

#### 一、信息处理方法和模型的公开要求

征信机构应当向社会公开其在信息整理、保存和加工过程中使用的方法、标准及模型。

从事信用登记业务的征信机构，应当公开信息采集和使用规则，明示采集、使用信息的目的、方式和范围。

从事信用调查业务的征信机构，应当明确信用调查业务类型、操作流程。从事身份验证和反欺诈业务的，应当建立明确的身份验证和反欺诈认定标准，并向社会公开。

从事信用评分业务的征信机构，应当对外公布个人信用评分模型假设、主要维度及其权重。

#### 二、监管部门的报备要求

征信机构应当按照监管要求将其使用的信息处理方法、标准等向监管部门报备。

从事信用登记业务的征信机构，应当将其主要的业务架构、技术架构、信息流程规划、内控制度、信息安全管理制度以及业务开展情况，向人民银行报备。

从事信用调查业务的征信机构，应当在信用调查产品应用之日起10日内，将信用调查业务主要类型、操作流程、数据来源、认定标准、主要服务场景向人民银行报备。

从事个人信用评分业务的征信机构，应当在评分产品应用之日起 10 日内，将评分的主要维度要素及其权重、评分标准及含义、评分的应用场景以及对信息主体权益的保护措施向人民银行报备。

### 自测习题

**一、判断题**

1. 征信机构在信息整理、保存和加工过程中使用的方法、标准及模型属于商业秘密，可以不公开。（  ）

2. 从事个人信用评分业务的，应将评分的主要维度要素及其权重、评分标准及含义向人民银行报备。（  ）

**二、多项选择题**

1. 以下哪几项是从事信用调查业务的征信机构应向人民银行报备的内容？（  ）

A. 业务主要类型　　B. 操作流程　　C. 数据来源　　D. 认定标准

2. 从事信用登记业务的征信机构，应当公开的内容包括（  ）。

A. 采集、使用信息的目的　　　　B. 采集信息的方式

C. 内部管理制度　　　　　　　　D. 使用信息的方式

## 知识点七　个人不良信息保存期限

### 引导/概述

个人不良信息的保存期限是指个人不良信息能够被记载、提供和使用的期限，超过该期限，该信息应被删除，不应再提供。规定个人不良信息保存期限，其目的在于建立个人信用信息系统对个人行为的约束机制。个人不良信息保存期限应当适中，目前我国《征信业管理条例》规定个人不良信息保存期限是 5 年。

### 学习目标

要求人民银行及金融机构、征信机构征信岗从业人员了解个人不良信息保存期限规定的目的，正确理解保存期限的计算方法、超过保存期限的处理方式以及对不良信息说明及记载的规定。

# 第十章　信息整理、保存和加工

**知识点正文**

个人不良信息的保存期限是指个人不良信息能够被记载、提供和使用的期限，超过该期限，该信息应被删除。《征信业管理条例》第十六条第一款规定："征信机构对个人不良信息的保存期限，自不良行为或者事件终止之日起为 5 年；超过 5 年的，应当予以删除。"

### 一、规定个人不良信息保存期限的目的

规定个人不良信息保存期限，其目的在于建立个人信用信息系统对个人行为的约束机制：一方面，使个人受到不良信息的约束和惩戒，对于有不良信息的个人，其贷款买房或者办理信用卡等授信消费行为将受到相应的限制或者需要支付更高的成本；另一方面，不良信息的保存期限也应当适中，以促使不良信息主体受到相应的惩戒教育后，有动力改过自新，并更加重视、爱护自己的信用记录，进而改进社会信用环境。

### 二、正确理解个人不良信息保存期限的含义

1. 正确理解个人不良信用信息保存期限计算的起始时间。按照《征信业管理条例》的规定，个人不良信用信息保存期限的起始时间是自不良行为或者事件终止之日。由于形成不良信息的行为或者事件是多样的，因此在确定起始日时应具体分析。例如，对于个人信用卡违约的，不良信息保存期限的计算起始日应当是信息主体偿还完该笔违约的本金、利息、手续费以及由此产生的罚息、违约金之日。再如，对于行政处罚，则从行政处罚执行结束之日开始计算，如给予罚款的，则自当事人缴纳罚款完毕之日算起，如责令改正的，则自当事人完成改正之日算起。对于刑事犯罪，则自刑事犯罪执行终结之日开始计算不良信息的保存期限。

2. 正确理解超过不良信息保存期限的处理方式。按照《征信业管理条例》的规定，超过保存期限（5 年）的个人不良信息应当予以删除。删除是要求征信机构和金融信用信息基础数据库在物理层面彻底消除该不良信息，且不得再继续对外提供。所删除的是不良行为或事件终止之日满 5 年时间所对应的不良信息，并非所有的不良信息。

3. 正确理解特殊情况下不良信息的保存期限。个人不良信息保存期限为 5 年，是建立在从事个人征信业务的征信机构正常经营的前提下，如果发生了个人征信机构被撤销业务许可、破产、终止经营等情形，征信机构不再经营个人征信业务时，根据《征信业管理条例》第十二条规定，该征信机构可以依法将保存的

个人信息（包括不良信息）转让给其他征信机构或者移交征信业监督管理部门指定的征信机构；如果不能转让或移交的，则应当在征信业监督管理部门的监督下销毁。在移交和转让的情况下，不良信息的保存期限依然是5年，自不良行为或事件终止之日算起，不受转让和移交影响。

4. 正确理解个人不良信息保存期限规定的适用对象。个人不良信息保存期限的规定适用于征信机构和金融信用信息基础数据库及其工作人员。对于保存个人不良信息的其他单位，没有强制性规定，只要没有法律、法规规定，原则上可以保存5年以上的个人不良信息，如银行等金融机构可以保存个人信贷客户或信用卡客户超过5年以上的不良信息。

**三、个人不良信息的说明和记载**

《征信业管理条例》第十六条第二款规定，"在不良信息保存期限内，信息主体可以对不良信息作出说明，征信机构应当予以记载"。建立说明及记载制度，有助于更加全面地反映个人不良信息产生的原因及情况，有助于反映错误争议及争议的具体情况，这样既可以给信息使用者提供更多的信息，有利于信息使用者对个人不良信息作出正确判断，更公正、客观地对待个人不良信息，也有助于进一步加强信息主体合法权益的保护。

一般而言，信息主体对不良信息作出说明的情形包括两类：一是对不良信息产生的原因及相关情况进行说明；二是信息主体认为信息存在错误，但征信机构不认可且不同意修改的情况下，信息主体可以要求作出说明，通过记载这些说明，使得信息使用者了解更多的情况，作出更加客观的判断。对于前一类情形，征信机构应当予以记载。对于后一类情形，信息主体提出异议后，可能会出现三种情况：一是经核查后，确认不良信息存在错误的，应对错误的不良信息进行更正或删除，不需要记载相应的说明。二是经核查，确认不良信息不存在错误，不对不良信息进行修改，但需要向信息主体解释不予修改的原因。如果信息主体不接受解释，坚持认为存在错误的，应当在该不良信息上记载信息主体对不良信息的异议说明以及信息提供者对不良信息的核查结果。三是经核查，不能确定不良信息是否存在错误，信息主体要求记载其异议、核查结果或其他佐证说明时，应当予以记载。

**重要概念**

个人不良信息的保存期限是指个人不良信息能够被记载、提供和使用的期限，超过该期限，该信息应被删除，而不再提供。

## 自测习题

### 一、填空题

1. 征信机构对个人不良信息的保存期限，自_____起为___年；超过5年的，应当_____。

2. 在不良信息_____内，信息主体可以对不良信息作出说明，征信机构应当_____。

### 二、单项选择题

1. 依据《征信业管理条例》规定，征信机构对个人不良信息的保存期限，自不良行为或者事件终止之日起为（　　）年。

A. 2  B. 3  C. 5  D. 7

2. 依据《征信业管理条例》规定，不良信息保存期限超过（　　）的，征信机构应当予以（　　）。

A. 5年，屏蔽  B. 7年，记载  C. 5年，删除  D. 7年，删除

3. 2016年4月28日，小明发生一笔信用卡消费，约定还款日为2016年5月21日，信用卡消费账单未按时还款，2016年6月30日小明偿还完了该笔账单及相应的利息、手续费。该笔违约信息在（　　）才能予以删除。

A. 2016年6月30日  B. 2021年4月28日
C. 2021年6月30日  D. 2021年5月21日

### 三、多项选择题

征信机构对个人不良信息的保存期限，自（　　）之日起为5年。

A. 不良行为发生　　　　　　B. 不良行为终止
C. 不良事件终止　　　　　　D. 不良事件发生

---

## 知识点八　征信机构对征信产品要进行必要的解释说明

### 引导/概述

征信机构应当针对提供的产品进行解释说明，满足信息主体的知情权。

### 学习目标

要求人民银行征信中心、征信机构从业人员了解在提供相关产品时需要提供

必要的解释说明。

## 知识点正文

从事信用登记业务的征信机构，应明确信用报告的基本内容，对报告内容及专业名词进行解释说明。个人信用报告内容应当包括信息使用者及信用主体的查询记录、异议标注、个人声明等。

从事信用评分业务的机构，应保证个人信用评分结果客观、公正，可解释、可溯源。信息主体有权查询得出其信用评分结果所使用的具体信息内容，并就评分方法和过程获得合理解释。

从事信用调查业务的机构，将个人信息通过分组或客户分群用于营销等非信用交易用途时，应当明确告知信息主体，并单独取得信息主体的同意，不得与信用交易捆绑一并取得信息主体同意。

## 自测习题

**一、判断题**

1. 从事信用登记业务的征信机构应对信用报告内容及专业名词进行解释说明。（    ）

2. 个人信用评分方法属于征信机构的商业秘密，可以不提供解释说明。（    ）

**二、多项选择题**

从事个人信用评分业务的机构，应保证个人信用评分结果（    ）。

A. 客观　　　　B. 公正　　　　C. 可解释　　　　D. 可溯源

## 知识点九　征信机构在境内采集的信息的整理、保存和加工应当在境内进行

### 引导/概述

信息跨境流动（Trans-border Data Flows）是指点到点的跨越国家、政治疆界的数字化数据传输。信息跨境流动加大了信息主体权益保护的难度，我国目前尚未出台专门的信息保护法律制度，为此，《征信业管理条例》第二十四条第一款

规定,"征信机构在中国境内采集的信息的整理、保存和加工,应当在中国境内进行"。征信机构应当全面正确理解信息跨境流动的规定,建立健全内部管理制度,采取必要的技术手段落实相关要求。

## 学习目标

要求人民银行及金融机构、征信机构征信岗从业人员掌握信息跨境流动的要求。

## 知识点正文

信息跨境流动是指点到点的跨越国家、政治疆界的数字化数据传输。在全球化的背景下,社会经济发展要求物质、资金、人力、信息等生产要素在全球范围内流动。网络技术的发展为信息跨境流动提供了有力的支撑,在推动信用交易和其他金融服务的全球化发展的同时,也使得征信业务涉及的环境更加复杂。各国信息采集和使用规则有别,信息主体权益保护框架不同,行政和法律救济手段也存在差异,这些都加大了人们对隐私及信息安全管理方面的担忧。为此,《征信业管理条例》第二十四条专门对信息跨境流动作出了规定。

### 一、规范征信机构信息跨境流动的原因

规范征信机构信息跨境流动主要是基于三个方面的考虑:一是信息跨境流动给信息主体权益保护带来诸多挑战,信息流向境外后,不再适用我国法律制度,加大了信息主体面临的各种侵权威胁;二是欧美等国普遍加强了数据保护立法,要求信息不得流向信息保护不严格的国家和地区,规定信息跨境流动应得到行政主管部门的许可,我国对信息跨境流动进行管理符合对等原则;三是我国目前缺乏信息保护方面的专门立法,需要在《征信业管理条例》中对信息跨境流动予以引导和规范。

### 二、征信机构在境内采集的信息的整理、保存和加工

《征信业管理条例》第二十四条第一款规定,"征信机构在中国境内采集的信息的整理、保存和加工,应当在中国境内进行",落实该规定,需把握两个方面的内容。

1. 全面正确理解规定的适用范围。规定所指的企业和个人信息,既包括征信机构在境内依法采集的境内企业和个人的信息,也包括其在境内依法采集的境外企业和个人的信息。

2. 贯彻落实规定的具体要求。一是征信机构的数据服务器应当设在中国境

内。征信机构自己的数据服务器和租用的"云服务"的数据服务器均必须设在中国境内。征信机构在租用合同中须与出租方明确约定所租用的服务器必须设在中国境内,且所存储的数据不得违法跨境流动。对于租用的数据服务器是否在中国境内,征信机构有审查义务,并留存审查工作记录备查。因出租方的原因,造成征信机构数据违法跨境流动,征信机构应承担连带责任。

二是有权限登录数据库服务器并对数据库进行操作的终端设备应设在中国境内。在数据库服务器的访问规则中应当明确境外终端设备不得登录并对数据库进行操作。数据库访问控制程序中应当对终端设备的网络地址进行判断识别,以确保境外终端设备无法登录数据库服务器并对数据库进行操作。征信机构有义务向征信业监督管理部门提供数据库访问控制程序源代码以及数据库服务器登录、操作记录等资料备查。

三是信息的整理、保存和加工过程应当在中国境内完成。信息的整理、保存和加工过程涉及的相关服务器、终端设备应当设在中国境内,处理过程中数据流动的网络路径不得跨越中国国境。征信机构应当完整地保存信息处理的过程中相关设备的网络地址以及数据流动的网络路径,供内部安全审计和征信监督管理部门检查。

**重要概念**

信息跨境流动是指点到点的跨越国家、政治疆界的数字化数据传输。

**自测习题**

**一、填空题**

征信机构在中国境内采集的信息的整理、保存和加工,应当在_____进行。

**二、多项选择题**

贯彻落实"征信机构在中国境内采集的信息的整理、保存和加工,应当在中国境内进行"的规定,包括:(　　)。

A. 征信机构的数据服务器应当设在中国境内

B. 有权限登录数据库服务器并对数据库进行操作的终端设备应设在中国境内

C. 信息的整理、保存和加工过程涉及的相关服务器、终端设备应当设在中国境内,处理过程中数据流动的网络路径不得跨越中国国境

D. 信息来源应当在中国境内

# 第十一章 信息查询和使用

**本章使用说明**：本章适用于所有征信从业人员。

**本章介绍**

信息查询和使用是密切相关的两个环节。信息的查询和使用与信息主体的权益直接相关，所以也是征信监管的重点。本章以《征信业管理条例》有关信息查询和使用的规定作为主线，详细介绍信息查询和使用业务环节的合规管理要求，以此做到征信从业人员对信息查询和使用环节合规要求知悉掌控，有效保障信息安全，维护信息主体合法权益不受侵害。

## 知识点一 取得信息主体授权是信息查询的必要前提

### 引导/概述

保护信息主体权益是征信立法的重要内容，查询和使用环节以取得信息主体的授权同意为前提是保障信息主体知情权、同意权的重要措施。

### 学习目标

要求所有征信从业人员掌握了解法律有关取得信息主体授权的规定。

### 知识点正文

**一、《征信业管理条例》有关取得信息主体授权的规定**

《征信业管理条例》第十八条规定："向征信机构查询个人信息的，应当取得信息主体本人的书面同意并约定用途。但是，法律规定可以不经同意查询的除外。征信机构不得违反前款规定提供个人信息。"

《征信业管理条例》第十九条："征信机构或者信息提供者、信息使用者采用格式合同条款取得个人信息主体同意的，应当在合同中作出足以引起信息主体注意的提示，并按照信息主体的要求作出明确说明。"

### 二、为什么要取得信息主体的授权

信息在进入查询和使用环节后，个人信息就进入了传播和使用领域，脱离了征信机构的控制，而信息主体本人对自身信息传播控制的难度就更大。因此，出于对信息主体知情权等征信各项权益的保护，各国在立法上均更重视个人信息的查询和使用环节对信息主体权益的保护。鉴于各国国情和征信体系发展路径的不同，各国在立法上对使用个人信用信息是否需经信息主体同意有不同规定：较为严格的如俄罗斯法律，规定提供信用记录的基本信息都需要得到信息主体的书面授权；相对宽松的如美国、泰国等国法律，只规定查询特定范围或用于特定用途的信息需经信息主体授权，如用于信贷分析、审批、保险、信用卡发放等；有的国家法律还规定，拟对个人采取不利措施而提供信息时也应事先通知个人信息主体；最宽松的如英国法律，只规定查询时告知信息主体即可。

我国目前还处于征信市场发展的起步阶段，各方面监督约束机制还不够完善。为有效防止他人非法获取个人信用信息、侵犯个人合法权益，《征信业管理条例》对个人信息实行了较严格的保护，其中对信息的采集和使用采取了"严进严出"的政策，即根据《征信业管理条例》第十三条、第十八条规定，采集和查询个人信用信息都要经信息主体本人同意。

人民银行根据相关法律法规的要求，先后印发了《中国人民银行关于加强征信合规管理工作的通知》（银发〔2016〕300号）、《中国人民银行办公厅关于加强征信系统查询用户信息管理的通知》（银办发〔2017〕164号）、《中国人民银行关于进一步加强征信信息安全管理的通知》（银发〔2018〕102号）等规范性文件，切实防范个人征信信息泄露。

## 自测习题

**判断题**

1. 根据《征信业管理条例》相关规定，我国对征信机构采集和使用信息采取

"宽进严出"政策。（　　）

2. 查询和使用环节取得信息主体的授权同意是保障信息主体知情权、同意权的重要措施。（　　）

## 知识点二　谁可以查询信息主体的信用信息？

### 引导/概述

信息主体的信用信息属于隐私信息，各国法律普遍重视对信息主体知情权的保障，在法规条款中明确谁可以查询信息主体的信用信息。

### 学习目标

要求所有征信从业人员知悉和了解法律对查询信用信息的限制。

### 知识点正文

#### 一、信息主体

信息主体本人可以查询自己的信用信息，这是信息主体作为信用报告主体的知情权。根据《征信业管理条例》第十七条的规定，个人有权每年两次免费获取本人的信用报告。

#### 二、接入征信系统的放贷机构

接入征信系统的放贷机构包括金融信用信息基础数据库接入机构和其他征信机构的征信数据库接入机构，在业务范围内，可以在获得信息主体本人书面授权的条件下，查询取得信息主体授权的信用信息。《征信业管理条例》第十八条和第二十八条对查询授权进行了明确规定。

#### 三、国家机关

我国法律明确规定公安、司法等国家机关基于案件调查、取证等目的，可以向有关单位和个人查询信息或调查取证。根据我国现行法律规定，部分国家机关在履行职责过程中，有权对有关资料进行查阅。国家机关因为公共利益需要有必要对征信机构所保存的个人信用信息进行查询，甚至有些个人信息主体本身是被侦察或调查的对象，因而不可能经事先同意，否则将难以取证，不利于案件的侦察或调查。《征信业管理条例》在第十八条和第二十八条分别规定国家机关可以依法查询征信机构和金融信用信息基础数据库的信用信息。

## 自测习题

**判断题**

1. 个人每次向征信机构申请查询信用报告均需要支付一定的费用。（　　）
2. 我国所有政府组成部门都是查询征信机构信息的国家机关。（　　）

## 知识点三　如何取得信息主体的授权？

### 引导/概述

我国法律对于如何取得信息主体的授权有明确的规定，通过了解和掌握取得信息主体授权的有效形式，对征信从业人员合规查询和使用信用信息，避免不必要的法律纠纷有重要帮助。

### 学习目标

要求征信机构和信息使用者中高层管理人员、从事征信业务岗位人员掌握我国法律关于取得授权的有关规定以及取得信息主体授权的有效形式。

### 知识点正文

**一、我国法律关于取得授权的有关规定**

我国《征信业管理条例》第十八条和第十九条对如何取得信息主体的授权作了明确的规定：第十八条要求"取得信息主体本人的书面同意并约定用途"，即信息主体的同意应当以书面形式作出；第十九条要求"采用格式合同条款取得个人信息主体同意的，应当在合同中作出足以引起信息主体注意的提示"，即格式合同条款中取得信息主体授权应足以引起信息主体的注意。

**二、取得信息主体授权的形式要求**

1. 取得信息主体本人书面同意授权。根据《征信业管理条例》的规定，信息主体的同意应当以书面形式作出。取得信息主体同意的行为是信息使用者和信息主体双方的合意行为，法律性质上属于合同。根据《中华人民共和国合同法》第十一条规定，书面形式是指合同书、信件和数据电文（包括电报、电传、传真、电子数据交换和电子邮件)等能有形地表现所载内容的形式,即凡是能够有形地表现所载内容的纸质形式和电子形式均具有法律效力。2004年公布的《中华人民共和国电子签名法》确认了在民事活动中的合同或其他文件、单证等文书中使用电子签名的法律效力。该法第三条第二款规定:"当事人约定使用电子签名、数据电文的文书,不得仅因为其采用电子签名、数据电文的形式而否定其法律效力。"

2. 格式合同条款需明示。格式合同条款由于有利于简化缔约手续等优点,在包括征信活动等各项领域中被广泛使用。由于格式合同条款的提供者与个人信息主体的市场地位不平等,征信机构或信息提供者、使用者在征信活动中一般处于优势地位,出于保障个人信息主体合法权益的需要,《征信业管理条例》做出了格式合同条款应"足以引起信息主体注意"的规定。同时,关于"足以引起信息主体注意"的方式,一般是指可以通过常识判断认定的"合理方式",即在书面材料中特别标出、以书面形式特别告示的方式,或者采用引人注目的特殊的文字、字体、符号、颜色、图形、在显著位置标出等方式,从而使信息主体"一眼就能注意到"格式合同条款中的有关内容。

## 自测习题

**一、判断题**

《征信业管理条例》规定,采用格式合同条款取得个人信息主体同意的,应当在合同中作出足以引起信息主体注意的提示。(　　)

**二、多项选择题**

1. 取得信息主体查询和使用授权的形式要求主要有(　　)。

    A. 应取得信息主体本人书面同意授权

    B. 应取得信息主体本人口头和书面同意授权

    C. 格式合同条款需明示

    D. 格式合同条款无须明示

2. 格式合同条款取得信息主体授权同意的,采取的方式有(　　)。

    A. 在书面材料中特别标出

    B. 以书面形式特别告示

    C. 使用引人注目的特殊的文字、字体、符号、颜色、图形标出

    D. 在显著位置标出

## 知识点四 信息主体查询自身信用报告如何授权？

### 引导/概述

随着信用记录在人们工作和生活等领域应用的不断扩展，作为个人的"经济身份证"，保持良好信用记录的价值日益凸显，维护自身信用状况的意识也在持续增强。信息主体可以向所有掌握信用信息的征信机构申请查询自身信息，信息主体查询自身信用报告时也要受到《征信业管理条例》有关查询授权的要求，即征信机构需要取得信息主体的书面同意并约定用途。信息主体每年定期查询征信信息有利于对自身信用状况很好地掌握和了解。知悉征信信息主体查询的渠道和流程，能够帮助信息主体及时了解自身信用情况，对其中可能的错误信息进行及时纠正。

### 学习目标

要求征信机构和信息使用者中高层管理人员、从事征信业务岗位人员知悉和了解信息主体查询自身信用报告授权形式。

### 知识点正文

**一、信息主体查询自身信用报告的渠道**

目前，个人信息主体可以通过查询点、互联网平台和自助查询机三种渠道查询金融信用信息基础数据库中的个人信用报告。其中，自助查询机方式下，将本人身份证放置在查询机的身份证识别区，将脸对准摄像头完成头像核对后即可查询打印个人信用报告。企业信息主体可以通过查询点到现场申请查询企业信用报告，企业法定代表人可以亲自或委托经办人代理查询企业信用报告。

**二、信息主体查询自身信用报告如何授权**

《征信业管理条例》第十七条规定，"信息主体可以向征信机构查询自身信息。个人信息主体有权每年两次免费获取本人的信用报告"。在信息主体向征信机构申请查询自身信用报告时，因征信机构需向数据库查询信息，执行的也是查询和使用信息操作，所以也要受到《征信业管理条例》有关查询授权的要求，即征信机构需要取得信息主体的书面同意并约定用途。

1. 在查询网点采取本人书面授权或公正委托他人授权形式。个人信息主体查询自身信息，需凭本人有效身份证件前往经营个人征信的征信机构办理。有效身份证件包括居民身份证、护照、军官证等。在查询时，要如实填写《个人信用报告本人查询申请表》。

个人信息主体也可以委托他人代为查询自身信息。代理人需凭委托人和代理人的有效身份证件原件、授权委托公证证明供查验，同时填写《个人信用报告本人查询申请表》，并留委托人和代理人的有效身份证件复印件、授权委托公证证明原件备查。

2. 电子授权或验证形式。目前，各征信机构包括金融信用信息基础数据库均已实现互联网查询服务，取得信息主体授权的核心是符合《电子签名法》的电子签名，签约电子合同、电子签名、时间戳标记等电子授权流程信息都将以电子数据文书形式保存，形成完整的电子授权档案。以个人信息主体采取互联网查询方式向金融信用信息基础数据库申请查询自身信用报告为例，需经过一定的验证方式，如银行卡验证、数字证书验证或问题验证方式进行身份识别，在系统确认取得电子授权后予以查询。

## 自测习题

**多项选择题**

1. 个人信息主体查询自身信用报告授权的形式包括（　　）。
   A. 在查询网点采取本人书面授权形式
   B. 在查询网点采取公正委托他人授权形式
   C. 电子授权或验证形式
   D. 征信机构自主授权形式

2. 个人信息主体查询金融信用信息基础数据库个人信用报告的途径有(　　)。
   A. 人民银行柜台　　　　　　B. 个人信用报告自助查询机
   C. 个人信用信息服务平台　　D. 无业务关系的商业银行

## 知识点五　金融信用信息基础数据库接入机构

**引导/概述**

金融信用信息基础数据库接入机构作为信息使用者，数量较为庞大，对金融信用信息基础数据库接入机构情况进行了解掌握，可以较好地理解《征信业管理条例》等法规有关的管理条款。

### 学习目标

要求征信从业人员掌握金融信用信息基础数据库接入机构情况和接入模式内容。

### 知识点正文

#### 一、金融信用信息基础数据库接入机构的主要类型和数量

目前，金融信用信息基础数据库基本覆盖全国信贷市场，已接入机构包括全国性商业银行、城市商业银行、农村商业银行、农村信用社、外资银行、村镇银行、金融资产管理公司、财务公司、信托公司、金融租赁公司、汽车金融公司等银行业金融机构，接入的其他类型机构主要有小额贷款公司、住房公积金管理中心、保险公司、融资性担保公司等。人民银行征信中心正在积极推动融资租赁公司、证券公司、保险公司、保理公司等其他具有融资功能的机构接入征信系统。截至2016年末，企业和个人征信系统接入机构数分别为2 906家和2 998家。为落实国家支持小微型金融机构发展的政策精神，促进小微型金融机构的健康发展，企业和个人征信系统为小微型金融机构，包括村镇银行、小额贷款公司、融资性担保公司、汽车金融公司、消费金融公司等提供系统接入和查询服务，目前企业和个人征信系统分别接入小微型金融机构1 179家和1 236家。

#### 二、接入金融信用信息基础数据库主要模式分类

（一）按照接入方式分类

1. 专线直接接入模式。通过数据专线或虚拟专用网络（VPN）连接人民银行金融专网和金融城域网的方式，直接接入征信系统。

2. 互联网平台接入模式。通过互联网连接"征信系统互联网接入服务平台"方式接入征信系统。

3. 虚拟平台接入模式。通过连接机构所在省（自治区、直辖市）征信分中心组织建立的省级征信平台方式接入征信系统。

（二）按照数据报送方式分类

1. 接口方式。接口方式是指金融机构自行开发数据报送接口程序，从本行业

务系统中抽取数据，生成符合征信系统要求格式的报文。该方式适用于信贷业务数据量较大的机构。

2. 非接口方式。非接口方式是指使用手工录入方式向固定录入软件中录入数据并生成报文。其中，固定录入软件包括征信中心建立的"征信系统互联网接入服务平台"、各地征信分中心建立的虚拟平台，以及其他数据录入工具等。该方式适用于信贷业务数据量较小的金融机构。

## 自测习题

**多项选择题**

1. 对接入金融信用信息基础数据库的模式分类正确的是：（　　）。

A. 按照接入方式分类可分为专线直接接入、互联网平台接入和虚拟平台接入模式

B. 按照接入方式分类可分为专线直接接入和虚拟平台接入模式

C. 按照数据报送方式分类可分为直接接口方式和接口方式

D. 按照数据报送方式分类可分为接口方式和非接口方式

2. 金融信用信息基础数据库接入机构按照数据报送方式可以分为（　　）。

A. 接口方式　　　　　　　　B. 非接口方式
C. 专线接入方式　　　　　　D. 平台接入方式

## 知识点六　金融机构查询金融信用信息基础数据库如何取得授权？

### 引导/概述

信用报告帮助经济活动主体确认其交易对象的信用状况，为其判断风险提供帮助。金融信用信息基础数据库接入机构出于风险管理的需要，查询信用报告已成常态。因此，需要了解接入机构查询信用报告的路径及义务。

### 学习目标

要求金融信用信息基础数据库接入机构征信从业人员了解金融信用信息基础数据库接入机构查询信用报告的路径、查询义务并知悉金融机构查询金融信用信息基础数据库授权流程。

## 知识点正文

### 一、金融信用信息基础数据库接入机构如何查询

目前，金融信用信息基础数据库接入机构包含全国性商业银行、金融租赁公司、地方商业银行、消费金融公司、小额贷款公司、住房公积金中心等机构，需接入的机构可以根据自身情况选择专线直接接入模式、互联网平台接入模式和虚拟平台接入模式接入金融信用信息基础数据库，所形成的查询方式也有所不同。

（一）直接查询

通过数据专线或虚拟专用网络（VPN）连接人民银行金融专网和金融城域网的接入机构，即专线直接接入模式下，接入机构可以直接访问征信系统，实时查询企业和个人信用报告，能够支持页面查询、接口查询。

（二）间接查询

互联网平台接入模式下，接入机构向互联网平台提交查询请求，互联网平台审核通过后非实时获得查询结果。

虚拟平台接入模式下，各地征信分中心处理模式有所不同，考虑机构风险、技术水平等因素，选择是否审核查询请求，不同机构将实时或非实时获得查询结果。

（三）接入机构查询个人信用报告时的义务

接入机构查询个人信用信息的，有以下两方面的要求：

1. 取得信息主体本人的书面同意。个人信息主体对自身信息享有支配权，有权决定其传播、使用的范围和途径。他人查询其信息，应当事先取得信息主体的同意，以充分保障信息主体的权益。

2. 与信息主体约定用途。查询信息的目的是有效地使用信息，发挥信用信息的价值。信息主体只有能够支配自身信用信息的用途，才有可能控制其传播范围和方向，防止其被用于非法目的或者信息主体不希望被使用的其他目的。信息的用途应作为信息主体与信息使用者所签订合同即书面授权书的重要条款，在合同即书面授权书中予以列举。

### 二、金融机构查询金融信用信息基础数据库如何取得授权

根据《征信业管理条例》关于查询个人信息应当取得信息主体本人的书面同意并约定用途的规定，金融机构从业人员在办理授信相关的业务时，需要取得信息主体本人的书面授权。书面授权一般坚持"三亲见"原则，即亲见本人、亲见

签名、亲见申请资料原件并鉴别真伪。书面授权一般有客户当面签署、签署后委托送达、电子授权等。口头授权为无效授权。2004 年公布的《中华人民共和国电子签名法》确认了在民事活动中的合同或其他文件、单证等文书中使用电子签名的法律效力。

## 自测习题

### 一、判断题

1. 金融信用信息基础数据库接入机构查询信用报告的模式分为直接查询和间接查询两种。（    ）

2. 通过互联网连接"征信系统互联网接入服务平台"的接入机构，向互联网平台提交查询请求，可实时获得查询结果。（    ）

3. 金融信用信息基础数据库接入机构查询个人信用信息无须取得信息主体书面同意。（    ）

### 二、多项选择题

1. 金融信用信息基础数据库接入机构查询个人信用报告的要求有：（    ）。

   A. 取得信息主体本人的书面同意

   B. 取得信息主体本人的口头同意

   C. 与信息主体约定查询原因

   D. 与信息主体约定用途

2. 金融信用信息基础数据库接入机构查询的方式主要有：（    ）。

   A. 专线直接接入模式下，接入机构可以直接访问征信系统查询

   B. 专线直接接入模式下，支持页面查询和接口查询

   C. 互联网平台接入模式下，审核通过后非实时获得查询结果

   D. 虚拟平台接入模式下，根据情况选择是否审核查询请求，不同机构将实时或非实时获得查询结果

## 知识点七　小额贷款公司、融资性担保公司查询金融信用信息基础数据库如何取得授权？

### 引导/概述

小额贷款公司、融资性担保公司可以选择通过人民银行征信中心的互联网接

入平台、单家机构自行通过当地的金融城域网、参加当地小微型机构接入征信系统省级平台三种方式接入金融信用信息基础数据库。根据接入方式和网络选择的不同，取得授权的方式也不同。

## 学习目标

要求小额贷款公司、融资性担保公司征信从业人员知悉查询金融信用信息基础数据库授权流程。

## 知识点正文

目前，小额贷款公司、融资性担保公司可以选择通过人民银行征信中心的互联网接入平台、单家机构自行通过当地的金融城域网、参加当地小微型机构接入征信系统省级平台三种方式接入金融信用信息基础数据库。根据接入方式和网络选择的不同，取得授权的方式也不同。

1. 采取直接接入方式的。采用专线直接接入模式接入的小额贷款公司、融资性担保公司，可以直接访问征信系统，实时查询企业和个人信用报告，且能够支持页面查询和接口查询。在取得授权方面，应取得客户的书面同意查询授权书后操作。

2. 采取间接接入方式的。采用互联网平台接入模式和虚拟平台接入模式接入的小额贷款公司和融资性担保公司可以在服务平台登录提交查询请求。在取得授权方面，一般应由小额贷款公司、融资性担保公司通过图像采集设备拍下客户本人手持身份证原件的照片，同时上传客户本人手写版签字并按手印确认的《个人信用报告查询申请表》扫描件等相关资料，待平台审核通过后获得查询结果。

## 自测习题

**判断题**

1. 小额贷款公司、融资性担保公司采取直接接入方式接入金融信用信息基础数据库的，出于对两类机构的扶持，可以不经授权查询个人信息。（　　）

2. 小额贷款公司、融资性担保公司可以选择通过人民银行征信中心的互联网接入平台、单家机构自行通过当地的金融城域网、参加当地小微型机构接入征信系统省级平台三种方式接入金融信用信息基础数据库。（　　）

## 知识点八 征信机构从业人员查询信息主体在本机构的信用信息如何取得授权？

### 引导/概述

征信机构应当建立相关制度，采取措施保障信息安全，特别是应当加强对从业人员查询信息的管理，采取在最低限度内向必要人员赋予查询权限、系统自动如实加载查询人员信息等措施，有效防范信息泄露。

### 学习目标

要求征信机构从业人员理解掌握查询信息主体在本机构的信用信息时取得授权的方式。

### 知识点正文

**一、法律关于征信机构从业人员内部安全控制的要求**

《征信业管理条例》第二十二条规定："征信机构应当按照国务院征信业监督管理部门的规定，建立健全和严格执行保障信息安全的规章制度，并采取有效技术措施保障信息安全。"

经营个人征信业务的征信机构应当对其工作人员查询个人信息的权限和程序作出明确规定，对工作人员查询个人信息的情况进行登记，如实记载查询工作人员的姓名，查询的时间、内容及用途。工作人员不得违反规定的权限和程序查询信息，不得泄露工作中获取的信息。

**二、征信机构从业人员查询信息主体在本机构的信用信息取得授权的必要性**

经营个人征信业务的征信机构内部工作人员，由于征信业务工作的需要，在进行信息采集、整理、保存、加工以及对外查询提供过程中，经常会接触到大量个人的信息，如不加强管理，容易产生内部工作人员将掌握或者接触的信息泄露的风险。对征信从业人员，既要从思想认识上加以教育，对其经常进行安全意识、保密意识和合规操作等方面的教育，使其自觉遵守法律法规和内部规章制度，又要从制度上对其查询个人信用信息的权限和程序作出规定。

**三、征信机构从业人员查询信息主体在本机构的信用信息如何取得授权**

实践中，经营个人征信业务的征信机构首先会采取在最低限度内向必要人员赋予查询权限的原则，对不同级别的工作人员，赋予不同的查询权限，与信息系统处理无关的工作人员，不得设置查询权限查询个人信息，以此确保内部人员接触信息主体信息的涉及面最小化。

其次，征信机构从业人员在查询个人信息时要履行必要的审批程序，如在向信息主体提供信用信息环节应得到信息主体的书面同意，保留书面同意资料备查。同时，对查询人员的信息需要进行登记，如实记载查询工作人员的姓名，查询的时间、内容及用途，并在系统中保留查询日志，定期进行检查，以加强对内部工作人员的管理，确保查询个人信息限制在合理的业务需要范围内，防范信息泄露的风险。

## 自测习题

**多项选择题**

征信机构从业人员在查询个人信息主体信息方面应如何加强管理？（　　）

A. 采取在最低限度内向必要人员赋予查询权限的原则

B. 履行必要的审批程序

C. 设立系统查询日志如实记载查询工作人员信息

D. 定期进行查询情况安全检查

## 知识点九　国家机关如何查询？

### 引导/概述

明确国家机关的查询手续和流程，是规范征信机构管理、有效配合国家机关实施行政管理等相关法定职责的重要措施。

### 学习目标

要求征信从业人员掌握国家机关查询的手续和流程。

### 知识点正文

为了约束实施侦察、调查的有关机关，防止其滥用权力，法律上也规定了调查取证的严格程序，如需出示证件表明身份，有合法的文书等，以免公权力越权干预私人领域，侵犯公民的合法权利。这些程序同样适用于国家机关向征信机构查询个人信息的过程。人民银行征信管理局和人民银行征信中心在 2013 年联合下发了《关于规范金融信用信息基础数据库向国家机关提供查询服务的通知》(银征信函〔2013〕372 号),规定了国家机关查询的具体手续和流程。

### 一、国家机关依法申请查询时需提供的材料

1. 明确的法律法规等书面查询依据,其中,申请查询个人信息应提供明确的法律依据,申请查询企业信息应提供明确的书面法律或行政法规依据。

2. 加盖有本单位公章的协查函,内容应当包含:查询单位名称,申请查询时间,查询目的或用途,信息主体的名称或姓名、机构信用代码或身份证件号码等有效识别信息主体身份的证件号码。

3. 单位介绍信和经办人员的身份证原件及复印件,其中,司法机关进行异地查询的,还应持有查询服务机构所在地同级司法机关开具的介绍信。

### 二、国家机关依法申请查询的流程

1. 两名工作人员携带所要求材料前往查询网点提出申请。

2. 完整填写《金融信用信息基础数据库查询申请登记表》。

3. 完整填写《国家机关查询金融信用信息基础数据库信息保密承诺书》。

4. 查询网点工作人员在现场审核,材料完整后进行现场查询,查询结果原则上应当场提供,如有特殊情况,则通过协商在三个工作日内进行查询并将查询结果交付申请机关。对于不符合法律法规要求或提交材料不齐备的,查询机构不得受理查询申请,并应当告知相应的原因。

## 自测习题

### 一、判断题

1. 司法机关在侦查和审理刑事案件时为取证需要查阅信用报告的,需要信息主体同意。(  )

2. 行政法规、地方性法规、部门和地方政府规章可以规定不经同意查询信用报告的情形。(  )

3. 根据现行法律规定,部分国家机关在履行职责过程中,有权查询信用报告。(  )

### 二、多项选择题

1. 以下哪些是可不经信息主体同意查询信用报告的国家机关?(  )

A. 公安机关　　B. 银监会　　C. 证监会　　D. 保监会

2. 国家机关依法申请查询时需提供的材料有哪些？（　　）

A. 明确的法律法规等书面查询依据

B. 加盖有本单位公章的协查函

C. 单位介绍信和经办人员的身份证原件及复印件

D. 完整的申请表和保密承诺书

## 知识点十　授权类别

### 引导/概述

随着互联网技术的发展，授权的类别已不再局限于纸质形式，表达同意形态的方式也进一步充实。

### 学习目标

要求征信从业人员掌握了解授权的类别。

### 知识点正文

#### 一、在查询网点当面签署授权

信息主体本人携带有效身份证件前往经营个人征信的征信机构网点当面签署授权。有效身份证件包括居民身份证、护照、军官证等。在查询时，要如实填写《个人信用报告本人查询申请表》。

#### 二、公正委托他人授权

个人信息主体也可以委托他人代为查询自身信息。代理人需凭委托人和代理人的有效身份证件原件、授权委托公证证明供查验，同时填写《个人信用报告本人查询申请表》，并留委托人和代理人的有效身份证件复印件、授权委托公证证明原件备查。

#### 三、电子授权或验证

取得信息主体授权的核心是电子签名及其他新型身份识别技术，签约电子合同、电子签名、时间戳标记等电子授权流程信息都将以电子数据文书形式保存，形成完整的电子授权档案。

## 自测习题

**一、判断题**

个人信息主体也可以委托他人代为授权查询自身信息，且不需要提供公正证明。（　　）

**二、多项选择题**

信息查询和使用授权的类别主要有（　　）。

A. 在查询网点当面签署授权　　B. 公正委托他人授权

C. 电子授权或验证　　D. 电话授权

# 知识点十一　授权要素

## 引导/概述

授权要素是授权书内容的主要组成部分。授权要素表述得准确和齐全对于避免不必要的法律纠纷具有积极的作用。

## 学习目标

要求征信从业人员了解授权应当包含的要素。

## 知识点正文

《征信业管理条例》规定了查询个人信息应"取得信息主体的书面同意并约定用途"。为保证授权的合法有效性，无论是采用书面授权，还是采用网络电子签名，征信机构、金融信用信息基础数据库接入机构的授权要素都应确保取得书面同意并明确约定用途，以及具备民事授权的基本要素。

**一、金融信用信息基础数据库接入机构查询授权必备要素**

1. 被授权人，即授权查询对象。

2. 授权事项及具体用途，即被授权人在何种情形下可查询及使用授权人及与授权人承担共同或连带责任的第三方（如配偶、担保人、承担无限责任的企业、股东、业主等）的信用报告，查询及使用用途应当明确、具体，特别是涉及提供给第三方使用的应当明确列出，用途不得过于宽泛、模糊。

3. 授权期限，即被授权人可查询和使用信用报告的期间，一般不应超过该笔业务结束之日。

4. 责任约定，即被授权人超出授权查询的一切后果及法律责任由被授权人承担。

5. 授权人知悉并理解授权条款的声明。

6. 授权人个人签名及身份证号，与授权人承担共同或连带责任的第三方签名、签章；授权人若为法人，则为法人公章及法定代表人签字，与授权人承担共同或连带责任的第三方签名、签章。

7. 授权作出日期。

## 二、授权要素中为什么要约定用途

在现代市场经济中，信用信息具有一定的经济价值，使用信用信息往往能产生收益。在存在经济利益驱动的情况下，信息使用者就有可能将其获得的信息用于多种用途。约定用途的目的是使信息主体本人清楚了解和支配信息的用途，使个人信息主体对信息的传播和享用具有最终支配权，以此保护自身信用权益。约定用途也是防止信息使用者随意使用的有效举措。在特殊情况下，信息主体还需先了解信息使用者查询信息的用途，才能判断是否同意其查询。所以，《征信业管理条例》第十八条规定取得本人书面同意的同时还要约定用途。

## 三、如何约定用途

征信监管中对约定用途进行严格管理，有利于防止信息主体权益受侵害的情形发生，也能够有效避免信息使用者和信息主体产生不必要的法律纠纷。

信息的用途应作为信息主体与信息使用者所签订合同即书面授权书的重要条款，在合同即书面授权书中予以列举。信息主体可在列举事项中进行选择并打勾或作明显标记确认用途。

授权的用途列举应当明确、具体，过于宽泛、模糊，将不利于对个人信息主体权益的有效保护，例如不宜使用"等其他相关业务""等其他未列明事项""等依法开展的业务"等字眼。同时，双方可以在书面授权书中约定相应的违约责任。

## 四、金融机构制式授权书中有关约定用途的示例

1. 个人信用报告查询授权书关于约定用途的一般描述示例如下：

"本人同意并不可撤销地授权：你行根据国家有关规定，在办理涉及本人的业务时，有权向金融信用信息基础数据库查询、打印、保存本人的信用信息，并

用于下述用途：

（1）审核本人（本人配偶、共同借款人、共同借款人配偶）贷款、信用卡申请及分期付款的办理；

（2）审核本人作为提出贷款申请或特约商户申请的个人、组织或机构的负责人、法定代表人、出资人、担保人、企业经营者、实际控制人或管理团队主要成员的信用信息；

（3）对已向本人或本人担任法人、出资人、担保人、企业经营者、实际控制人或管理团队主要成员的个人、机构或组织发放的授信进行授后风险管理；

（4）审核本人个人征信异议申请；

（5）向本人提供的其他贵行合法经营范围内的业务。"

2. 对企业信用信息的使用相关约定示例如下：

"由于_____（名称）向中国××银行申请_____业务，根据《征信业管理条例》等法律法规、监管规定，我方_____（名称）_____□中征码/□机构信用代码：_____同意并不可撤销地授权中国××银行在下列情形时，通过金融信用信息基础数据库查询我方的信用报告，供中国××银行使用：

（1）审核我方的授信申请；

（2）审核我方提供担保的申请；

（3）对我方存量授信或我方提供的担保进行授后管理；

（4）受理法人或其他组织的授信或提供担保申请，需要查询我方作为出资人或实际控制人的信用状况的；

（5）审核我方信用评级；

（6）审核我方委托贷款申请并履行委托贷款项下贷款行职责；

（7）其他_____。

我方同时授权中国××银行向金融信用信息基础数据库报送我方信用信息。"

## 自测习题

**一、判断题**

1. 授权书中约定用途的目的是使信息主体本人清楚了解和支配信息的用途。（　　）

2. 授权书中授权的用途列举应当可以相对宽泛、模糊。（　　）

## 二、多项选择题

授权要素主要包括（　　）。

A. 被授权人、授权事项及具体用途
B. 授权期限、责任约定
C. 授权人知悉并理解授权条款声明
D. 授权人签名、身份证号及签署授权日期

# 知识点十二　按约定用途使用信用报告

## 引导/概述

各国立法都高度重视从信息用途方面来保护个人信息权益，以此确保信息主体对信息的传播和使用享有最终支配权。

## 学习目标

《征信业管理条例》对企业征信业务的规定不同于个人征信业务，采集和使用企业信息不要求取得信息主体同意，不要求约定用途。但对个人征信业务实行严格管理，突出个人信息主体权益保护的原则。本节要求征信从业人员了解使用个人信用信息的有关要求。

## 知识点正文

### 一、我国法律关于按约定用途使用个人信息有关规定

《征信业管理条例》第二十条规定："信息使用者应当按照与个人信息主体约定的用途使用个人信息，不得用作约定以外的用途，不得未经个人信息主体同意向第三方提供。"

同时，《征信业管理条例》在第四十二条规定了罚则："信息使用者违反本条例规定，未按照与个人信息主体约定的用途使用个人信息或者未经个人信息主体同意向第三方提供个人信息，情节严重或者造成严重后果的，由国务院征信业监督管理部门或者其派出机构对单位处2万元以上20万元以下的罚款；对个人处1万元以上5万元以下的罚款；有违法所得的，没收违法所得。给信息主体造成损失的，依法承担民事责任；构成犯罪的，依法追究刑事责任。"

## 二、按约定用途使用的具体要求

1. 不得用作约定以外的用途。信息主体允许他人向征信机构查询其信用信息，能为个人参与社会经济活动提供便利，但信用信息涉及个人诸多的隐私信息，具有一定的经济价值，在经济利益驱动下，信息使用者将其获得的信息用于多种用途，不仅可能侵犯个人信息主体的合法权益，还将扰乱征信业的管理秩序和社会信用环境，具有多方危害性。所以，必须要求不得用作约定以外的用途，确保信息主体能够支配自身信用信息的用途，有效控制传播范围和方向。

2. 不得未经个人信息主体同意向第三方提供。个人信息主体以书面形式同意信息使用者查询和使用其信息，该书面形式的实质是个人信息主体和特定信息使用者之间签订的合同，该合同只对签约双方具有约束力，而不涉及对第三方的效力。所以，根据《中华人民共和国合同法》有关要求，合同应明确授权特定的信息使用者为特定用途使用信息，信息使用者无权将信息使用权再转授给第三方，除非合同中另有约定，否则就超越了合同赋予的权限。通过禁止信息使用者擅自扩大个人信用信息的用途和使用主体，可以充分保证个人信息主体对其信用信息的支配权。应当注意的是，即使信息主体书面同意信息使用者将信息使用权转授给特定第三方，该第三方也不得超出授权范围提供给未经信息主体同意的其他人。

## 自测习题

### 一、判断题

1. 信息主体书面同意信息使用者转授给特定第三方使用其个人信息，第三方可以超出授权范围提供给未经信息主体同意的其他人。（　　）

2. 信息使用者应当按照与个人信息主体约定的用途使用个人信息，不得用作约定以外的用途。（　　）

3. 信息使用者可以将查询的个人信息向第三方提供。（　　）

4. 银行与个人约定用于贷款审查的信息，银行可以用于基金、保险的销售或理财产品的推荐等。（　　）

### 二、多项选择题

《征信业管理条例》中关于"按约定用途使用个人信息"的具体要求是（　　）。

A. 不得用作约定以外的用途

B. 可以用作征信机构认可的用途
C. 不得未经个人信息主体同意向第三方提供
D. 不得向第三方提供

## 知识点十三　无业务关系的信息使用者不能查询个人的信用信息

### 引导/概述

无业务关系的信息使用者查询个人的信用信息不利于内部查询风险控制，也容易引发误解和纠纷。所以，征信监管部门一般要求无业务关系的信息使用者不能查询个人的信用信息。

### 学习目标

要求征信从业人员理解无业务关系的信息使用者不能查询个人的信用信息要求。

### 知识点正文

#### 一、不利于内部查询风险控制

无业务关系的信息使用者不能查询个人的信用信息是针对信息使用者的具体要求，是指若信息使用者未与个人信息主体发生业务关系，则不应查询其个人的信用信息，即使是本人前来申请查询。因为对信息使用者渠道发生的大量个人信息泄露事件进行分析发现，无业务关系却被信息使用者查询的情形时有发生。所以在金融信用信息基础数据库的信息安全监测中，都会将无业务关系查询情况作为查询风险点之一要求信息使用者进行核查。在实践中，由于个人授权书只需在格式条款中进行签名，而个人签名容易伪造，因此人民银行在征信检查过程中辨别签名真伪的难度较大，除非有信息主体发现并投诉，否则很难发现未授权查询的违法情况。

#### 二、取得授权的条款不规范，查询原因容易引起误解和纠纷

一般来说，信息使用者使用的授权书条款是针对本机构业务设计的，在授权书中列出具体用途也是针对信息使用者的业务范围，若为无业务关系的个人查询信用信息，一方面，取得授权的条款不规范，授权查询的真实使用者不一致，查

询的具体用途也无从选择；另一方面，由于信息使用者查询后在信用报告的查询记录中显示的是该信息使用者的查询原因和查询记录，难免出现信息主体遗忘，认为未授权该信息使用者查询，从而引起误解和不必要的纠纷。

## 自测习题

**判断题**

若信息主体本人前来申请，无业务关系的信息使用者也可以查询其个人的信用信息。（　　）

# 第十二章 异议和投诉处理

**本章使用说明**：本章适用于人民银行、征信机构、信息提供者、信息使用者等单位从事异议、投诉工作的人员。

### 本章介绍

异议和投诉是信息主体维护自身权益的重要救济手段。为妥善处理征信异议和投诉，有效防范征信维权中的风险，强化信息主体权益保护，本章将介绍异议和投诉的概念、受理、取证与核查、结果反馈、档案保管，为相关征信从业人员提供参考。

## 知识点一　如何理解征信异议？

### 引导/概述

随着我国征信业的快速发展，信用记录对个人和企业经济行为的影响日益加深，征信信息出现错误或遗漏，不仅会影响信息主体的正常经济活动和声誉，还会引发信息主体对征信信息提供者以及征信机构的法律诉讼，甚至会降低整个征信体系的公信力。征信从业人员应深刻理解征信异议的重要性，了解征信异议的基本概念、分类、产生的原因。

### 学习目标

要求征信机构、信息提供者的征信从业人员对征信异议的概念、类别、产生原因、必要性有基本的了解。

## 知识点正文

**一、征信异议的概念**

信息主体认为征信机构采集、保存、提供的信息存在错误、遗漏，而对自己的信用记录中反映的信息持否定或者不同意见，并提出要求进行更正，即征信异议。

**二、征信异议的相关主体及其义务**

征信异议主要涉及三方当事人，即异议主体、异议对象（异议信息发生机构）和受理主体，多数情况下，异议对象及受理主体是同一机构。

人民银行征信中心于 2013 年出台《金融信用信息基础数据库企业征信异议处理规程》及《金融信用信息基础数据库个人征信异议处理规程》（银征信中心〔2013〕97 号，以下简称《规程》），明确征信中心、信息提供者处理征信异议中的责任和义务；征信机构应当与信息提供者依法约定各自在信息更正、异议处理等方面的权利、义务和责任。

**三、常见异议类别**

常见的征信异议包括以下几类：（1）基本信息类异议（婚姻状态、性别、居住信息、职业信息等）；（2）信用卡类异议（信用卡盗用、否认信用卡逾期、否认信用卡状态）；（3）贷款类异议（否认逾期、否认未结清状态、否认贷款种类）；（4）公共信息类异议（否认电信欠费、否认强制执行记录、否认公积金缴存信息）；（5）查询记录类异议（否认查询记录为本人授权进行）。

**四、征信异议产生的原因**

信息主体认为信息存在错误、遗漏，从而提出异议的原因主要有：（1）信息主体的基本信息实际发生变化，但信息主体没有及时将变化后的信息提供给信息提供者；（2）信息提供者的信息录入错误或更新不及时；（3）由于征信机构或信息提供者的技术原因造成数据处理出错；（4）他人盗用或冒用个人身份信息获取贷款、信用卡等，由此产生的信息不为信息主体所知；（5）个人曾经与信息提供者有过交易自己却忘记，因而误认为信息有误。

**五、征信异议的必要性**

1. 征信异议是《征信业管理条例》赋予信息主体的权利。《征信业管理条例》赋予信息主体异议的权利，是维护信息主体合法权益的体现。信息主体通过依法行使异议权，使征信机构或信息提供者及时更正错误、遗漏的信息，避免信息使用者作出对其不利的决定，从而维护自身的合法利益。

2. 征信异议有助于提高征信服务质量。信息主体的异议申请，有利于帮助征信机构及早发现数据质量问题并进行改善，从而进一步提高征信服务质量。

**重要概念**

信息主体认为征信机构采集、保存、提供的信息存在错误、遗漏，而对自己的信息记录中反映的信息持否定或者不同意见，并提出要求进行更正，即征信异议。

**自测习题**

一、填空题

信息主体认为征信机构采集、保存、提供的信息存在____、____，而对_____持否定或者不同意见，并提出要求进行更正，即征信异议。

二、多项选择题

1. 信息主体认为征信机构采集、保存、提供的信息存在错误、遗漏的，有权向（　　）提出异议，要求更正。

　　A. 征信机构　　　　　　　　B. 信息提供者
　　C. 任何一家商业银行　　　　D. 以上都不是

2. 以下哪项属于征信异议产生的原因？（　　）

　　A. 信息主体的基本信息实际发生变化，但信息主体没有及时将变化后的信息提供给商业银行等信息提供者
　　B. 信息提供者的信息录入错误或更新不及时
　　C. 由于征信机构或信息提供者的技术原因造成数据处理出错
　　D. 他人盗用或冒用个人身份信息获取贷款、信用卡等，由此产生的信息不为信息主体所知

## 知识点二　异议申请的受理

**引导/概述**

妥善受理异议申请，是做好异议处理的重要前提。征信机构、信息提供者的

征信从业人员应掌握信息主体在提出征信异议申请时应出具哪些资料，以及如何进行审核。

## 学习目标

要求征信机构、信息提供者的征信从业人员熟练掌握在受理信息主体异议申请时所需审核的材料。

## 知识点正文

### 一、异议申请的受理主体

《征信业管理条例》规定，信息主体可以向征信机构或者信息提供者提出异议申请。

1. 征信机构。征信机构作为信息的采集、整理、加工、保存、对外提供机构，有保护信息主体权益的责任和义务。信息主体发现信息存在异议时，无论是否知晓异议信息来源，都可以直接向征信机构提出书面的异议申请。对于信息主体提出的异议，征信机构应及时开展核查。信息主体对于异议处理流程存在疑问的，可以向征信机构咨询。

2. 信息提供者。《征信业管理条例》规定，信息提供者也有接收异议申请、对异议信息进行调查的责任。当信息主体发现信息存在异议，且可以确定异议信息的提供者时，也可直接向该信息提供者提出异议申请。信息提供者接收异议申请后，直接从信息采集源头开始核查，这是另一种有效的异议信息核查方式，便于信息主体提起异议，及时有效地解决异议。

### 二、征信机构受理异议申请

1. 人民银行征信中心。人民银行征信中心及其分中心应对接收的异议申请相关材料进行齐备性审查。具体要求如表12-1所示。

表12-1　　　　　　　个人异议申请及企业异议申请需审查的材料

| 个人异议申请 ||
| --- | --- |
| 本人提出 | 委托他人代理提出 |
| 1. 本人有效身份证件原件供查验 | 1. 委托人和代理人有效身份证件原件供查验 |
| 2. 填写《个人信用报告异议申请表》 | 2. 授权委托公证证明原件 |
| 3. 留有效身份证件复印件备查 | 3. 填写《个人信用报告异议申请表》 |
|  | 4. 留委托人、代理人有效身份证件复印件及授权委托公证证明原件备查 |

续表

| 个人异议申请 | |
|---|---|
| 本人提出 | 委托他人代理提出 |
| 企业异议申请 | |
| 法定代表人提出 | 委托经办人提出 |
| 1. 本人有效身份证件原件 | 1. 经办人有效身份证件原件 |
| 2. 企业统一社会信用代码证、机构信用代码证原件供查验 | 2. 企业统一社会信用代码证、机构信用代码证原件供查验 |
| 3. 填写《企业信用报告异议申请表》 | 3.《企业法定代表人授权委托证明书》原件 |
| 4. 留有效身份证件复印件、企业统一社会信用代码证等其他证件复印件备查 | 4. 填写《企业信用报告异议申请表》 |
|  | 5. 留有效身份证件复印件、企业统一社会信用代码证等其他证件复印件和《企业法定代表人授权委托证明书》原件备查 |

如申请人无法提供有效身份证件或相关申请材料不全的，人民银行征信中心及其分中心不予接收，并当场告知不予接收的原因。

2. 其他征信机构。其他征信机构应参考人民银行征信中心的做法，明确信息主体提出异议申请的流程，便于信息主体在认为征信机构采集、保存、提供的与自身有关的信息有错误时，通过书面、互联网等方式向征信机构提出异议申请。

征信机构工作人员受理异议申请后，应当向申请人说明异议处理的程序、时限及对处理结果有争议时可以采取的救济手段。

### 三、信息提供者受理异议申请

信用报告的信息主要由信息主体的基本信息、金融负债信息、非金融负债信息、公共信息、查询信息构成，主要由放贷机构、公用事业单位、法院和政府部门提供。信息提供者也有接收异议申请，对异议信息进行调查的责任。

1. 放贷机构。常见的放贷机构有银行、信用社、小额贷款公司、汽车金融公司、消费金融公司等。放贷机构应制定异议受理流程，对异议申请相关材料进行齐备性审查后受理，并告知其程序、时限和相关救济手段。

信息提供者的各级机构异议受理点在收到企业或个人的异议申请或征信机构转来的个人异议通知后，必须安排受理人员做好异议受理工作，准确记录异议的信息。信息提供者的各级机构异议受理点应均可以受理企业或个人直接提出的异议申请，相关工作人员不得以任何理由拒绝、搪塞前来询问的客户。

在收到企业或个人的异议申请或人民银行征信中心转来的异议通知时，异议受理点工作人员应及时利用纸质表格或系统准确记录异议信息和相关联系信息等。

2. 其他信息提供者。主要包括社保公积金信息、法院信息、欠税信息、行政执法信息等公共信息和电信缴费等非金融负债信息。信息主体认为来自提供者的信息有误，如果是自然人的，由本人向信息提供者提出并陈述要求；如果是法人或者其他组织的，应当由法定代表人（主要负责人）或委托代理人（经办人）向信息提供者提出并陈述要求。

### 四、异议受理时间

异议受理时间从征信机构、信息提供者收到企业或个人异议申请之日起计算；信息提供者接到征信机构转交的异议通知，也应从征信机构实际受理的时间起算。

## 重要概念

《征信业管理条例》规定，信息主体可以向征信机构或者信息提供者提出异议申请。

## 自测习题

### 一、填空题

1. 法定代表人向征信机构异议受理点提交企业异议申请的，应提供_____、企业其他证件_____供查验。

2. 征信机构各异议受理点应对接收的异议申请相关材料进行_____审查。

### 二、多项选择题

1. 以下哪些机构可能作为受理异议申请的机构？（　　）

　A. 银行　　　　　　　　B. 公用事业单位

　C. 法院　　　　　　　　D. 消费金融公司

2. 信息主体有权向（　　）提出异议，要求更正征信信息。

　A. 征信机构　　　　　　B. 信息主体

　C. 信息提供者　　　　　D. 信息使用者

3. 在受理个人征信异议的时候，征信机构需要对其有效身份进行查验，其中有效身份证件包括：（　　）。

　A. 军官证　　　B. 护照　　　C. 身份证　　　D. 外国人居留证

## 知识点三　异议标注

### 引导/概述

异议标注是针对信息主体有异议的信息所作出的标注，提示信息使用者被标注的信息存在异议，且正在调查过程中。

征信机构、信息提供者的征信从业人员在受理异议后，首先要按规定对异议信息作出异议标注。

### 学习目标

要求人民银行征信中心、征信机构、信息提供者的征信从业人员知晓异议标注的概念及操作。

### 知识点正文

**一、异议标注的概念**

异议标注是针对信息主体有异议的信息所作出的标注，提示信息使用者被标注的信息存在异议，且正在调查过程中。

**二、异议标注的作用**

对异议信息进行标注，可以让信息使用者充分考虑到信息存在错误或遗漏的可能，以便对信息主体进行更为全面的了解，主要出现于以下两种情况：

一是信息主体的异议还处于处理过程中，还没有最终的结果，但是出于保障信息主体权益角度考虑，对异议申请人的异议信息进行特殊标注。

二是当征信机构或信息提供者核查确认异议申请人的异议信息确实有误，但出于技术等各种原因暂时无法更正时，征信机构或信息提供者对异议信息添加特殊标注，说明异议事项的核查实情及暂时不能更正的原因。

**三、异议信息的标注**

征信机构、信息提供者接收到异议申请后，于接收当日通过异议处理子系统登记异议内容，确认异议信息。异议信息确实存在的，应立即启动核查程序，并在信用报告中对异议信息添加标注。

**四、异议标注的取消**

经征信机构、信息提供者核查，异议信息得到更正的，以及确认信息不存在错误、遗漏的，应取消异议标注。

**重要概念**

异议标注是针对信息主体有异议的信息所作出的标注，提示信息使用者被标注的信息存在异议，且正在调查过程中。

**自测习题**

一、填空题

1. 当征信机构以及信息提供者通过核查确认异议信息不存在错误、遗漏的，征信机构以及信息提供者应_____。

2. 信息主体的异议还处于处理过程中，还没有最终的结果，但是出于保障信息主体权益角度考虑，对异议申请人的异议信息进行_____。

二、判断题

征信机构、信息提供者核查后，即使异议信息得到更正，仍应保留异议标注。（　　）

三、多项选择题

1. 以下哪种情况需要进行异议标注？（　　）

A. 征信机构接收异议申请并确认异议信息后

B. 由于某些原因，异议暂时无法进行更正时

C. 信息主体提出异议标注后

D. 以上都不需要

2. 异议主要包括以下哪些内容？（　　）

A. 异议核查的实情

B. 异议无法更正的原因

C. 提出异议的信息主体的信息

D. 以上都是

# 知识点四　异议核查

**引导/概述**

在接到异议申请并进行标注后，应进行内部核查。内部核查可分为两类流

程：征信机构发起的异议核查和信息提供者发起的异议核查。征信机构、信息提供者的征信从业人员应详细知晓这两类核查流程，以便于告知异议申请人核查流程以及开展日常异议核查工作。

**学习目标**

要求征信机构、信息提供者的征信从业人员详细知晓异议核查的两类流程。

**知识点正文**

根据信息主体所提出的征信异议受理方不同，征信核查主要分为两类流程。

### 一、征信机构对异议的核查

征信机构应当在接到异议申请的 2 个工作日内进行内部核查，当发现异议信息是在自身信用数据库信息处理过程中造成的或在其他内部处理过程中造成的，应当立即进行更正，并检查、解决数据库处理程序和操作规程以及内部处理信息所存在的问题。征信机构核查未发现问题的，应向报送异议信息的信息提供者发送核查通知，启动信息提供者核查。

征信机构应分别在企业异议登记确认后的 6 日内、接收个人或代理人异议申请 4 日内完成内部核查。如征信机构内部核查未发现信用数据库处理过程或其他内部处理过程存在问题，应立即通过系统、邮件或书面通知等方式向相关信息提供者进行核查。

### 二、信息提供者对企业或个人征信异议的核查

征信信息提供者在受理信息主体的异议申请或接收到征信机构的异议信息核查通知后，应立即启动核查程序。通过调阅比对原始材料、第三方共同协查、司法机关介入调查等方式。经信息提供者核查后确认异议信息存在错误、遗漏的，应在回复核查结果的同时向征信机构报送更正信息。经信息提供者核查后确认异议信息不存在错误、遗漏的，应明确回复核查结果。经信息提供者核查后不能确认核查结果的，应如实回复核查情况。信息提供者应确保核查回复内容清楚、明确。征信机构接到信息提供者核查回复结果后应予以核实，对符合回复要求的，予以接受，对不符合回复要求的，不予接受，且视同信息提供者未作回复。信息提供者应对不符合回复要求的异议信息重新核查和回复。

信息提供者在接到征信机构的异议信息核查通知起 10 日内完成对企业异议信息的核查和回复，12 日内完成对个人异议信息的核查和回复。

信息提供者受理涉及自身的异议申请后，认为需要征信机构核查的，应及时告知征信机构。

以人民银行征信中心异议核查为例，流程如图12-1所示：

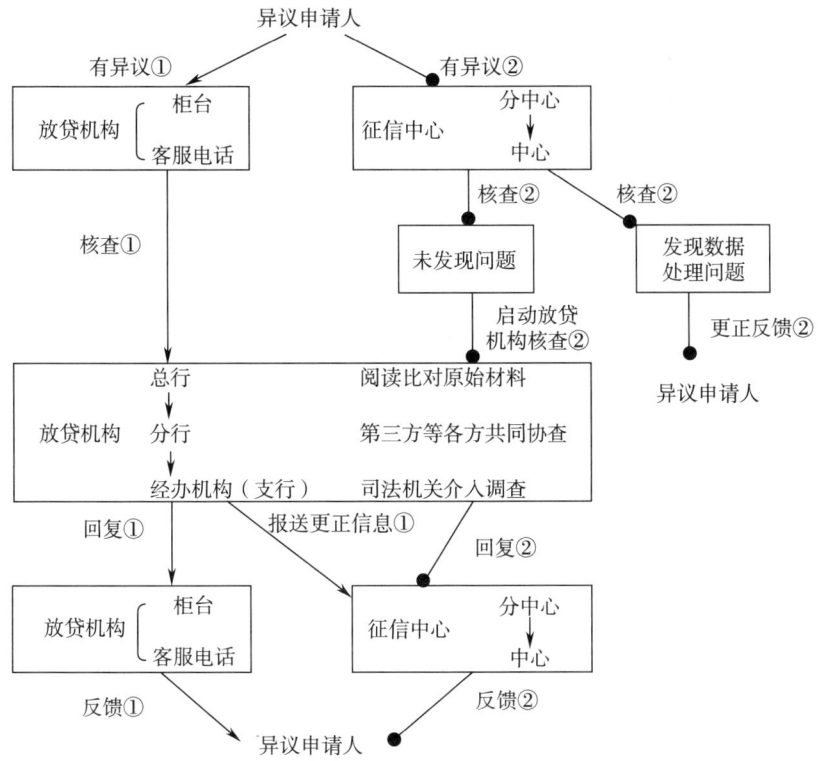

图12-1 人民银行征信中心异议核查流程

## 重要概念

征信机构、信息提供者在接到信息主体的异议申请并进行标注后，应进行内部核查。根据信息主体所提出的征信异议受理方不同，征信核查主要分为两类流程：征信机构对异议的核查和信息提供者对异议的核查。

## 自测习题

### 一、填空题

1. 征信机构应当在接到异议申请的____工作日内进行内部核查。
2. 人民银行征信中心的信息提供者在接到异议信息核查通知起10日内完成对_____信息的核查和回复，12日内完成对_____信息的核查和回复。

## 二、单项选择题

征信机构应分别在企业异议登记确认后的（    ）内、接收个人或代理人异议申请（    ）内完成内部核查。

A. 5 日　　　　B. 6 日　　　　C. 3 日　　　　D. 4 日

## 三、多项选择题

征信机构内部核查未发现信用数据库处理过程或其他内部处理过程存在问题的，应立即通过（    ）等方式向相关信息的提供者进行核查。

A. 系统　　　　B. 邮件　　　　C. 书面通知　　　　D. 当面沟通

# 知识点五　异议核查结果及反馈

**引导/概述**

征信机构或信息提供者核查确认信息主体提出的异议后，需要及时根据异议核查的不同结果分别进行处理，并将结果反馈给信息主体。

**学习目标**

征信机构、信息提供者的异议处理人员应熟练掌握不同情况下异议处理的方式及反馈要求等。

**知识点正文**

一、异议核查结果

征信机构、信息提供者在对异议进行核查后，通常会有如下结果：（1）确认有关信息确有错误、遗漏的；（2）确认有关信息不存在错误、遗漏的；（3）无法确认信息是否存在错误、遗漏的。

二、针对不同核查结果的处理及反馈

（一）征信机构的处理及反馈

1. 确有错误、遗漏的。征信机构发现是自身原因造成信息错误、遗漏的，应立即对异议信息进行更正，并主动告知异议申请主体异议更正结果；若是信息提供者信息错误的，应在收到信息提供者重新报送的更正信息后，于 2 个工作日内对异议信息进行更正；若因技术等各类原因暂时无法进行更正的，应在异议核查结果中予以说明并告知异议申请主体；异议信息核查及更正处理结束后，征信机构应取消对异议信息的标注。

2. 确无错误、遗漏的。征信机构应取消异议标注，并将核查情况书面回复信息主体。

3. 无法确认的。对于无法确认是否错误、遗漏的异议信息，征信机构应当对核查情况和异议内容予以记载。

（二）信息提供者的处理及反馈

1. 确有错误、遗漏的。通过在线修改或删除的方式可以更正数据的，信息提供者应立即进行更正，若必须通过征信机构进行数据更正的，应及时重新报送更正信息。直接受理异议的，应在更正后及时向异议申请主体反馈处理的情况。若因技术原因暂时无法进行更正的，应在核查结果中加以说明。直接受理异议的，应将无法及时更正的原因告知信息主体。

2. 确无错误、遗漏的。信息提供者应告知征信机构核查结果，取消异议标注，直接受理异议的，还应将核查情况书面回复信息主体。

3. 无法确认的。对于无法确认是否错误、遗漏的异议信息，信息提供者应及时告知征信机构，对核查情况和异议内容予以记载。

（三）反馈要求

受理异议的机构应在受理之日起 20 日内书面回复信息主体。

### 三、异议声明

异议处理结束后，信息主体仍需要对异议信息进行说明的，可以向征信机构提出添加信息主体声明的申请。声明不得包含与异议信息无关的内容，异议申请主体应当对异议声明的真实性负责。

征信机构应允许异议申请主体对有关异议信息附注 100 字以内的声明。征信机构应当妥善保存异议声明原始档案，并将声明载入信息主体的信用报告中。

**重要概念**

异议信息核查的结果：异议信息确实有错误、遗漏，异议信息不存在错误、遗漏，以及无法确认信息是否存在错误、遗漏。

**自测习题**

一、填空题

1. 异议受理机构应在接收异议信息之日起＿＿内向异议申请人书面回复核查

处理结果。

2. 征信机构在收到信息提供者重新报送的更正信息后，应当于_____内对异议信息进行更正。

3. 信息提供者确认异议信息有错误、遗漏的，可由_____将更正后的信息报送给征信机构，征信机构在规定的时间内予以更正。

二、判断题

1. 经核查异议信息不存在错误、遗漏的，可以根据信息主体要求进行更改。（　　）

2. 征信机构确认属于内部信息处理过程造成信息有错误、遗漏的，由征信机构在规定的时间内予以更正。（　　）

三、多项选择题

异议的处理结果包括以下哪种？（　　）

A. 确认错误，进行更正　　　　B. 确认错误，无法更正，予以记载
C. 无法核实，进行说明　　　　D. 以上都不是

# 知识点六　异议档案管理

**引导/概述**

异议档案管理是留存异议处理情况及相关证据，判断异议处理过程中各参与主体是否履职到位的重要基础。征信机构、信息提供者的征信从业人员应严格按照档案管理要求，保障异议申请及处理相关资料的安全妥善保管。

## 学习目标

要求征信机构、信息提供者的征信从业人员熟练掌握异议档案管理的要点及要求。

## 知识点正文

### 一、异议档案的主要内容

异议档案包括异议受理、核查、处理、回复中的相关纸质及电子资料。

（一）异议申请相关资料

1. 企业异议。包括企业法定代表人及经办人身份证件复印件、其他证件复印

件、《企业信用报告异议申请表》原件、《企业法定代表人授权委托证明书》原件以及《企业征信异议回复函》复印件。

2. 个人异议。包括《个人信用报告异议申请表》原件、个人或代理人有效身份证件复印件、授权委托书原件等。

（二）异议核查相关资料

包括核查过程记录、与异议信息有关的原始记录、司法部门提供的有关证据等。

（三）异议处理及回复相关资料

包括数据更正的有关证明、因技术原因暂无法更正的证明、《信息主体声明申请表》原件、书面回复的原件。

### 二、档案保管要求

1. 专人专区保管。征信机构、信息提供者应指定专人负责对所有异议处理业务相关的纸质和电子档案资料进行整理、归档和保管。应安排专门的档案柜存放异议处理相关档案资料，并做好档案资料存放地防火、防潮、防虫、防鼠、防尘、防盗、防光、防水"八防"安全措施。

2. 授权调阅。制定档案查询、借阅和复制的管理流程，未经有权人授权，任何人不得擅自查询、借阅和复制档案资料，针对异议档案的操作都要进行记录。

3. 限定保管期限。异议处理相关档案资料保管期限为3年，到期可对档案资料进行销毁。对档案资料的销毁应遵照国家法律法规中的有关规定执行。

### 重要概念

异议档案包括异议受理、核查、处理、回复中的相关纸质及电子资料。

### 自测习题

**一、填空题**

1. 征信机构及_____对异议处理相关档案资料保管期限为____，到期可对档案资料进行销毁。

2. 征信机构及信息提供者应指定专人负责对所有异议处理业务相关的____和____档案资料进行整理、归档和保管。

**二、多项选择题**

1. 以下关于异议档案保管的说法，正确的是：（    ）。

A. 应安排专门的档案柜存放异议处理相关档案资料，并做好档案资料存放地

防火、防潮、防虫、防鼠等"八防"安全措施

  B. 对异议处理相关档案资料，只需做好借阅登记，任何人都可以查询、借阅和复制档案资料

  C. 异议处理相关档案资料保管期限为 5 年

  D. 征信机构应指定专人负责对所有异议处理业务相关的纸质和电子档案资料进行整理、归档和保管

  2. 征信机构及信息提供者应安排专门的档案柜存放异议处理相关档案资料，并做好档案资料存放地（　　）等"八防"安全措施

  A. 防火　　　　B. 防潮　　　　C. 防虫　　　　D. 防鼠

  3. 以下哪些说法是正确的？（　　）

  A. 异议档案需要保存在专门的区域

  B. 异议档案达到一定时间后可以销毁

  C. 异议档案不能调阅

  D. 异议档案需要永久保存

## 知识点七　如何理解征信投诉？

### 引导/概述

  信息主体认为征信机构、信息提供者、信息使用者侵害其合法权益的，可以向所在地人民银行分支机构投诉。投诉是信息主体维护自身权益的重要救济手段。要求投诉的相关主体（包括人民银行、征信机构、信息提供者、信息使用者等）熟练掌握征信投诉的概念、类别、流程、时效等，并切实履行投诉处理中相应的职责。

### 学习目标

  要求人民银行投诉办理人员，征信机构、信息提供者、信息使用者等的征信从业人员对征信投诉的概念、所涉及的当事人及征信投诉处理不同阶段有基本的了解。

### 知识点正文

#### 一、征信投诉的概念

  征信投诉指公民、法人或其他组织认为征信机构或信息提供者、信息使用者

侵害其合法权益时，向人民银行分支机构提出投诉，要求对方停止侵害，维护其合法权益的行为，是法律赋予信息主体的一项行政救济手段。

征信投诉主要涉及三方当事人，即投诉主体、投诉对象（被投诉机构）和受理主体，其中投诉主体指认为其权益遭受侵害的信息主体，投诉对象指侵害信息主体权益的征信机构、信息提供者或信息使用者，受理主体则是办理征信投诉的人民银行各级分支机构。

### 二、征信投诉与征信异议的区分

从法律关系上看，征信异议属于自力救济的范畴，即信息主体在平等协商的基础上，处理和征信机构、信息提供者之间的纠纷；而征信投诉属于行政救济的范畴，即信息主体请求人民银行运用行政权力处理其与投诉对象之间的纠纷。

从提起事由上看，征信异议的提起事由仅限于征信机构、信息提供者采集、保存、提供的信息有错误或遗漏；征信投诉的提起事由不仅包括上述侵权行为，还包括侵害信息主体知情权、异议权等侵权行为。

从提起目的上看，征信异议中信息主体仅限于要求异议处理机构将错误或遗漏的信息更正，而征信投诉中信息主体不但会要求人民银行分支机构纠正投诉对象的侵权行为，还会要求对投诉对象进行处理，如行政处罚等。

### 三、常见投诉类型

1. 信息查询类。信息主体因为信息使用者未经授权查询使用其信息而提出投诉。实践中，这是人民银行受理投诉中最为常见的一类，目前投诉对象主要集中于金融信用信息基础数据库接入机构，如商业银行、消费金融公司、小额贷款公司等，投诉事项的表现日益复杂，除否认本人进行过书面授权外，还出现了否认授权书上的签字为本人、质疑网络业务电子签名的合法性等事项。

2. 信息采集类。信息主体因为征信机构、信息提供者违规采集自身信息而提出投诉。随着信息主体对自身权益保护意识的增强，此类投诉数量正在增加，投诉对象主要包括征信机构、金融信用信息基础数据库接入机构等，投诉内容包括未经同意采集财产类信息、未经同意采集企业信息、未经同意对外提供不良信息等。

3. 异议处理类。信息主体对信用报告中反映的信息提出异议后，未得到及时更正，认为征信机构、信息提供者侵犯其权益而提出投诉。目前投诉对象主要是金融信用信息基础数据库接入机构，投诉内容包括否认信用卡、信贷记录、电费欠缴、强制执行、信用报告查询记录等，而相关修改记录要求未得到满足。

### 四、投诉处理基本流程

征信投诉处置包括三个阶段：第一阶段，申请与受理阶段，由投诉人主动申请，监管部门经过审查，决定是否予以受理。第二阶段，决定受理后启动阶段，对投诉对象调查取证核查，并作出处理决定。第三阶段，将投诉处理结果送达投诉人。

## 重要概念

征信投诉指公民、法人或其他组织认为征信机构或信息提供者、信息使用者侵害其合法权益时，向人民银行分支机构提出投诉，要求对方停止侵害，维护其合法权益的行为，是法律赋予信息主体的一项行政救济手段。

## 自测习题

### 一、填空题

征信投诉指公民、法人或其他组织认为征信机构或_____、_____在采集、整理、保存、加工、提供和使用其信息的过程中侵害其合法权益时，向_____提出投诉，要求对方停止侵害，维护其合法权益的行为，是法律赋予信息主体的一项_____。

### 二、单项选择题

信息主体认为征信机构或者信息提供者、信息使用者侵害其合法权益的，可以向所在地的（　　）投诉。

A. 信用办 　　　　　　　　B. 人民检察院

C. 人民法院 　　　　　　　D. 人民银行分支机构

### 三、多项选择题

1. 以下哪些情形属于非本人原因造成的不良信用记录？（　　）

A. 冒名贷款 　　　　　　　B. 关联业务未及时告知

C. 银行单方面未履行约定　 D. 银行未履行告知义务

2. 征信投诉涉及的当事人有（　　）。

A. 投诉主体　　B. 被投诉机构　　C. 受理主体　　D. 监管部门

3. 征信投诉处置包括以下几个阶段？（　　）

A. 申请与受理阶段，由投诉人主动申请，监管部门经过审查，决定是否予以受理

B. 对投诉对象进行取证和核查

C. 作出处理决定，书面送达投诉人及被投诉机构

D. 投诉事项通过司法途径处理

## 知识点八　征信投诉受理流程

### 引导/概述

征信投诉的受理是规范处理投诉案件、防范法律风险的前提。人民银行征信投诉处理人员只有熟练掌握征信投诉的受理范围、提出形式、审核要点、必备资料、起算时间等，才能保证投诉处理的合法、规范、及时、有效。

### 学习目标

要求人民银行分支机构工作人员熟练掌握征信投诉的受理范围、提出形式、审核要点、必备资料、起算时间等。

### 知识点正文

**一、征信投诉的受理范围**

个人或企业认为征信机构、信息提供者、信息使用者侵害其合法权益的，可以向人民银行分支机构投诉。

（一）受理范围

人民银行及其分支机构依据《征信投诉办理规程》受理《征信业管理条例》授予的职责范围内的征信相关投诉。

（二）不予受理范围

1. 不属于《征信业管理条例》授予的征信职责范围的。

2. 没有明确的投诉对象、投诉事由或者投诉请求的。

3. 投诉人非金融消费纠纷当事人本人，且又未经当事人授权的。

4. 投诉人拒绝提供个人有效身份信息的。

5. 人民银行相关分支机构已经就投诉事项进行过核实处理，无新情况、新理由的。

6. 双方达成和解协议并已经执行，没有新情况、新理由的。

7. 所投诉事项已由所在地人民银行分支机构或者其他机构调解并达成了调解协议已执行的。

8. 被投诉的机构已经提供了解决方案，且该方案对投诉人是公平合理的。

9. 投诉人的请求没有事实和法律依据，明显不合理的。

10. 司法机关、行政机关、仲裁机构或者有关部门已经受理、调查和处理的。

11. 不符合法律、行政法规、规章有关规定的。

（三）受理回复

人民银行分支机构接到投诉后，能够当场答复是否予以受理的，应当场答复；不能当场答复的，应当于接到投诉之日起5日内，作出是否受理的决定，并告知投诉人或代理人。

对于确定不予受理的投诉申请，应当明确告知不予受理的理由，并告知投诉人可以依法申请仲裁或者提起诉讼。在处理征信投诉过程中发现投诉人已就同一事项向其他金融管理部门提出投诉申请并被受理的，可中止对该事项的处理，并明确告知投诉人中止办理的理由。

**二、征信投诉受理工作流程**

（一）收件

1. 现场投诉。投诉人到人民银行现场提出征信投诉的，应提供投诉人本人身份证件原件。投诉人委托他人进行现场投诉的，应提供经公证的授权委托书、投诉人及受托人身份证件原件。

2. 非现场投诉。投诉人确因客观原因无法前往现场办理的，可以通过传真、书信、电子邮件等形式提出投诉。人民银行征信投诉处理人员接到征信业务的电话投诉时，应做好相关记录或进行录音，还应每工作日两次至收发室、传真机、专用电子邮箱查看收取邮件和传真，及时发现投诉人通过书信、传真、电子邮件形式提出的征信投诉。

自收件之日起，应做好投诉事项的登记（见附件1：征信投诉事项登记簿）。

（二）受理

1. 核实身份。人民银行投诉处理人员应认真审查投诉人提交的身份证明材料，采取有效方式确认投诉人身份的真实性。

2. 核实投诉事项及诉求。投诉处理人员应与投诉人深入沟通，了解投诉人或代理人基本情况、投诉事项、投诉要求，并要求投诉人或代理人提交与投诉有关的证据材料。认为投诉人或代理人提交的投诉材料不完整的，应当一次性告知其补正。

3. 受理文书。人民银行分支机构应填写《征信投诉受理单》（见附件2、附件3），并请投诉人或代理人在《征信投诉受理单》上签字确认。投诉人或代理人未到现场投诉的，应要求投诉人提交附带本人签名的相关材料。

表 12-2　　　　　　　　　　投诉人提交材料的详细目录

| 投诉人类型 | 登记资料类型 |
| --- | --- |
| 自然人 | 有效身份证件、基本情况、投诉事项、投诉要求，相关证据材料 |
| 法人或其他组织 | 有效的机构设立文件、经办人身份证、介绍信基本情况、投诉事项、投诉要求，相关证据材料 |
| 委托代理人 | 代理人有效身份证件（或有效的机构设立文件）、授权委托书 |

4. 投诉受理的起算日期。投诉人现场投诉的，从《征信投诉受理单》签字日期起算；投诉人以电话、传真、电子邮件投诉的，从收到日期起算；投诉人以邮件寄送的，从邮件到达（邮戳日期）或签收日期起算。

5. 异地投诉。投诉人可以向任一人民银行分支机构投诉，投诉人所在地与被投诉机构所在地不一致的，接到投诉的人民银行分支机构应当与相关人民银行分支机构协商处理该投诉。

**重要概念**

投诉受理指人民银行分支机构根据《征信业管理条例》授予的职责对现场或非现场投诉事项进行判断，作出是否予以受理的决定，并依法向投诉人进行回复。

**自测习题**

一、填空题

1. 人民银行接到投诉后，填写_____，记录投诉人或代理人基本情况、_____、投诉要求，以及投诉人或代理人提交的证据材料名称、内容等信息，并请投诉人或代理人在《征信投诉受理单》上_____。

2. 在正常情况下_____征信投诉人投诉事项是否予以受理；不能当场答复的，应当于接到投诉之日起_____，作出是否受理的决定，并告知投诉人或代理人。

3. 当事人到现场的征信投诉受理的起算日期以_____为起算日期；邮件寄送的，以_____为起算日期。

## 二、单项选择题

征信投诉自然人需提交的材料有（　　）。

A. 本人有效身份证件　　　　　B. 家属驾驶证

C. 被投诉人身份证件　　　　　D. 银行卡

## 三、多项选择题

征信投诉有以下哪种情形，人民银行分支机构不予受理？（　　）

A. 无明确的投诉对象

B. 无具体的投诉事项和理由

C. 人民银行相关分支机构已经就投诉事项进行过核实处理，无新情况、新理由

D. 投诉事项已通过司法等途径受理或处理

附件1

### 征信投诉事项登记簿

承办单位：

| 接收时间 | 投诉方式 | 投诉资料 | 投诉起算日期 | 移交人 | 接交人 | 备注 |
| --- | --- | --- | --- | --- | --- | --- |
|  |  |  |  |  |  |  |
|  |  |  |  |  |  |  |
|  |  |  |  |  |  |  |
|  |  |  |  |  |  |  |
|  |  |  |  |  |  |  |
|  |  |  |  |  |  |  |
|  |  |  |  |  |  |  |
|  |  |  |  |  |  |  |

注：1. 投诉方式包括直接上门投诉、书信、传真、电子邮件等。

2. 投诉资料应详尽填写所有资料，包括信封、快递封面等。

3. 以上门投诉方式、取件人员收发室取件方式等获得投诉资料的移交人无须签字确认。

4. 备注栏填写日期差异原因以及检查情况。

附件2

## 征信投诉受理单（个人）

受理单位：　　　　　　　　　　　　　　　　　　　　　　　　编号：

| 投诉人姓名 | 投诉人证件类型 | 投诉人证件号码 |
|---|---|---|
| 投诉人手机号码 | 投诉人固定电话 | 投诉人电子邮箱 |
| 投诉人通信地址及邮编 | | |
| 代理人姓名 | 代理人证件类型 | 代理人证件号码 |
| 代理人手机号码 | 代理人固定电话 | 代理人电子邮箱 |
| 代理人通信地址及邮编 | | |
| 投诉事项： | | |
| 投诉要求： | | |
| 有效证据（投诉人提交的证据材料名称、内容等）： | | |
| 本人确认以上内容和提交的材料真实有效，并承担提交虚假材料的所有法律责任。<br>_____。<br>投诉人或代理人（签字）：　　　　　　　　　　　　　　年　　月　　日 | | |
| 受理意见（是否受理，以及不受理的原因）：<br><br>受理工作人员签名：<br>年　　月　　日 | | |

附件 3

# 征信投诉受理单（法人或其他组织）

受理单位：　　　　　　　　　　　　　　　　　　　　编号：

| 投诉人名称 | |
|---|---|
| 投诉人有效机构设立文件 | |
| 投诉人有效机构设立文件号码 | |
| 投诉人通信地址及邮编 | |
| 联系人 | 联系电话 |
| 投诉事项： | |
| 投诉要求： | |
| 有效证据（投诉人提交的证据材料名称、内容等）： | |
| 本机构确认以上内容和提交的材料真实有效，并承担提交虚假材料的所有法律责任。<br>_____。<br><br>经办人（签字）：　　　　　　　　　　　　　年　　月　　日 | |
| 受理意见（是否受理，以及不受理的原因）：<br><br>受理工作人员签名：　　　　　　　　　　　年　　月　　日 | |

## 知识点九 征信投诉的取证与核查

### 引导/概述

征信投诉的取证与核查是有效处置征信投诉的重要环节，是人民银行在投诉处理中依法履职的根本表现，也是征信机构、信息提供者、信息使用者及时发现并纠正问题及风险，避免投诉进一步发酵升级的重要保障。因此，人民银行征信投诉办理人员及征信机构、信息提供者、信息使用者的征信从业人员均应高度重视征信投诉的取证与核查，及时、有效履行取证与核查中的有关职责。

### 学习目标

要求人民银行各级分支机构征信投诉办理人员及征信机构、信息提供者、信息使用者的征信从业人员对征信投诉取证与核查过程中应履行的职责有全面的了解。

### 知识点正文

征信投诉的取证与核查是有效处置征信投诉的重要环节，是人民银行在投诉处理中依法履职的根本表现，也是征信机构、信息提供者、信息使用者及时发现并纠正问题，避免投诉进一步发酵升级的重要保障。

**一、征信投诉取证与核查的基本流程及时间节点**

1. 人民银行分支机构在作出投诉受理决定后，应在 5 日内将《征信投诉受理单》及相关材料副本转送被投诉机构，被投诉机构在异地的，应由受理行转给被投诉机构所在地人民银行进行送达。

2. 被投诉机构应及时进行内部核查，并在收到《征信投诉受理单》之日起 10 日内就投诉事项的实际情况和发生原因向所在地人民银行分支机构作出书面说明，并提供相关证明材料。

3. 人民银行分支机构收到被投诉机构提交的相关材料，发现不能充分证明投诉事项是否存在以及理由、原因不清楚的，可继续要求被投诉机构在 3 日内补充材料。

4. 人民银行分支机构认为投诉人和被投诉机构双方提交的证据材料不一致、需要进一步查明具体情况的，可以组织人员向投诉人、被投诉机构调查情况，听取意见。

## 二、征信投诉取证与核查的主要方式及内容

（一）人民银行取证与核查的主要措施及内容

1. 主要措施：进入被投诉机构现场调查取证；询问当事人和与被调查事件有关的单位和个人；查阅、复制与被调查事件有关的资料。

2. 主要内容。

（1）被投诉行为的法律依据。例如，征信机构应出具采集公积金信息、住房信息合法的依据；征信机构应出具采集企业信息、对外提供不良信息等合法的依据。信息提供者应出具提供上述各类信息合法的依据。信息使用者应出具电子签名合法的依据。

（2）被投诉事项的相关证据。例如，征信机构、信息提供者应出具信息主体否认的相关信息真实、全面、可追溯的证据；信息使用者应出具信息主体进行书面授权的证据。

（3）审核要点。人民银行分支机构应当依照《征信业管理条例》规定的有关征信业务，包括信息的采集、使用、查询、保存等一系列规则，判断被投诉机构是否有违反该条例的行为。

3. 工作要求。人民银行分支机构在对被投诉机构提交的证据材料进行调查核实时，调查人员不得少于2人，并向投诉人、被投诉机构出示工作证件，制作调查笔录。必要时可以启动执法检查程序。

在取证核查过程中，做好全过程记录、证据收集和保存等工作，通过制作询问笔录、复制相关档案资料等方式固定证据，为下一步采取监管措施和答复投诉人提供事实证据。

（二）被投诉机构的核查

征信机构与信息提供者、信息使用者在收到所在地人民银行分支机构转交的投诉事项后，应及时明确相关责任部门，安排专人负责涉及投诉事项的核查工作，确保收到投诉事项之日起10日内完成核查，并书面向所在地人民银行分支机构回复，回复内容包括被投诉行为的法律依据、被投诉事项的相关证据、其他证明材料等。被投诉机构应建立监督机制，保证核查结论客观、真实、有效，严禁伪造、变造有关证明材料。

核查期间如需要投诉人配合，被投诉机构应主动与投诉人进行联系。如认为投诉人的投诉不实而需进一步查明情况时，被投诉机构应向所在地人民银行分支机构提交相关材料予以说明，必要时可提请人民银行开展调查。

## 重要概念

征信投诉的取证与核查是有效处置征信投诉的重要环节，是人民银行在投诉处理中依法履职的根本表现，也是征信机构、信息提供者、信息使用者及时发现并纠正问题及风险，避免投诉进一步发酵升级的重要保障。

## 自测习题

**判断题**

1. 《征信业管理条例》第二十六条规定，受理投诉的机构应当及时进行核查和处理，自受理之日起 30 日内书面答复投诉人。（    ）

2. 被投诉机构在收到《征信投诉受理单》之日起 10 个工作日内就投诉事项的实际情况和发生原因向所在地人民银行分支机构作出书面说明，并提供相关证明材料。（    ）

3. 人民银行分支机构在对被投诉机构提交的证据材料进行调查核实时，调查人员只需 1 人，同时需向投诉人、被投诉机构出示工作证件，制作调查笔录。（    ）

# 知识点十  征信投诉处理决定及送达

## 引导/概述

人民银行分支机构在受理征信投诉后，在 30 日内作出处理决定，并及时送达投诉人和投诉机构，这是人民银行分支机构将投诉事项核查和处理的结果通过法定途径告知信息主体的程序性工作，也是人民银行依法履职的最终表现。征信投诉处理决定发出后，关注投诉处理结果的反馈是投诉处理的最重要的环节之一。

## 学习目标

要求人民银行分支机构工作人员熟练掌握征信投诉处理决定的内容、送达方式及时间要求。要求人民银行分支机构工作人员跟踪征信投诉处理决定反馈情况，并对反馈情况应采取的措施作进一步了解。

### 知识点正文

**一、征信投诉处理决定内容及时间要求**

1. 内容。投诉处理决定应当载明投诉人信息、投诉事项、投诉要求和处理意见等内容。投诉办理人员应起草对当事人的书面答复意见，在征求本单位法律部门意见后，形成正式的书面答复。

2. 处理意见。投诉办理人员在调查取证的基础上，根据《征信业管理条例》等相关征信法规、规章、制度对被投诉机构作出处理决定，发现被投诉机构有违反有关法律、法规和规章等情形的，应当依法予以处理。在投诉受理过程中，被投诉机构与投诉人达成和解协议，投诉人撤销投诉的，人民银行分支机构可以终止投诉处理。

3. 时间要求。人民银行分支机构应当在投诉受理之日起 30 日内作出处理决定，并及时送达投诉人和被投诉机构。

**二、征信投诉处理决定的送达方式**

人民银行分支机构征信管理部门要高度重视投诉的送达环节，严格按照有关规定送达相关答复文书。采取邮寄方式送达的，不得使用平信邮寄，应采用邮政快递或挂号信方式送达，交邮时必须留存邮寄回执单并归档保管；采用当面送达方式的，应当直接送交受送达人并由其签收送达回证。答复文书送达后，业务人员应及时将投诉事项处理过程录入人民银行征信管理监测系统。

**三、投诉处理结果跟踪**

1. 被投诉机构的整改情况。被投诉机构对投诉处理结果无异议的，应当在收到处理决定之日起 10 日内按照处理意见进行整改，并将整改报告向所在地人民银行分支机构报告。未按照要求进行整改的，人民银行分支机构可以依据《征信业管理条例》给予处罚。

2. 投诉人、被投诉机构对投诉处理结果持有异议的，应向作出投诉处理决定的人民银行分支机构上一级机构申请复议。

### 重要概念

人民银行分支机构应当在投诉受理之日起 30 日内作出处理决定，并及时送达投诉人和被投诉机构。投诉处理决定应当载明投诉人信息、投诉事项、投诉要求和处理意见等内容。

## 自测习题

### 一、填空题

1. 投诉处理决定应当载明_____、_____、投诉要求和处理意见等内容。业务人员应在调查取证的基础上,起草对当事人的书面答复意见,并听取_____意见后作出书面答复。

2. 被投诉机构对投诉处理结果无异议的,应当在收到处理决定之日起_____按照处理意见进行整改,并将整改报告向所在地人民银行分支机构报告。

3. 被投诉机构对投诉处理决定未按照要求进行整改,人民银行分支机构可以依据_____给予处罚。

### 二、多项选择题

以下哪些情形需对被投诉机构违法违规行为进行处罚?(　　)

A. 被投诉机构对投诉处理决定未按照要求进行整改,人民银行分支机构可以依据《征信业管理条例》给予处罚

B. 人民银行分支机构在投诉处理过程中发现被投诉机构有违反有关法律、法规和规章等情形的,应当依法予以处理

C. 被投诉机构对投诉处理决定按照要求进行整改,人民银行分支机构可以依据《征信业管理条例》给予处罚

D. 人民银行分支机构在投诉处理过程中发现投诉人有违法违规行为的,应当依法予以处罚

# 知识点十一　征信投诉档案管理要求

## 引导/概述

为保证征信投诉的有关事项有资料、可追溯,人民银行投诉办理人员应按照档案管理有关规定对征信投诉档案资料进行整理、归档、保管、利用和销毁。

## 学习目标

要求人民银行分支机构投诉办理人员熟练掌握征信投诉档案资料整理、归档、保管、利用和销毁等过程。

### 知识点正文

人民银行分支机构应指定专人负责对所有投诉办理相关的纸质和电子档案资料进行整理、归档和保管。

**一、征信投诉档案的主要内容**

1. 投诉申请资料。包括《投诉受理单》原件，个人或代理人有效身份证件复印件、经公证的授权委托书原件（投诉人为个人的），《企业法定代表人授权委托证明书》原件、经办人有效身份证件复印件、有效机构设立文件复印件（投诉人为企业的）。投诉人是非现场投诉的，应留存邮寄信件的信封、快递的封面、传真资料等，电子邮件投诉资料除保存电子资料外，还应打印出纸质材料留存。

2. 取证核查资料。包括被投诉机构提供的与投诉事项有关的书面说明、相关证据材料；人民银行现场访谈情况、询问笔录、现场检查收集的证据材料；投诉人、被投诉机构后续提交的资料等。

3. 书面答复资料。人民银行向投诉人、被投诉机构送达的书面资料。

**二、档案保管要求**

人民银行分支机构应安排专门的档案柜存放投诉处理相关档案资料，并做好档案资料存放地防火、防潮、防虫、防鼠等"八防"安全措施。

对投诉处理相关档案资料的借阅应严格限定范围。无征信管理部门负责人书面审批，任何人不得擅自查询、借阅和复制档案资料。

投诉处理相关档案资料保管期限为3年。到期可以对档案资料进行销毁。对档案资料的销毁应遵照《中国人民银行档案管理规定》（银办发〔2014〕259号）中的有关规定执行。

### 重要概念

征信投诉档案包括投诉申请资料、取证核查资料、书面答复资料。

### 自测习题

**一、填空题**

投诉人是非现场投诉的，应留存_____、_____、_____等，电子邮件投诉资料除保存电子资料外，还应打印出纸质材料留存。

**二、多项选择题**

1. 征信投诉档案主要包括（ ）。

A. 投诉申请资料　　　　　　　B. 取证核查资料

C. 书面答复资料　　　　　　　D. 异议申请资料

2. 人民银行分支机构应安排专门的档案柜存放投诉处理相关档案资料，并做好档案资料存放地（　　）等"八防"安全措施。

A. 防火　　　B. 防潮　　　C. 防虫　　　D. 防鼠

# 第十三章 征信信息安全

**本章使用说明：** 本章适用于所有征信从业人员。

**本章介绍**

征信信息交换和共享带来的直接效益和间接效益非常巨大，然而并不是所有的征信信息都可以开放，许多征信信息直接涉及个人隐私和商业秘密。本章从征信信息安全的基本概念入手，从制度、组织、人员、系统、管理、法律责任等多个维度阐述了我国在征信信息安全管理方面的实践和做法。

## 知识点一 征信信息安全的概念

**引导/概述**

随着征信、信息化和信息安全三者之间的融合不断加深，征信需求日益广泛，客户信息泄露和滥用的风险与日俱增，征信信息安全越来越受到人们的关注。征信机构、信息提供者、信息使用者（含金融信用信息基础数据库和其他征信机构数据库接入机构，以下简称接入机构）要深刻理解和准确掌握征信信息安全的概念，树立正确的安全意识，有效保护信息主体的合法权益。

**学习目标**

要求所有征信从业人员对征信信息安全的概念、要求以及主要内容做到基本了解。

**知识点正文**

一、征信信息安全的定义和目标

征信信息安全是指从事征信业务的征信机构、信息提供者、信息使用者在信用信息采集、整理、保存、加工、使用的过程中，要建立严格的规章制度、稳定的技术环境、有效的技术策略、规范的机构人员配置、能够覆盖信用信息流转各环节的安全体系，并定期开展全面的内控评估和安全审计，不断完善安全体系建设，达到防范信用信息泄露、保证信息主体合法权益的目的。

保障征信信息安全的目标是从事征信业务的征信机构、信息提供者、信息使用者通过建立有效的安全管理体系，使征信从业人员树立牢固的安全意识，不触碰信息安全底线，防范信用信息滥用和泄露，实现对信息主体合法权益的保护，保证征信事业的健康有序发展。

**二、部分国家对保障征信信息安全的主要做法**

各国涉及征信的法律中都对征信机构的信息安全保障作出了要求，如英国《个人数据保护法》规定征信机构必须采取安全措施防止个人数据未经授权被更改、披露及销毁。日本《个人数据保护法》规定，个人信息处理业者必须采取必要措施对个人数据进行安全管理。韩国《信用信息使用及保护法》规定，信用信息业者等应针对第三人非法接近信用信息电算系统或对输入的情报予以变更、毁损、破坏等行为以及其他风险，订立技术性、物理性和管理性的安全措施，对于没有采取相关措施的征信机构将给予相应处罚。2016年欧盟颁布的《通用数据保护条例》，进一步加大了个人信息保护的力度，增加了数据可携带权、被遗忘权、限制数据处理权等内容，体现了欧盟国家对于个人信息保护的明确态度和趋势。

**三、征信信息安全的主要内容**

1. 内控制度。征信机构及其接入机构的内部信息安全管理制度应该覆盖物理环境、网络和系统、人员、系统建设和运行维护等各个方面，并在实际工作中严格遵照执行。征信机构及其接入机构应当建立信息泄露报告制度，出现可疑情况及时向监管部门报告；加强内部管理，定期检查有关业务及信息系统安全管理制度及措施执行情况，特别是对查询个人信用信息情况进行定期检查，确保查询符合相关法律法规的规定；建立责任追究制度，对于严重违反《征信业管理条例》的信息泄露事件，明确领导责任与直接责任人员的责任，依法依规处理。对发现的内控制度不健全、执行不严格等问题要及时采取整改措施。

2. 技术措施。征信机构及其接入机构应采取有效的技术措施保障信息安全，包括保障计算机系统及其相关配套设备、设施（含网络）的安全及运行环境的安全，保障信息系统功能的正常发挥，维护信息系统的安全运行。征信机构应当依照国家有关规定及技术标准，对信息系统实行安全等级保护，并定期进行等级测评；做好系统日常运维管理，保障系统物理安全、网络安全、主机安全、应用安全及数据安全，防止征信数据丢失、破坏，防范对信息系统的非法侵入。接入机构应当对查询用机的使用环境及网络连接进行规定，保障查询用机网络安全、密码安全，防止征信信息泄露。

3. 专职人员。征信机构应当设立信息安全负责人，指定专门的部门负责信息安全管理；定期进行全面安全检查；从人员录用、人员离岗、人员考核、安全意识教育和培训、外部人员访问管理等方面做好人员安全管理；严格限定征信机构内部工作人员查询及处理权限。接入机构应当设立征信管理员用户，由总行征信部门牵头负责征信信息及使用安全；定期对本机构开展风险排查、业务培训等；加强对用户人员的安全管理，严格用户权限，防止出现公共用户或者用户兼任的情况。

4. 业务运作。负责征信信息安全的单位和部门，要按照《征信业管理条例》及相关规章制度要求，对征信业务运作的各个环节制定相应的措施，保证征信信息安全措施落地实施。

**重要概念**

- 征信信息安全的目标。保障征信信息安全的目标是从事征信业务的征信机构、信息提供者、信息使用者通过建立有效的安全管理体系，使征信从业人员树立牢固的安全意识，不触碰信息安全底线，防范信用信息滥用和泄露，实现对信息主体合法权益的保护，保证征信事业的健康有序发展。

- 征信信息安全的主要内容包括内控制度、技术措施、专职人员、业务运作四个方面。

**自测习题**

一、填空题

征信信息安全的目标是防范＿＿＿＿＿＿＿＿，实现对＿＿＿＿＿＿＿＿的保护，保证征信事业的健康有序发展。

二、判断题

1. 负责征信信息安全的单位和部门，要按照《征信机构信息安全规范》及相关规章制度要求，对征信业务运作的各个环节制定相应的措施，保证征信信息安全落地实施。（　　）

2. 征信机构可以根据工作需要设置征信机构内部工作人员查询及处理权限。（  ）

3. 2016 年欧盟颁布的《通用数据保护条例》，进一步加大了个人信息保护的力度。（  ）

### 三、多项选择题

1. 从事征信业务的征信机构、信息提供者、信息使用者应对信用信息流转各环节安全体系定期开展（  ）。

  A. 内控评估  B. 监督检查  C. 安全审计  D. 业务审计

2. 征信信息安全的内容包括（  ）。

  A. 内控制度  B. 技术措施  C. 专职人员  D. 业务运作

  E. 监管检查

## 知识点二　征信信息安全制度体系、职能部门和人员配备

### 引导/概述

孟子曰："不以规矩，不能成方圆。"完备的信息安全制度体系是保证征信信息安全的基础，职能部门和人员配备是征信信息安全活动有效开展的保证。为规范征信业务，保障征信信息安全，征信业务相关法律法规对征信机构的公司治理，接入机构的接入管理，征信机构及其接入机构的内控制度建设、组织机构设置、人员配备等方面提出具体的规定和要求。

### 学习目标

要求征信从业人员了解和掌握有关征信信息安全制度体系、职能部门设置及人员配备等方面的要求，以规范开展征信业务，保障征信信息安全。

### 知识点正文

#### 一、征信机构应当具备公司治理方面的基本条件

1. 个人征信机构应当具备的基本条件。包括组织机构设置以及人员基本构成情况说明；股东关联关系和实际控制人说明；主要股东信誉良好，最近 3 年无重大违法违规记录；董事、监事和高级管理人员应当熟悉与征信业务相关的法律法

规，具有履行职责所需的征信业从业经验和管理能力，最近 3 年无重大违法违规记录，并取得国务院征信业监督管理部门核准的任职资格；有健全的公司治理结构和内设职能部门等。

2. 企业征信机构应当具备的基本条件。包括组织机构设置以及人员基本构成说明；股权结构说明，包括资本、股东名单及其出资额或者所持股份等。

**二、接入机构应当具备接入金融信用信息基础数据库和其他征信机构数据库的基本条件**

有健全的公司治理结构和内控制度；有健全的信息档案管理制度、保密措施和安全防范措施；有符合要求的营业场所、技术措施；有完善的数据库系统；采用专用网络线路与征信机构之间直接联通；未发生重大信息泄露问题。

**三、建立健全征信信息安全制度体系**

1. 信息安全管理制度。征信机构应根据征信系统①的建设、运行和管理情况，建立和完善信息安全管理制度，并定期进行评审和修订。接入机构应根据本单位的征信业务开展情况，以及征信数据的收集、查询、保存和流转情况，制定和完善征信信息安全管理制度，并定期开展复审与修订。

2. 内部管理相关制度。对可能影响数据信息安全的各环节、各流程进行规范，防范信息安全风险，包括业务操作制度、系统建设和运维管理制度、软件开发管理制度、外包服务管理制度、重大信息安全事故报告制度等。

3. 信息安全内部审计制度。定期对可能带来信息安全风险的因素进行审计、评估和排查，个人征信机构每年至少 1 次，企业征信机构每两年至少 1 次，接入机构每年至少 2 次（上半年一次，下半年一次）。

**四、对征信信息安全职能部门和人员配备方面的要求**

征信机构及其接入机构应有负责征信信息安全管理的机构或职能部门，设置相应岗位，配备符合业务发展需要的合适人员。

1. 职能部门和岗位的设置要求。征信机构应成立由高级管理人员及相关部门负责人组成的信息安全领导小组，并指定专门的部门负责信息安全管理工作。应通过制度明确安全管理机构各个部门和岗位的职责、分工和技能要求，确保有效落实和推进征信信息安全的相关工作。接入机构应成立由分管领导及部门负责人组成的信息安全管理小组，建立相应的安全管理制度明确对征信信息的收集、使

---

① 征信系统又称信用信息系统、信用信息平台。

用、保存和流转,以及各岗位责任人的分工与职责。

征信机构应设立安全主管、信息安全管理员岗位,明确安全主管和信息安全管理员的岗位职责;应设立系统管理员、网络管理员、数据库管理员等岗位,并定义各个工作岗位的职责。接入机构应分级设立管理员岗位,负责对征信信息查询、保存和流转进行审批授权。

2. 安全管理人员的配备要求。征信机构应配备安全主管、信息安全管理员、系统管理员、网络管理员、数据库管理员等。其中,安全主管不能兼任信息安全管理员、网络管理员、系统管理员、数据库管理员等。信息安全管理员不能兼任网络管理员、系统管理员、数据库管理员等。征信机构应加强人员安全管理,明确不同岗位的职责,规范人员录用、离岗、考核和培训等工作。接入机构要定期对人员进行风险防范、业务操作的培训与考核,强化人员的安全责任意识。

3. 建立顺畅的沟通和合作机制。征信机构内设信息安全管理机构应加强各部门、各岗位之间以及信息安全职能部门内部的合作与沟通,应加强与同业机构、通信服务商及监管部门的合作与沟通。接入机构要建立快速报告反馈机制,及时向征信机构和征信业监管部门报告异常查询情况与信息泄露事件。

**重要概念**

- 征信信息安全制度体系包括信息安全管理制度、内部管理相关制度、信息安全内部审计制度等相关制度。
- 安全管理人员构成。征信机构应配备安全主管、信息安全管理员、系统管理员、网络管理员、数据库管理员等。

**自测习题**

一、填空题

1. 经营个人征信机构的董事、监事和高级管理人员应当熟悉与征信业务相关的法律法规,具有履行职责所需的_____,最近_____无重大违法违规记录,并取得_____核准的任职资格。

2. 设置企业征信机构应当具备的基本条件包括_____;_____,包括_____等。

二、判断题

1. 成立个人征信机构需要经过国务院征信业监督管理部门批准。(　　)

2. 征信机构应加强人员安全管理，明确不同岗位的职责，规范人员录用、离岗、考核和培训等工作。（　　）

**三、多项选择题**

征信机构应设立（　　）。

A. 安全主管　　　　　　　　　　B. 信息安全管理员

C. 系统管理员　　　　　　　　　D. 网络管理员

E. 数据库管理员

## 知识点三　征信系统安全

**引导/概述**

征信系统（或信用信息系统、信用信息平台）是征信业务密不可分的载体，征信系统的安全是征信信息安全的重要组成部分，征信系统安全包括安全管理、安全技术和业务运作三个方面。安全管理包含安全管理制度、安全管理机构、人员安全管理、系统建设管理、系统运维管理等方面；安全技术包含客户端安全、通信网络安全、服务器端安全等方面；业务运作包含系统接入与注销、用户管理、信息采集和处理、信息加工、信息保存、信息查询、异议处理、信息跨境流动、研究分析、安全检查与评估等方面（见图13-1）。

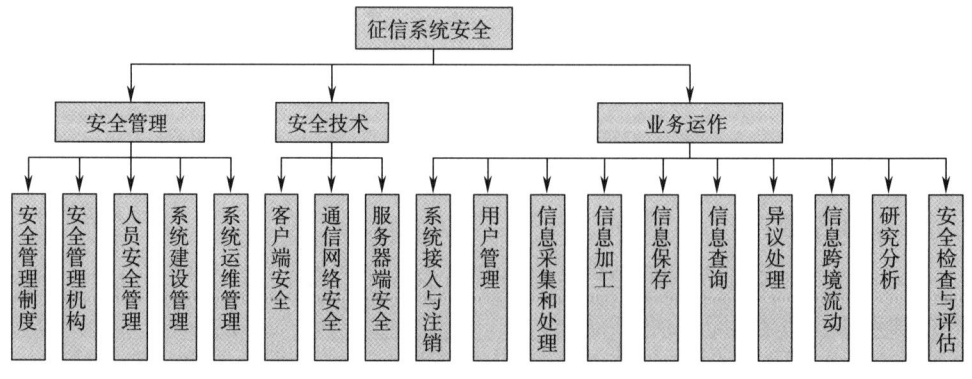

图13-1　征信系统安全要素构成

**学习目标**

要求征信机构从业人员对征信系统安全的内容有全面的了解。

## 知识点正文

### 一、征信系统定义

征信系统是指征信机构与信息提供者和信息使用者协议约定，或者通过专用网、互联网、政府信息公开等渠道，对分散在社会各领域的企业和个人信用信息进行采集、整理、保存、加工和提供而形成的信用信息数据库及相关系统。征信机构通过对征信系统中的企业和个人信用信息进行处理、加工，形成信用报告等征信产品，提供给社会经济活动中有合法需求的信息使用者。接入机构通过约定网络连接征信系统，按时向征信系统报送征信数据，并根据业务需求按规定查询征信系统中的信息。征信系统主要由客户端、通信网络和服务器端组成。征信系统包括个人征信系统和企业征信系统。

### 二、安全管理

1. 安全管理制度。征信机构应根据征信系统的建设、运行和管理情况，接入机构要按规定进行信息报送、查询和使用，建立和完善信息安全管理制度，并定期进行评审和修订。

2. 安全管理机构。征信机构与接入机构应成立由高级管理人员及相关部门负责人组成的征信信息安全领导小组，并指定专门的部门或人员负责征信信息安全管理工作。

3. 人员安全管理。征信机构与接入机构应加强人员安全管理，明确不同岗位的职责，规范人员录用、离岗、考核和培训等工作。

4. 系统建设管理。征信机构应实行系统定级、安全方案设计、安全产品采购和使用、软件开发、工程实施、测试验收、系统交付、系统备案、安全规范测评、外包及安全服务商管理等系统建设管理。

5. 系统运维管理。征信机构应实行环境管理、资产管理、介质管理、设备管理、监控管理、网络安全管理、系统安全管理、恶意代码防范管理、密码管理、变更管理、备份与恢复管理、安全事件处置、应急管理等系统运维管理。接入机构应对自身的网络系统、报数系统与查询系统进行维护管理。

### 三、安全技术

1. 客户端安全。征信机构及与之相连的信息提供者、信息使用者（含接入机构）应采取有效技术措施，保证客户端所处理的信息、客户端与服务器交互信息的机密性和完整性；征信机构应保证所提供的客户端程序的真实性和完整性，以及敏感程序逻辑的机密性。

征信机构应采取有效措施提升本机构客户端环境安全级别，同时应要求接入征信系统的信息提供者、信息使用者（含接入机构）采取有效措施提升本机构客户端环境安全级别。

2. 通信网络安全。面向网络的征信系统，应使用强壮的加密算法和安全协议保护客户端与服务器之间的所有连接，保证信息传输的机密性和完整性。

征信系统客户端与服务器应使用安全的协议和强壮的加密算法进行安全、可靠的身份认证。

3. 服务器端安全。征信机构应确保服务器所处环境的物理安全。机房出入口应安排专人值守，控制、鉴别和记录进入的人。

对网络及主机应具有身份鉴别、访问控制、安全审计、入侵防范、资源控制等功能，提供备份和恢复功能，确保数据完整性、保密性。

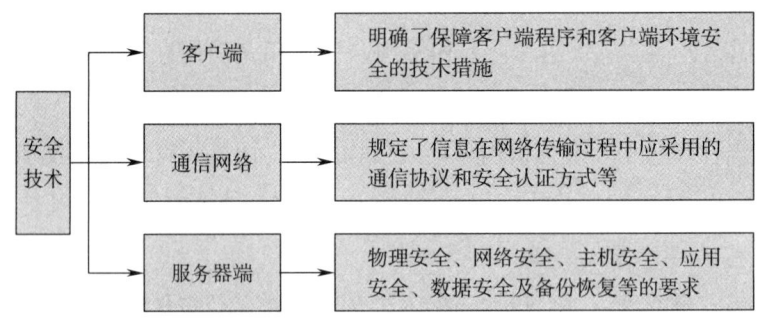

图13-2 征信系统各组成部分安全技术要求

**四、业务运作**

1. 系统接入与注销。征信机构应当建立征信系统外部机构接入和注销的管理办法。

2. 用户管理。征信机构应当要求外部机构（信息提供者、信息使用者）制定用户管理制度，采取必要措施防范外部用户操作风险。

3. 信息采集和处理。征信机构应当制定合适的信息采集流程和处理策略，明确信息采集的范围、内容、方式和频次、报文接收与反馈、意外事件处理及相关岗位职责等。

4. 信息加工。征信机构对采集的信息进行整理，形成信用报告等基础征信产品，应当遵循客观性原则，不得擅自更改原始数据。

5. 信息保存。征信系统应在一定时期内保存对外交互过程中产生的信息文件，同时应保存交互时间、交互对方系统信息、交互是否成功等日志信息，以便事后可追查；对征信系统的交互信息文件和日志文件进行严格的权限控制和操作审计，防止个人信息泄露；要求外部机构（信息提供者、信息使用者）制定信息保存制度。

6. 信息查询。征信系统应当记录查询用户所属机构、查询用户、查询原因、查询时间、被查询对象等信息。信息使用者发生异常查询的，征信机构可以采取暂停查询权限等紧急措施，并及时核查异常查询产生的原因。接入机构要加强信息查询的授权与审批管理，合理设置查询风险阈值，进行动态监测和异常阻断。

7. 异议处理。征信机构及接入机构应当建立异议处理制度，对异议申请与受理、内外部核查、异议信息更正、异议处理结果回复等事项作出明确规定。

8. 信息跨境流动。征信机构在中国境内开展征信业务及相关活动，其生产数据库、备份数据库应设在中国境内。征信机构及接入机构向境外组织和个人提供信息，应当遵守法律法规和人民银行的有关规定。

9. 研究分析。征信机构及接入机构基于理论研究、模型设计、产品开发等目的使用个人信息的，应当以汇总统计数据或者不能识别个人身份的方式进行。

10. 安全检查与评估。征信机构应当定期检查征信系统的安全建设和运行情况；接入机构应当定期开展业务自查与风险排查；征信机构及接入机构应当建立信息泄露应急处置制度。

## 重要概念

- 客户端是指安装有征信系统人机交互客户端程序的 PC 终端、笔记本、移动终端等，也包括安装有实现征信系统部分功能的客户端程序的 PC 终端、笔记本、移动终端等，如数据采集客户端，将来可能还包括其他形式的终端产品。

- 通信网络指的是由客户端、服务器及相关网络基础设施组建的网络连接。征信系统通过互联网或网络专线等方式与信息提供者、信息使用者相连，安全设计应在综合考虑建设成本、网络便利性等因素的同时，采取必要的技术防护措施，有效应对网络通信安全威胁。

- 服务器端是指用于提供征信系统核心业务处理和应用服务的服务器设备及安装的相关软件程序。征信机构应充分利用有效的物理安全技术、网络安全技术、主机安全技术、应用安全技术及数据安全与备份恢复技术等，在外部威胁和受保护的资源间建立多道严密的安全防线。

### 自测习题

**填空题**

1. 征信机构信息系统安全包括_____、_____和_____三个方面。
2. 安全管理包含_____、_____、_____、_____、_____等方面。
3. 安全技术包含_____、_____、_____等方面。
4. 业务运作包含_____、_____、_____、_____、_____、_____、_____、_____等方面。

## 知识点四　信用信息系统安全等级保护

### 引导/概述

信用信息系统是征信机构的核心业务系统，存储着大量的信用信息，一旦系统发生问题，导致信用信息泄露等事件发生，不但影响征信机构运行和征信行业形象，也会影响信息主体的切身利益，严重的甚至会影响金融安全和社会稳定，因此，按照国家规定，征信机构应当提供具有国家信息安全等级保护测评资质的机构出具的信用信息系统安全测评报告。

### 学习目标

要求征信机构从业人员对信用信息系统安全等级保护测评有较全面的了解。

### 知识点正文

#### 一、信息安全等级保护的概念和等级划分

信息安全等级保护是对信息和信息载体按照重要性等级分别进行保护的工作，在中国、美国等很多国家都有相关做法。在中国，信息安全等级保护广义上涉及标准、产品、系统、信息等全方位等级保护，狭义上一般指信息系统安全等级保护。

信息系统的安全等级级别划分为五级，第一级为用户自主保护级，第二级为

系统审计保护级，第三级为安全标记保护级，第四级为结构化保护级，第五级为访问验证保护级。

等级保护测评实质上是对信息系统安全风险的监控过程，即确定安全控制实现的有效性。与狭义的仅针对系统的安全风险评估不同，等级保护测评首先是标准符合性评判活动，即依据信息安全等级保护的国家标准或行业标准，采用特定的方法对信息系统中所采用的安全技术和管理控制措施实现的有效性进行验证，不仅能够为信息系统运行使用单位发现系统漏洞和存在的隐患，全面揭示系统风险并提出整改建议，满足合标性要求，同时还站在国家风险管理角度判断系统安全保护能力是否满足国家风险管控要求，满足合规性要求，具有广义的国家信息安全风险评估的内涵。

### 二、信用信息系统安全等级保护测评对象

测评对象是测评实施过程中涉及的信息系统的构成成分，包括客观存在的人员、文档、机制或者设备等。测评对象是根据该工作单元中的测评项要求提出的，与测评项的要求相适应。

### 三、信用信息系统安全等级保护测评内容

信用信息系统安全等级保护测评的行业标准为《征信机构信息安全规范》，该标准适用于征信机构信息系统的建设、运行和维护，也可作为各单位开展安全检查和内部审计的安全性依据。等级保护测评应根据信用信息系统的定级情况选取相应的测评指标，主要包括业务信息安全指标类（S）、系统服务保证指标类（A）、通用安全指标类（G）三类。第二、第三、第四级信用信息系统安全控制指标类型分别具体如表13-1、表13-2、表13-3所示：

表13-1 二级系统测评指标

| 技术/管理 | 安全分类 | 测评指标 | | | |
|---|---|---|---|---|---|
| | | 安全子类数量 | | | |
| | | S（2级） | A（2级） | G（2级） | 小计 |
| 安全技术 | 物理安全 | 1 | 1 | 8 | 10 |
| | 网络安全 | 1 | — | 5 | 6 |
| | 主机安全 | 2 | 1 | 3 | 6 |
| | 应用安全 | 4 | 2 | 1 | 7 |
| | 数据安全及备份恢复 | 2 | 1 | — | 3 |

续表

| 测评指标 | | | | | |
|---|---|---|---|---|---|
| 技术/管理 | 安全分类 | 安全子类数量 | | | |
| | | S (2级) | A (2级) | G (2级) | 小计 |
| 安全管理 | 安全管理制度 | — | — | 5 | 5 |
| | 安全管理机构 | — | — | 3 | 3 |
| | 人员安全管理 | — | — | 5 | 5 |
| | 系统建设管理 | — | — | 9 | 9 |
| | 系统运维管理 | — | — | 12 | 12 |
| | 合计 | | | | 66 |

表13-2　　　　　三级系统测评指标

| 测评指标 | | | | | |
|---|---|---|---|---|---|
| 技术/管理 | 安全分类 | 安全子类数量 | | | |
| | | S (3级) | A (3级) | G (3级) | 小计 |
| 安全技术 | 物理安全 | 1 | 1 | 8 | 10 |
| | 网络安全 | 1 | — | 6 | 7 |
| | 主机安全 | 3 | 1 | 3 | 7 |
| | 应用安全 | 5 | 2 | 2 | 9 |
| | 数据安全及备份恢复 | 2 | 1 | — | 3 |
| 安全管理 | 安全管理制度 | — | — | 5 | 5 |
| | 安全管理机构 | — | — | 3 | 3 |
| | 人员安全管理 | — | — | 5 | 5 |
| | 系统建设管理 | — | — | 11 | 11 |
| | 系统运维管理 | — | — | 13 | 13 |
| | 合计 | | | | 73 |

表13-3　　　　　四级系统测评指标

| 测评指标 | | | | | |
|---|---|---|---|---|---|
| 技术/管理 | 安全分类 | 安全子类数量 | | | |
| | | S (4级) | A (4级) | G (4级) | 小计 |
| 安全技术 | 物理安全 | 1 | 1 | 8 | 10 |
| | 网络安全 | 1 | — | 6 | 7 |
| | 主机安全 | 5 | 1 | 3 | 9 |
| | 应用安全 | 6 | 2 | 3 | 11 |
| | 数据安全及备份恢复 | 2 | 1 | — | 3 |

续表

| 测评指标 | | | | | |
|---|---|---|---|---|---|
| 技术/管理 | 安全分类 | 安全子类数量 | | | 小计 |
| | | S (4级) | A (4级) | G (4级) | |
| 安全管理 | 安全管理制度 | — | — | 5 | 5 |
| | 安全管理机构 | — | — | 3 | 3 |
| | 人员安全管理 | — | — | 5 | 5 |
| | 系统建设管理 | — | — | 11 | 11 |
| | 系统运维管理 | — | — | 13 | 13 |
| 合计 | | | | | 77 |

**四、信用信息系统安全等级保护测评步骤和方法**

等级保护测评分为系统定级、系统备案、建设整改、等级测评和监督检查五个步骤。测评方法分为现场测评和风险分析。

现场测评一般采用访谈、检查和测评等三类方法。

风险分析过程包括：判断信息系统安全保护能力缺失被威胁利用导致风险事件发生的可能性，判断风险事件对信息系统业务信息安全和系统服务安全造成的影响程度，综合前两项的结果对信息系统面临的风险进行汇总和分等级，结合信息系统的安全保护等级对风险分析结果进行评价，即对国家安全、社会秩序、公共利益以及公民、法人和其他组织的合法权益造成的风险。

**五、信用信息系统安全等级保护测评风险**

在等级保护测评实施过程中，被测系统可能面临以下风险：验证测评影响系统正常运行，工具测评影响系统正常运行，敏感信息泄露。

## 重要概念

信息安全等级保护是对信息和信息载体按照重要性等级分别进行保护的工作，在中国、美国等很多国家都有相关做法。在中国，信息安全等级保护广义上涉及标准、产品、系统、信息等全方位等级保护，狭义上一般指信息系统安全等级保护。

## 自测习题

**一、填空题**

1. 个人信用信息系统应符合国家信息安全保护等级_____标

准，企业信用信息系统由征信机构根据实际情况自行确定安全保护等级。

2. 等级保护测评分为_____、_____、_____、_____和_____五个步骤。

3. 等级保护测评应根据信用信息系统的定级情况选取相应的测评指标，主要包括_____、_____、_____三类。

二、判断题

1. 在等级保护测评实施过程中，被测系统可能面临以下风险：验证测评影响系统正常运行、工具测评影响系统正常运行和敏感信息泄露。（  ）

2. 等级保护测评方法分为现场测评和非现场测评。（  ）

# 知识点五　征信机构保障征信信息安全的责任

### 引导/概述

信用信息涉及信息主体社会经济生活的方方面面，征信机构在从事征信业务及相关活动过程中，应当遵守法律法规，诚信经营，不得危害国家秘密，不得侵犯商业秘密和个人隐私，应采取有效措施，从源头上防范信息滥用和信息泄露事件发生。

### 学习目标

要求征信机构从业人员对维护信息主体合法权益、保障客户征信信息安全的责任和义务有清楚的了解和掌握。

### 知识点正文

征信机构应认真贯彻执行国家法律法规和人民银行各项监管规章制度要求，在落实各项信用信息安全管理要求的基础上，不断健全内控制度，采取有效措施，保证信用信息安全。

一、征信机构应当履行保障征信信息安全的责任

1. 征信机构保障信息安全的责任。征信机构应当按照国务院征信业监督管理部门的规定，建立健全和严格执行保障信息安全的规章制度，并采取有效技术措

施保障信息安全。应当有符合国务院征信业监督管理部门规定的保障信息安全的设施、设备和制度、措施；有健全的公司治理结构和组织机构，员工队伍具有业务能力；有完善的业务操作、信息安全管理、合规性管理等内控制度；个人信用信息系统应符合国家信息安全保护等级二级或二级以上标准。

2. 征信机构应切实维护信息主体合法权益。征信机构不得窃取或者以其他方式非法获取信息，不得违法提供或者出售信息、泄露信息。

3. 个人征信机构应当明确规定查询个人信息的权限和程序。经营个人征信业务的征信机构应当对其工作人员查询个人信息的权限和程序作出明确规定，对工作人员查询个人信息的情况进行登记，如实记载查询工作人员的姓名，查询的时间、内容及用途。工作人员不得违反规定的权限和程序查询信息，不得泄露工作中获取的信息。

4. 征信机构应当对信用信息系统的安全情况进行测评。征信机构信用信息系统安全保护等级为二级的，应当每两年进行测评；信用信息系统安全保护等级为三级以及以上的，应当每年进行测评。

5. 征信机构应当制订各类突发事件应急预案。征信机构应当针对经营中可能发生的各类突发事件，制订切实可行的应急预案。

**二、征信机构应当承担征信信息安全事项的报备或报告义务**

根据《征信业管理条例》《征信机构管理办法》《征信机构监管指引》等有关规定，征信机构应定期向人民银行及其分支机构报备或报告以下事项：

1. 征信机构应当及时报备组织机构设置情况和内控制度。征信机构应当完善公司治理结构，建立健全信用信息采集、使用、加工、处理、查询、异议和投诉处理、信息安全等内控制度。征信机构发生组织机构设置变动、内控制度修订的，应当自变动、修订之日起 30 日内向所在地的人民银行省会（首府）城市中心支行以上分支机构办理变更备案。

2. 征信机构应当及时报备信用信息系统安全测评报告。个人征信机构应当自具有国家信息安全等级保护测评资质的机构出具信用信息系统的安全测评报告之日起 20 日内，将测评报告报送人民银行；企业征信机构应当将测评报告报送备案机构。

3. 征信机构应定期报告征信业务开展的情况。征信机构应当按照国务院征信业监督管理部门的规定，报告上一年度开展征信业务的情况。其中，个人征信机构应当在每年第一季度末，向人民银行报告上一年度征信业务开展情况；企业征信机构应当在每年第一季度末，向备案机构报告上一年度征信业务开展情况。报告内容应当包括信用信息采集、征信产品开发、信用信息服务、异议处理、信用信息系统建设情况、信息安全保障情况等。

### 重要概念

- 征信业务开展情况报告。内容应当包括信用信息采集、征信产品开发、信用信息服务、异议处理、信用信息系统建设情况、信息安全保障情况等。
- 信用信息系统安全测评报告。由具有国家信息安全等级保护测评资质的机构出具的征信机构信用信息系统的安全测评结果。

### 自测习题

#### 一、填空题

1. 个人征信机构应当自具有_____的机构出具测评报告之日起_____内，将测评报告报送人民银行，企业征信机构应当将_____报送备案机构。

2. 个人征信机构应当在每年_____，向人民银行报告_____征信业务开展情况。

3. 征信机构信用信息系统安全保护等级为二级的，应当每____对信用信息系统的安全情况进行测评；信用信息系统安全保护等级为三级以及以上的，应当____进行测评。

#### 二、判断题

1. 征信机构不得窃取或者以其他方式非法获取信息；不得违法提供或者出售信息、泄露信息。（    ）

2. 征信机构应当按照国务院征信业监督管理部门的规定，报告上一年度开展征信业务的情况。（    ）

#### 三、多项选择题

1. 经营个人征信业务的征信机构应当对其工作人员查询个人信息的情况进行登记，下列属于登记内容的是（    ）。

   A. 工作人员的姓名　　　　　　B. 查询时间
   C. 查询内容　　　　　　　　　D. 查询用途

2. 征信机构完善公司治理包括建立哪些内控制度？（    ）

A. 信用信息采集制度　　　　　　B. 信用信息使用制度
C. 信用信息加工处理制度　　　　D. 信用信息查询、异议和投诉处理制度
E. 信息安全制度

## 知识点六　信息使用者保障征信信息安全的责任

### 引导/概述

根据《征信业管理条例》《个人信用信息基础数据库管理暂行办法》等法规制度，信息使用者应加强征信信息的合规管理，切实保障征信信息安全，维护信息主体合法权益。其中，接入机构同时作为信息提供者与使用者，要增强保护信息主体合法权益意识，提高信息主体异议和投诉处理效率，合规使用金融信用信息基础数据库提供的服务产品。

### 学习目标

要求信息使用者对保证征信信息安全的责任和义务有比较清楚的了解。

### 知识点正文

#### 一、信息使用者应当履行保障征信信息安全的责任

1. 建立健全征信信息安全管理内控制度。信息使用者应当认真贯彻落实征信业监督管理部门的工作要求，建立健全征信业务相关内控管理制度，并及时监测和化解业务运营中存在的风险和问题，切实保障征信信息安全，维护信息主体合法权益。

2. 应当按照约定用途使用信用信息。信息使用者查询信用报告时应当取得被查询人授权，并按照与个人信息主体约定的用途使用个人信息，不得将个人信用报告用作约定以外的用途，法律规定可以不经信息主体同意查询的除外。

3. 信息使用者不得违法提供或者出售信息、泄露信息。未经个人信息主体同意，信息使用者不得将个人信用报告向第三方提供，不得违法提供或者出售信息、泄露信息。

4. 信息使用者应加强用户管理，建立责任追究制度。信息使用者应当高度重视个人信用信息安全保护工作，切实加强查询用户管理，确保只有实际业务需要

的人员才能够接触客户信用报告。同时，应加强对用户异常查询行为的监控、核实，对违规查询行为及时制止，对相关人员严肃追责。

5. 信息使用者应加强信息安全教育和培训。信息使用者所在单位应加强对相关从业人员的征信合规教育培训，进一步强化征信查询使用人员的合规意识。信息使用者个人应加强征信法规制度的学习，增强信息安全保密意识。

**二、信息使用者应当承担征信信息安全事项的报备或报告义务**

1. 信息使用者应当向征信业监督管理部门报备征信内控制度。全国性接入机构向人民银行征信管理局报备，地方性接入机构向当地人民银行分支机构报备。

2. 应及时向征信业监督管理部门报告征信合规管理情况自查自纠工作开展情况。接入机构应按照征信业监督管理部门的部署和安排，开展征信信息合规与安全自查自纠工作，并将情况及时报告人民银行。全国性接入机构向人民银行征信管理局报备，地方性接入机构向当地人民银行分支机构报备。

3. 按照征信业监督管理部门要求做好个人征信查询用户报备工作。信息使用者应按照人民银行及当地人民银行分支机构的要求，做好查询用户备案工作。查询用户发生变动，信息使用者应当及时变更备案。

### 重要概念

- 按照约定使用征信信息：是指信息使用者在查询信息主体的信用报告前应当取得被查询人授权，并按照与信息主体约定的用途使用个人信息，不得将个人信用报告用作约定以外的用途，法律规定可以不经信息主体同意查询的除外。

- 信息安全教育培训：加强对相关从业人员的征信合规教育培训，进一步强化信息使用者的合规意识。信息使用者个人应加强征信法规制度的学习，增强信息安全保密意识。

### 自测习题

**一、填空题**

1. 信息使用者应当认真贯彻落实_____的工作要求，建立健全征信业务相关_____，并及时监测和化解_____中存在的风险和问题，切实保障征信信息安全，维护信息主体合法权益。

2. 接入征信机构的单位应按照_____的要求，定期开展征信合规情况_____，各行可结合辖内实际，进行相关工作安排，并将情况及时上报总行。

## 二、判断题

1. 信息主体认为征信机构或者信息提供者、信息使用者侵害其合法权益的，可以向所在地的国务院征信业监督管理部门派出机构投诉。（　　）

2. 信息主体认为征信机构或者信息提供者、信息使用者侵害其合法权益的，可以直接向人民法院起诉。（　　）

## 三、多项选择题

1. 以下属于信息使用者的侵权行为的是：（　　）。

   A. 将征信产品作为拒贷的依据之一

   B. 超范围或在目的外使用

   C. 在使用征信产品中泄露商业秘密、个人隐私

   D. 擅自允许他人使用

2. 《征信业管理条例》中规定个人对本人信息享有的权利包括（　　）。

   A. 查询权　　　B. 异议权　　　C. 修改权　　　D. 投诉权

# 知识点七　征信机构人员安全管理

## 引导/概述

根据《征信业管理条例》《个人信用信息基础数据库管理暂行办法》《征信机构信息安全规范》《金融信用信息基础数据库用户管理规范》要求，征信机构应加强人员安全管理，明确不同岗位的职责，规范人员录用、离岗、考核和培训等工作。

## 学习目标

要求征信机构从业人员对征信机构人员安全范围、内容有基本的了解。

## 知识点正文

### 一、征信机构人员安全管理范围

征信机构应设定安全主管、信息安全管理员、部门计算机安全员、技术支持人员、业务操作人员和一般计算机用户等六类人员，明确六类人员的安全职责和行为规范，从人员安全管理着手，防范信息滥用和信息泄露事件发生，维护信息主体合法权益。

从使用征信系统角度看，征信机构人员安全管理涉及征信系统创建的各类用户，包括管理员用户、报送用户、查询用户、异议处理用户等。

### 二、征信机构人员安全管理内容

（一）征信机构用户安全管理制度

1. 征信机构应当建立征信系统用户管理制度，明确各类用户的申请、创建、变更、终止及用户操作、用户职责等相关要求，关键岗位不得互相兼任。管理员用户应当加强对同级查询用户、数据上报用户与下一级管理员用户的日常管理。用户工作人员调离，该用户应当立即予以停用。征信机构应当制定管理员用户和查询用户的口令控制制度，并定期检查口令控制执行情况。

2. 征信机构应当对其工作人员查询征信信息的权限和程序作出明确规定，对工作人员查询征信信息的情况进行登记，如实记载查询工作人员的姓名，查询的时间、内容及用途。工作人员不得违反规定的权限和程序查询信息，不得泄露工作中获取的信息。

3. 征信机构应当建立征信系统监控制度，对征信系统创建用户的异常操作行为进行监控，必要时采取措施暂停违规用户权限，保障征信系统安全运行。

（二）征信机构对外部机构用户的安全管理职责

1. 征信机构应当要求接入征信系统的外部机构（信息提供者、信息使用者）制定用户管理制度，明确管理员用户、数据查询用户、数据报送用户、异议处理用户等的职责和权限，建立各类用户的操作规程。

2. 征信机构应当定期对外部用户的设置、用户权限、用户操作及用户管理制度的执行情况等进行核查，并将核查结果报告征信监管部门。

3. 征信机构应当定期核查外部机构对征信系统的查询情况。

## 重要概念

征信机构应当建立征信系统用户管理制度，明确各类用户的申请、创建、变更、终止及用户操作等相关要求，关键岗位不得互相兼任。

## 自测习题

### 判断题

征信机构应当建立征信系统用户管理制度，明确各类用户的申请、创建、变更、终止及用户操作等相关要求，关键岗位不得互相兼任。（　　）

## 知识点八  信息使用者人员安全管理

### 引导/概述

征信信息使用者会直接接收信息主体综合的信用信息，做好信息使用者人员安全管理工作成为保障征信信息安全、维护信息主体合法权益的关键步骤。

### 学习目标

要求征信从业人员对征信信息使用者类型、所在机构及安全职责、相应安全制度等内容有基本的了解。

### 知识点正文

**一、信息使用者范围**

信息使用者是指从征信机构和金融信用信息基础数据库获取信息的单位和个人。

**二、信息使用者安全管理内容**

1. 信息使用者应当建立用户管理制度。信息使用者，大多数时候也是信息提供者，要明确管理员用户、数据上报用户、异议处理用户和查询用户的职责及操作规程。管理员用户、数据上报用户和查询用户不得互相兼职。管理员用户应当根据操作规程，为得到相关授权的人员创建相应用户。管理员用户不得直接查询个人信用信息。查询用户应实名制管理，一人一户，不能多人共用一户。妥善对征信信息进行管理，保证征信信息安全不泄露。

2. 信息使用者应及时报备用户使用情况。创建的个人征信用户须报征信监管部门和征信机构备案，若个人征信用户发生变动，应当在 2 个工作日内向征信监管部门和征信机构备案。

3. 信息使用者应当制定口令控制制度。管理员用户和查询用户要定期检查口令控制执行情况。各查询用户的用户名及密码仅限本人使用，严禁他人使用或将密码告知他人。

4. 信息使用者应当对查询情况进行检查。通过经常性检查，确保所有查询符合规定，并定期向征信监管部门和征信机构报告查询检查结果。

## 自测习题

**单项选择题**

1. 查询用户工作人员调离，该用户应当立即予以（　　）。
   A. 停用　　　　B. 注销　　　　C. 删除　　　　D. 备案
2. 商业银行管理员用户、数据上报用户和查询用户须报（　　）备案。
   A. 该商业银行人事部门　　　　B. 人民银行机要管理部门
   C. 人民银行征信管理部门　　　　D. 公安局
3. （　　）应当经常对个人信用数据库的查询情况进行检查，确保所有查询符合《个人信用信息基础数据库管理暂行办法》。
   A. 商业银行　　　　　　　　B. 人民银行
   C. 银监局　　　　　　　　　D. 国家外汇管理局

## 知识点九　对信息泄露风险的防范和监管

### 引导/概述

征信机构、信息提供者和信息使用者（含接入机构、查询点）一旦发现可能会发生信息泄露等事件，应立即停止用户查询权限，并采取相应措施，降低信息泄露可能带来的负面影响，并及时向所在地人民银行分支机构报告。人民银行及其分支机构应密切关注信息泄露风险，及时采取措施，加强监管，防患于未然。

### 学习目标

要求征信机构、信息提供者、信息使用者对人民银行有关征信信息安全管理要求、风险监管措施，以及出现信息泄露等事件面临的处罚等有基本的了解。

### 知识点正文

根据《征信业管理条例》《个人信用信息基础数据库管理暂行办法》《金融信用信息基础数据库用户管理规范》等法规制度，个人信息泄露风险包括但不限于以下几类：（1）未经信息主体授权查询个人信息、企业信息；（2）违法提供或出售用户名、密码，或用户名、密码保管不善造成的个人、企业信息泄露；（3）查得的个人、企业信息保管不善造成的信息泄露；（4）网络系统或服务器被攻击造成的信息泄露；（5）其他形式的信息泄露。

2016 年新修订的《刑法》等法律法规对非法买卖或者违法提供公民个人信息量刑规定予以进一步明确。《征信业管理条例》《征信机构管理办法》《中国人民银行关于进一步加强征信信息安全管理的通知》等法规制度，对出现信息泄露的事件时，有关各方应该履行的报告制度和处置规定等作出了界定。

**一、对发生信息泄露等重大突发事件的报告、处置和预防**

1. 征信机构对发生信息泄露等突发事件的处置和防范。征信机构发生重大突发事件，应当将有关情况及时上报人民银行及其省会（首府）城市中心支行以上分支机构。重大突发事件按照"主体责任、属地管理、分级负责、监管指导"的原则予以处置。

征信机构应当针对经营中可能发生的各类突发事件，制订切实可行的应急预案。同时，应当高度关注媒体舆情，主动做好舆情收集工作，积极回应社会关切。

2. 信息提供者或信息查询者对发生信息泄露的报告和处置。向征信机构提供或者查询信息的机构发现存在非法查询、下载、出售个人征信信息的，要立即停止用户查询权限，追究相关人员的责任，并向所在地人民银行分支机构报告。涉嫌犯罪的，依法移交公安机关处置。

**二、对发生信息泄露的监管**

（一）国家法律法规对侵犯个人信息的处罚规定

目前，我国还没有出台专门的个人信息保护法，从现有法规来看，对侵犯公民个人信息的行为，《民法通则》规定了对个人姓名权、肖像权和名誉权的损害赔偿责任；《刑法》明确了向他人出售或者提供公民个人信息，情节严重的将会被判处刑罚。

《中华人民共和国刑法（2015 年修正）》第二百五十三条之一规定："违反国家有关规定，向他人出售或者提供公民个人信息，情节严重的，处三年以下有期徒刑或者拘役，并处或者单处罚金；情节特别严重的，处三年以上七年以下有期徒刑，并处罚金。违反国家有关规定，将在履行职责或者提供服务过程中获得的公民个人信息，出售或者提供给他人的，依照前款的规定从重处罚。窃取或者以其他方法非法获取公民个人信息的，依照第一款的规定处罚。单位犯前三款罪的，对单位判处罚金，并对其直接负责的主管人员和其他直接责任人员，依照各条款的规定处罚。"

（二）征信业监督管理部门对信息泄露风险的监管措施

《征信业管理条例》《征信机构管理办法》等有关法规制度规定，针对可能发生的信息泄露等重大事件，国务院征信业监督管理部门对征信机构、信息提供者或信息使用者可以采取的主要措施有：

1. 风险提示。人民银行及其省会（首府）城市中心支行以上分支机构通过非现场监管，认为征信机构存在风险的，向其发送风险提示函，要求其限期整改；符合规定情形的，列为重点监管对象。

2. 重点监管。征信机构出现可能发生信息泄露征兆的，或者发生信息泄露等突发事件的，人民银行及其分支机构可以将其列为重点监管对象。征信机构被列为重点监管对象的，人民银行及其分支机构可以酌情缩短征信机构报告征信业务开展情况、进行信用信息系统安全情况测评的周期，并采取相应的监管措施，督促征信机构整改。

3. 监管约谈。人民银行及其分支机构可以根据监管需要，约谈征信机构董事、监事和高级管理人员，要求其就征信业务经营、风险控制、内部管理等有关重大事项作出说明。

4. 专项检查。人民银行及其分支机构在处理信息主体投诉、评估征信机构风险、应对征信机构信息泄露等突发事件时，认为确有必要的，可以对征信机构进行专项检查。

5. 责令整改或停业整顿。个人征信机构的个人信用信息系统未达到国家信息安全保护等级二级或者二级以上要求的，人民银行可以责令整顿；情节严重或者拒不整顿的，人民银行可以吊销其个人征信业务经营许可证。

6. 临时接管。经营个人征信业务的征信机构、信息提供者或信息使用者发生重大信息泄露等事件的，国务院征信业监督管理部门可以采取临时接管相关信息系统等必要措施，避免损害扩大。

7. 吊销业务经营许可证或注销备案。经营个人征信业务的征信机构违法提供或者出售信息，或者因过失泄露信息，情节严重或者造成严重后果的，由国务院征信业监督管理部门吊销其个人征信业务经营许可证。企业征信机构发生严重违法违规行为的，人民银行省会（首府）城市中心支行以上分支机构可以注销其备案。

8. 行政处罚。征信机构、向征信机构提供信息或者查询使用信息的机构有违法提供或者出售信息，或者存在过失泄露信息等行为的，国务院征信业监督管理部门或者其派出机构责令限期改正，对单位处5万元以上50万元以下的罚款；对直接负责的主管人员和其他直接责任人员处1万元以上10万元以下的罚款；有违法所得的，没收违法所得。给信息主体造成损失的，依法承担民事责任；构成犯罪的，依法追究刑事责任。

## 自测习题

一、填空题

经营个人征信业务的征信机构违法提供或者出售信息，或者因过失泄露信息，情节严重或者造成严重后果的，由国务院征信业监督管理部门吊销其_____。

二、判断题

违反国家有关规定，向他人出售或者提供公民个人信息，情节特别严重的，可处三年以上七年以下有期徒刑，并处罚金。（　　）

三、多项选择题

1. 征信机构、信息提供者、信息使用者应遵守哪些规定？（　　）

   A. 不得违反规定的权限和程序查询信息

   B. 可以任意查询客户个人信息

   C. 相关工作人员不得泄露工作中获取的信息

   D. 可以将工作中知悉的公民个人信息出售或者提供给他人

2. 征信机构、信息提供者或信息使用者存在出售或者过失泄露客户信息等行为的，将面临哪些处罚？（　　）

   A. 国务院征信业监督管理部门或者其派出机构责令限期改正

   B. 对单位和个人罚款

   C. 没收违法所得

   D. 构成犯罪的，依法追究刑事责任

3. 《中华人民共和国刑法（2015年修正）》对违反国家有关规定，向他人出售或者提供公民个人信息的量刑规定中，以下哪些说法是正确的？（　　）

   A. 情节严重的，处三年以下有期徒刑或者拘役，并处或者单处罚金

   B. 情节特别严重的，处三年以上七年以下有期徒刑，并处罚金

   C. 违反国家有关规定，将在履行职责或者提供服务过程中获得的公民个人信息，出售或者提供给他人的，依照前款的规定从重处罚

   D. 窃取或者以其他方法非法获取公民个人信息的，依照第一款的规定处罚

## 知识点十　征信机构破产或解散的处置

### 引导/概述

信用信息系统包含大量企业商业秘密和个人隐私信息，为保障信息主体的信息安全，征信机构在破产或解散时，提前对相关数据作出合理安排，是非常必要和十分重要的。

### 学习目标

要求征信机构对拟终止征信业务时应当履行的报告和公告义务，以及对信息数据库进行处理的规定有基本的了解。

### 知识点正文

《征信业管理条例》《征信机构管理办法》规定了征信机构破产或解散时的提前报告制度，以及对相关数据库进行处理的要求。

**一、征信机构破产或解散时的报告义务**

征信机构因解散或者被依法宣告破产等原因拟终止征信业务的，应当在拟终止之日前60日向人民银行报告市场退出方案。

**二、个人征信机构破产或解散时的公告义务**

经营个人征信业务的征信机构解散或者被依法宣告破产的，应当自终止征信业务之日起20日内，在人民银行指定的媒体上公告，并办理个人征信业务经营许可证注销手续，将许可证缴回人民银行；逾期不缴回的，人民银行应当依法收缴。

**三、征信机构破产或解散时数据库的处理规定**

征信机构因解散或者被依法宣告破产等原因拟终止征信业务的，应当按照《征信业管理条例》第十二条规定处理信息数据库：与其他征信机构约定并经国务院征信业监督管理部门同意，转让给其他征信机构；不能依照前项规定转让的，移交给国务院征信业监督管理部门指定的征信机构；不能依照前两项规定转让、移交的，在国务院征信业监督管理部门的监督下销毁。

## 自测习题

**一、填空题**

1. 征信机构因解散或者被依法宣告破产等原因拟终止征信业务的，应当在拟终止之日前____日向人民银行报告市场退出方案。

2. 个人征信机构解散或者被依法宣告破产的，应当自终止征信业务之日起____日内，在人民银行指定的媒体上公告。

**二、判断题**

1. 征信机构拟终止征信业务的，应当与其他征信机构约定并经国务院征信业监督管理部门同意，将其信息数据库转让给其他征信机构。（    ）

2. 个人征信机构解散或者被依法宣告破产的，不必办理个人征信业务经营许可证注销手续。（    ）

**三、多项选择题**

个人征信机构破产或解散，应当办理哪些手续？（    ）

A. 在拟终止之日前 60 日向人民银行报告市场退出方案

B. 自终止征信业务之日起 20 日内，在人民银行指定的媒体上公告

C. 办理个人征信业务经营许可证注销手续

D. 将个人征信业务许可证缴回人民银行

# 第十四章 监管要求

**本章使用说明：**本章适用于金融信用信息基础数据库接入机构各级征信管理与从业人员、征信机构中高层管理人员、征信监管工作人员。

### 本章介绍

本章从如何理解征信监管的概念入手，结合当前国内征信监管工作的实际，详细介绍了人民银行对征信机构及其接入机构监管的相关内容与主要举措。

## 知识点一　如何理解征信监管的概念？

### 引导/概述

征信监管随着征信市场的发展而出现，对于规范征信机构及其信息提供者和信息使用者的行为，保护信息主体权益，推动征信市场健康发展，具有重要意义。

### 学习目标

要求征信业监督管理部门工作人员、征信机构及其信息提供者和信息使用者从业人员正确掌握征信监管的概念、主体和对象。

### 知识点正文

#### 一、征信监管的概念

征信监管是指一国政府职能部门依据法律、法规，对征信机构及其信息提供者和信息使用者的业务进行监督管理的制度安排及相关活动。

## 二、征信监管的主体

世界上大部分国家将对征信业的监管权赋予中央银行或其他金融监管部门。2013 年，我国《征信业管理条例》正式颁布实施，明确人民银行为国务院征信业监督管理部门。

## 三、征信监管的对象

征信监管的对象包括征信机构、信息提供者、信息使用者三类。

征信机构是依法设立，主要经营征信业务的机构。信息提供者是指向征信机构提供信用信息的个人、法人和其他组织，通常包括政府部门、金融机构以及其他掌握信息主体信用信息的机构和个人。信息使用者是指按照法律法规或合同约定，通过征信机构获取信用信息，并用于特定目的的个人、法人和其他组织。其中，金融信用信息基础数据库接入机构同时作为信息提供者与信息使用者，按时向数据库报送征信信息，并根据业务需求按规定查询数据库中的信用信息。

### 自测习题

**一、填空题**

征信监管是指一国政府职能部门依据法律、法规，对_____的业务进行监督管理的制度安排及相关活动。

**二、多项选择题**

征信监管的对象包括（　　）。

A. 征信机构　　B. 信息提供者　　C. 信息主体　　D. 信息使用者

## 知识点二　人民银行及其分支机构履行征信监管的职责有哪些？

### 引导/概述

2003 年，国务院赋予人民银行"管理信贷征信业，推动建立社会信用体系"的职责。2003 年 10 月，人民银行设立征信管理局，履行国务院赋予的职责。2004 年，人民银行建成全国集中统一的个人信用信息基础数据库，2005 年银行信贷登记咨询系统升级为全国集中统一的企业信用信息基础数据库。2008 年，国务院将人民银行征信管理职责调整为"管理征信业，推动建立社会信用体系"，并牵头社会信用体系建设部际联席会议，2011 年牵头单位中增加国家发展和改革委员会。2013 年 3 月 15 日，《征信业管理条例》正式实施，以行政法规形式明确中国人民银行为国务院征信业监督管理部门，为人民银行依法履行征信管理职能提供了法制基础。

### 学习目标

要求征信业监督管理部门工作人员，征信机构及其信息提供者和信息使用者从业人员掌握人民银行及其分支机构履行征信监管职责的范围。

### 知识点正文

《征信业管理条例》明确中国人民银行及其派出机构是国务院征信业监督管理部门，履行对征信业的监督管理职责，主要包括：

1. 制定征信业管理的规章制度。
2. 审批从事个人征信业务的机构，接受从事企业征信业务征信机构的备案。
3. 对征信业务活动进行常规管理。
4. 对征信机构遵守《征信业管理条例》及有关规章制度的情况进行检查，对违法行为进行处罚。
5. 处理信息主体提出的异议与投诉。

### 自测习题

一、填空题

1. 2013 年 3 月 15 日＿＿＿＿＿＿＿＿＿＿正式实施，以行政法规形式明确了人民银行及其派出机构依法对＿＿＿＿＿＿＿＿＿＿，为人民银行依法履职提供了法制基础。

2. 2008 年，国务院将人民银行征信管理职责调整为"＿＿＿＿＿＿"并牵头＿＿＿＿＿＿＿＿＿＿。

二、多项选择题

《征信业管理条例》明确人民银行及其派出机构是征信业监督管理部门，履行对征信业的监督管理职责，主要包括：（　　）。

A. 制定征信业管理的规章制度
B. 审批从事个人征信业务的机构，接受从事企业征信业务征信机构的备案
C. 对征信业务活动进行常规管理

D. 对征信机构遵守《征信业管理条例》及有关规章制度的情况进行检查，对违法行为进行处罚

E. 处理信息主体提出的投诉

## 知识点三　征信监管的主要内容有哪些？

**引导/概述**

征信监管的内容主要包括征信机构管理、征信业务管理、信息提供者及信息使用者管理（含接入机构、征信查询点）、从业人员管理。

**学习目标**

要求征信业监督管理部门工作人员和征信机构从业人员基本了解征信监管的主要内容。

**知识点正文**

### 一、征信机构管理

征信机构管理主要是市场准入和退出管理。通过对征信机构的市场准入和退出管理，调节机构的数量和种类，保持适度的市场规模和结构。

市场准入通常有许可和备案两种方式。许可规定了征信机构的最低准入标准，对经营者的业务状况、财务状况和技术能力进行评估，以确定其是否能够提供安全和高效的征信服务，以及是否具备履行隐私权和消费者权益保护职责的能力。备案需要提供征信机构的业务状况、财务状况和技术能力等相关信息，以便监管部门掌握情况。近年来，国际上加强了对征信机构的监管，特别是对个人征信机构的监管，我国顺应国际监管趋势，对从事个人征信业务的机构实行严格的准入管理，即从事个人征信业务的机构需经过监管当局审批成立后方能从事征信活动。对从事企业征信业务的机构设立，不设置前置审批，只需要符合《公司法》条件即可成立，但应在规定期限内向监管当局备案。

### 二、征信业务管理

征信业务管理就是指按照征信业务的分类及从业务的各个环节入手进行监管。征信业务的各个环节通常指征信机构对企业、事业单位等组织和个人的信用

信息进行采集、整理、保存、加工,并向信息使用者提供的活动。按照对信用信息采集、整理、保存、加工和对外提供的不同方式,征信业务也可分为信用登记、信用评分、信用评级、信用调查等。征信机构必须按照核定的业务范围开展业务经营活动。

**三、信息提供者及信息使用者管理**

信息提供者管理。征信监管部门依据法律法规,要求信息提供者向征信机构提供个人不良信息时,必须告知信息主体,并按照规定履行说明提示义务。

信息使用者管理。为防止滥用或不当使用信息,征信监管部门会依据法律法规设定信息使用目的的范围,对信息的规范使用进行管理。

**四、从业人员管理**

从业人员管理是指监管部门对征信机构的从业人员执业资格进行管理。在我国,对个人征信机构高管人员进行任职资格管理,对企业征信机构高管人员进行任职备案管理。

**五、报备管理**

报备管理是指接入机构及查询点在业务开展过程中应向人民银行当地分支机构或上级机构及时报告有关情况,人民银行在履职过程中要掌握辖内接入机构、查询点的用户设置情况、异议与投诉处理情况、对接入机构的现场检查情况及行政处罚情况。具体有以下六个方面:

1. 接入机构应按年向所在地人民银行分支机构备案以下事项:(1)征信合规管理制度、风险管理机制、责任追究制度和应急管理制度;(2)征信管理组织架构及岗位职责;(3)信息泄露风险防控措施。

2. 接入机构应按照规定向所在地人民银行分支机构报送以下资料:(1)金融信用信息数据库管理员用户、数据上报用户和查询用户设置和变更情况,设置或变更后 2 个工作日内报送;(2)按月报送本机构异议申请受理和投诉处理汇总数据;(3)按月报送用于数据质量监测分析的数据;(4)每年报送 1 次征信合规自查自纠及合规教育培训情况;(5)重大突发事件发生后 1 个工作日内上报;(6)重要变更事项发生后 2 个工作日内上报;(7)人民银行及其分支机构要求的其他资料。

3. 接入机构重大突发事件包括但不限于下列事项:(1)发现重大信息安全隐患;(2)发生信息批量泄露案件;(3)因征信业务,引发较大负面舆情或社会影响较大的事件;(4)征信数据报送信息出现严重差错;(5)发生征信重大诉讼或者重大仲裁事项。

4. 接入机构重要变更事项包括但不限于下列事项：（1）征信组织管理架构发生较大变化；（2）征信相关业务系统核心功能发生重大变化或更替的；（3）征信业务负责人发生变更的。

5. 征信中心向人民银行总行及其分支机构提供下列信息：（1）接入机构异常查询和用户阻断的月度监测数据；（2）征信异议处理子系统内的异议处理月度汇总数据；（3）接入机构数据质量季度考核评分情况。

6. 征信查询点发生以下重大事项，所在地人民银行分支机构应及时向上级行征信管理部门报告：（1）违法提供或出售信用信息；（2）因过失泄露信用信息；（3）因异议、投诉事件引发征信诉讼；（4）发生重大征信舆情事件；（5）其他重大征信违规行为。

**自测习题**

**一、填空题**

1. 征信监管的内容主要包括_____、_____和_____。

2. 征信业务的各个环节通常指征信机构对企业、事业单位等组织和个人的信用信息进行____、____、____、____，并_____的活动。

**二、判断题**

1. 我国对从事个人征信业务的机构实行严格的准入管理，即从事个人征信业务的机构需经过监管当局审批成立后方能从事征信活动。（    ）

2. 在我国，对个人征信机构及企业征信机构高管人员均进行任职资格管理。（    ）

# 知识点四　如何对个人征信机构准入及退出进行管理？

**引导/概述**

个人征信机构从事的主要业务涉及个人信用信息的采集、加工、整理、分析和提供，为保障个人信息安全，对个人征信机构宜高起点、严要求，对注册资本金、设备设施和高管人员有严格的标准要求。

## 学习目标

要求征信业监督管理部门工作人员和征信机构从业人员基本了解个人征信机构准入及退出标准和条件。

## 知识点正文

### 一、个人征信机构准入

在我国,设立经营个人征信业务的征信机构不仅要符合《中华人民共和国公司法》规定的公司设立条件,还应满足:拟设机构符合第三方征信的独立性要求;主要股东信誉良好,最近3年无重大违法违规记录;注册资本不少于人民币5 000万元;有符合国务院征信业监督管理部门规定的保障信息安全的设施、设备和制度、措施;拟任董事、监事和高级管理人员符合《征信业管理条例》规定的任职条件;人民银行规定的其他审慎性条件。

申请设立经营个人征信业务的征信机构应首先向人民银行提交申请书和证明其符合设立规定条件的材料,人民银行将进行审查,在受理申请之日起60日内作出批准或者不予批准的决定。决定批准的,将颁发个人征信业务经营许可证;不予批准的,将书面说明理由。经批准设立的经营个人征信业务的征信机构,凭个人征信业务经营许可证向公司登记机关办理登记,未经批准,任何单位和个人不得经营个人征信业务。从事个人征信业务活动的机构,应当严格按照人民银行批准的个人征信业务范围开展相关活动。

个人征信业务经营许可证有效期为3年。有效期届满需要续展的,应当在有效期届满60日前向人民银行提出申请,换发个人征信业务经营许可证。

### 二、个人征信机构退出

有效期届满不再续展的,个人征信机构应当在个人征信业务经营许可证有效期届满60日前向人民银行报告,妥善处理信息数据库,办理个人征信业务经营许可证注销手续。个人征信机构在个人征信业务经营许可证有效期届满60日前未提出续展申请的,人民银行可以在个人征信业务经营许可证有效期届满之日注销其个人征信业务经营许可证,并依照《征信业管理条例》第十二条的规定处理信息数据库。

个人征信机构因解散或者被依法宣告破产等原因拟终止征信业务的,应当在拟终止之日前60日向人民银行报告退出方案,并依照《征信业管理条例》第十二条第一款规定处理信息数据库。

个人征信机构终止征信业务的，应当自终止之日起 20 日内，在人民银行指定的媒体上公告，并办理个人征信业务经营许可证注销手续，将许可证缴回人民银行；逾期不缴回的，人民银行应当依法收缴。

## 自测习题

### 一、填空题

1. 申请设立经营个人征信业务的征信机构应首先向_____提交申请书和证明其符合设立规定条件的材料。

2. 个人征信业务经营许可证有效期为____年。有效期届满需要续展的，应当在有效期届满____日前向人民银行提出申请，换发个人征信业务经营许可证。

### 二、多项选择题

在我国，设立经营个人征信业务的征信机构不仅要符合《中华人民共和国公司法》规定的公司设立条件，还应满足：（　　）。

A. 拟设机构符合第三方征信的独立性要求
B. 主要股东信誉良好，最近 3 年无重大违法违规记录
C. 注册资本不少于人民币 5 000 万元
D. 有符合国务院征信业监督管理部门规定的保障信息安全的设施、设备和制度、措施
E. 拟任董事、监事和高级管理人员符合条例规定的任职条件

## 知识点五　如何对企业征信机构的备案及退出进行管理？

### 引导/概述

与经营个人征信业务的征信机构相比较，经营企业征信业务的征信机构的设立要求相对宽松一些，主要是因为企业信息本身具有一定公开性，企业拥有更多的资源，有能力和意识保护自身的信息安全。

### 学习目标

要求征信业监督管理部门工作人员和征信机构从业人员基本了解企业征信机构备案及退出标准和条件。

## 知识点正文

### 一、企业征信机构备案管理

我国对从事企业征信业务的征信机构的设立适用一般企业设立的规定，但从事企业征信业务的征信机构应当自公司登记机关准予登记之日起 30 日内，向所在地征信监管部门省级派出机构申请办理备案，并提供以下备案材料：（1）营业执照；（2）股权结构、组织机构说明；（3）业务范围、业务规则、业务系统的基本情况；（4）信息安全和风险防范措施；（5）可行性报告；（6）备案前已经开展企业征信业务的，应当提交证明自身具有稳定数据来源和服务对象的合同、协议等法律文书复印件；（7）监管部门要求的其他材料。

从事企业征信业务活动的机构，应当严格按照业务备案范围开展企业征信业务活动。

### 二、企业征信机构退出管理

人民银行对企业征信机构备案实行动态管理，在日常监管或开展现场检查中发现备案企业征信机构存在下列情形之一的，可以注销其备案：（1）提交虚假备案材料的；（2）发生严重违法违规行为的；（3）因经营不善导致公司难以维持的；（4）不再以征信业务作为主营业务的；（5）备案后连续六个月未实质开展相关业务的；（6）被工商管理部门注销或者吊销营业执照的；（7）法律法规和人民银行规章中规定的其他情形。

"发生严重违法违规行为的"通常指被法院判决认定触犯国家刑法的；因违反法律法规，受到重大行政处罚的；违法违规经营，造成恶劣影响的。"因经营不善导致公司难以维持的"通常指企业征信机构被解散或被法院判决解散的；企业征信机构主动清算、破产或被法院判决宣告破产的；企业征信机构不在登记注册地实际经营且已下落不明的。

信用评级机构的备案管理与退出管理，比照企业征信机构实施，本书不再单列。

## 自测习题

### 一、填空题

我国从事企业征信业务的征信机构应当自公司登记机关准予登记之日起____日内，向所在地征信监管部门省级派出机构申请办理备案。

## 二、判断题

1. 人民银行对企业征信机构备案实行动态管理,在日常监管或开展现场检查中发现备案企业征信机构存在因经营不善导致公司难以维持的,可以注销其备案。(    )

2. 企业征信机构,在备案前已经开展企业征信业务的,应当向所在地征信监管部门省级派出机构申请办理备案,并向监管部门提交证明自身具有稳定数据来源和服务对象的合同、协议等法律文书复印件。(    )

# 知识点六　征信机构重大事项发生变更时如何进行批准和报备?

### 引导/概述

当征信机构重大事项发生变更时应按规定,及时向人民银行办理相关批准或备案,使监管部门及时掌握征信机构的变更情况。

### 学习目标

要求征信业监督管理部门工作人员和征信机构从业人员基本了解征信机构重大事项发生变更时该如何进行批准和报备。

### 知识点正文

#### 一、个人征信机构重大事项发生变更的批准和报备

1. 个人征信机构变更机构名称、营业场所、法定代表人的,应当向人民银行申请变更个人征信业务经营许可证记载事项。个人征信机构应当在个人征信业务经营许可证记载事项变更后,向工商管理部门申请变更登记,并自工商管理部门准予变更之日起 20 日内,向人民银行备案。

2. 个人征信机构自取得征信业务许可之日起 10 日内,要将采集信息的种类、个人信用评价方法、征信产品、数据库管理人员报所在地的人民银行省会(首府)城市中心支行以上分支机构备案。当这些备案事项发生变更的,应当自变更之日起 10 日内办理变更备案。

3. 个人征信机构拟变更出资额占公司资本总额 5% 以上或者拟变更持股占公司股份 5% 以上的股东的,应当向人民银行提出申请,说明变更事项和变更理由,

并提交相关证明材料。人民银行自受理申请之日起 20 日内，作出批准或者不予批准的书面决定。

4. 个人征信机构变更出资额少于公司资本总额 5% 或者变更持股少于公司股份 5% 的股东的，应当自变更之日起 10 日内向人民银行办理备案。

二、企业征信机构重大事项发生变更的报备

企业征信机构备案事项发生变更的，应当自变更之日起 30 日内向备案机构办理变更备案。报备变更事项主要包括：（1）营业执照上记载的要素；（2）股权结构；（3）高管人员和实际控制人；（4）分支机构；（5）业务范围和业务规则；（6）业务系统的基本情况；（7）信息安全和风险防范措施、内控制度和安全管理制度等。

企业征信机构控股股东或者实际控制人发生变更的，人民银行将按重新备案标准进行备案审核。

## 自测习题

### 一、填空题

1. 当征信机构重大事项发生变更时应按规定，及时向_____办理相关批准或备案，使监管部门及时知晓征信机构的变更情况。

2. 个人征信机构拟变更出资额占公司_____或者拟变更持股占公司股份_____，应当向人民银行提出申请，说明变更事项和变更理由，并提交相关证明材料。人民银行自受理申请之日起____日内，作出批准或者不予批准的书面决定。

### 二、判断题

1. 个人征信机构变更出资额少于公司资本总额 5% 或者变更持股少于公司股份 5% 的股东的，无须向人民银行办理备案。（    ）

2. 企业征信机构控股股东或者实际控制人发生变更的，人民银行将按重新备案标准进行备案审核。（    ）

# 知识点七  如何对征信机构高管人员任职资格进行管理？

## 引导/概述

人员管理是机构管理的重要手段，征信业务具有极强的专业性，对于征信机构来说，董事、监事、高级管理人员负责机构的经营管理，处理公司的重大问题，他们的素质如何，不仅关系到征信机构是否规范运营、健康发展，还直接影响到征信市场能否有序运行，个人和企业信息能否得到有效保护，因此非常有必要对其任职资格作出要求。

## 学习目标

要求征信业监督管理部门工作人员和征信机构从业人员基本了解对征信机构高管人员的任职资格要求。

## 知识点正文

### 一、个人征信机构高管人员管理

人民银行对个人征信机构高管人员进行任职资格管理。个人征信机构的董事、监事、高级管理人员，应当在任职前取得人民银行核准的任职资格。

1. 取得个人征信机构董事、监事和高级管理人员任职资格，应当正直诚实，品行良好；具有大专以上学历；从事征信工作3年以上或者从事金融、法律、会计、经济工作5年以上；具有履行职责所需的管理能力；熟悉与征信业务相关的法律法规和专业知识。

2. 有因贪污、贿赂、侵占财产、挪用财产或者破坏社会主义市场经济秩序，被判处刑罚，或者因犯罪被剥夺政治权利，执行期满未逾5年，或者最近3年有重大违法违规记录的个人，不能担任个人征信机构董事、监事和高级管理人员。

3. 个人征信机构向人民银行申请核准董事、监事和高级管理人员的任职资格，应当提交下列材料：（1）任职资格申请表；（2）个人履历材料；（3）学历证书复印件；（4）最近3年无重大违法违规记录的声明；（5）个人信用报告。

个人征信机构应当如实提交规定的材料，个人征信机构以及拟任职的董事、监事和高级管理人员应当对材料的真实性、完整性负责。人民银行根据需要对材料的真实性进行核实，并对申请任职资格的人员进行考察或者谈话。

4. 人民银行将按规定对个人征信机构董事、监事和高级管理人员的任职资格进行审查，作出核准或者不予核准的书面决定。

### 二、企业征信机构高管人员管理

人民银行对企业征信机构高管人员进行备案管理。企业征信机构的董事、监事、高级管理人员，应当在任命后20日内向所在地的人民银行省会（首府）城市中心支行以上分支机构备案,并提交下列材料:(1)人员备案表;(2)个人履历材料;(3)学历证书复印件;(4)备案材料真实性声明。

企业征信机构的董事、监事、高级管理人员发生变更的,应当自变更之日起20日内向备案机构办理变更备案。

### 自测习题

**一、填空题**

1. 人民银行对个人征信机构高管人员进行任职资格管理。个人征信机构的_____、_____、_____,应当在任职前取得人民银行核准的任职资格。

2. 企业征信机构的董事、监事、高级管理人员发生变更的,应当自变更之日起____内向备案机构办理变更备案。

**二、多项选择题**

企业征信机构的董事、监事、高级管理人员,应当在任命后20日内向所在地的人民银行省会(首府)城市中心支行以上分支机构备案,并提交哪些材料?(　　)

A. 人员备案表　　　　　　　　B. 个人履历材料
C. 学历证书复印件　　　　　　D. 备案材料真实性声明

## 知识点八　征信机构市场退出如何处置信息系统?

### 引导/概述

信息数据库是征信机构在经营业务过程中形成的个人或企业信息资料的汇总,是征信机构的核心资产。征信机构解散或者破产时,对信息数据库的处理,涉及其中储存的大量个人、企业信息,不能简单地按照《公司法》或者《企业破产法》的规定,视同一般企业财产拍卖或者转让,需要作出专门处理。

### 学习目标

要求征信业监督管理部门工作人员和征信机构从业人员基本了解征信机构市场退出处置信息系统的规定和流程。

## 知识点正文

为保护信息主体的合法权益,维护征信市场稳定,《征信业管理条例》专门对征信机构解散或者破产时信息数据库如何处理作出规定。具体规定如下:与其他征信机构约定并经监管部门同意,转让给其他征信机构;不能依照前项规定转让的,移交给监管部门指定的征信机构;不能依照前两项规定转让、移交的,在监管部门的监督下销毁。

上述三种信息数据库的处理方式不是并列的,而是有先后次序的:先是转让;无法转让的,再移交给指定的征信机构;既不能转让,也无法移交的,再销毁。这样安排,既考虑了解散、破产征信机构的自身利益,又考虑了信息数据库的使用价值和信息主体的权益保障。

## 自测习题

### 一、填空题

征信机构解散或者破产时信息数据库在与其他征信机构约定并经_____,转让给其他征信机构;不能依照前项规定转让的,移交给_____;不能依照前两项规定转让、移交的,_____。

### 二、判断题

征信机构解散或者破产时,对信息数据库的处理可按照《公司法》或者《企业破产法》的规定,视同一般企业财产拍卖或者转让。(　　)

## 知识点九　如何对征信机构开展现场检查?

### 引导/概述

根据《征信业管理条例》第三十三条的规定,监管部门可以进入征信机构进行现场检查。现场检查是人民银行履行征信管理职责的重要手段,通过深入征信机构经营场所,调阅相关原始档案材料,及时发现征信机构存在的违法违规行为并予以纠正,确保征信市场的规范发展。

### 学习目标

要求征信业监督管理部门工作人员、征信机构工作人员基本掌握对征信机构开展现场检查的方式、内容和程序。要求征信机构了解现场检查流程及配合义务。

### 知识点正文

一、现场检查方式

1. 询问当事人和与被调查事件有关的单位和个人，要求其对与被调查事件有关的事项作出说明。

2. 查阅、复制与被调查事件有关的文件、资料。

3. 对可能被转移、销毁、隐匿或者篡改的文件、资料予以封存。

4. 检查相关信息系统等。

二、现场检查内容

对征信机构的现场检查，主要关注信用信息采集、管理、提供的合法合规情况，信用信息安全保密情况，内部控制规章制度的制定和执行情况，异议处理等信息主体权益保护的情况，以及征信机构的财务状况、业务经营情况、对外宣传情况等内容。

三、现场检查的程序

现场检查人员应当按照相关规定进行现场检查，否则可能构成程序违法，从而影响现场检查的合法性，带来法律诉讼风险。

检查人员不得少于2人。检查时出示人民银行执法证和检查通知书。检查通知书应当载明检查的依据、内容、期限、要求、检查调查人员名单等事项。

四、被检查对象的配合义务

被检查的单位和个人应当配合检查，如实提供有关文件、资料，不得隐瞒、拒绝和阻碍。

1. 配合检查的义务。在国务院征信业监督管理部门及其派出机构检查过程中，被检查对象应当在合理的范围内提供必要的人员、技术和设备支持；按照要求向检查人员说明情况；协助查阅、复制、封存有关文件、资料。

2. 如实提供文件资料的义务。在国务院征信业监督管理部门及其派出机构检查过程中，被检查对象应当按照要求提供相关的文件、资料，不得弄虚作假。

3. 不得隐瞒、拒绝和阻碍检查的义务。在国务院征信业监督管理部门及其派出机构检查过程中，被检查对象不得隐瞒自己所知晓的相关情况，也不得以任何方式（包括明示或默示）拒绝检查，或对检查制造障碍，对抗检查。

## 自测习题

**一、填空题**

根据_____的规定，监管部门可以进入征信机构进行现场检查。

**二、多项选择题**

1. 监管部门进入征信机构进行现场检查的方式主要包括：（　　）。

    A. 询问当事人和与被调查事件有关的单位和个人，要求其对与被调查事件有关的事项作出说明

    B. 查阅、复制与被调查事件有关的文件、资料

    C. 对可能被转移、销毁、隐匿或者篡改的文件、资料予以封存

    D. 检查相关信息系统

2. 监管部门进入征信机构进行现场检查时，被检查对象应尽的配合义务包括：（　　）。

    A. 配合检查的义务

    B. 安排就餐的义务

    C. 如实提供文件资料的义务

    D. 不得隐瞒、拒绝和阻碍检查的义务

# 知识点十　征信机构信息该如何披露？

## 引导/概述

信息披露是加强对征信机构事中、事后监管的核心手段之一，应加强征信机构信息披露，使公众及时知晓征信机构的真实情况。

## 学习目标

要求征信业监督管理部门工作人员、征信机构工作人员基本了解征信机构信息披露的内容、形式。

## 知识点正文

对于征信机构的异常经营行为，违法违规行为，行政处罚情况，不履行监管

要求、被举报投诉、无法联系等异常情况，建立负面清单予以全面、系统记录，并通过人民银行及其分支机构网站、新闻发布会等方式向社会披露，形成威慑力，发挥市场机制的淘汰作用。

同时，征信机构也应定期主动在本机构官方网站上披露公司基本情况，主要股东名单，董事、监事、高级管理人员名单及职务，近一年度所受奖励及处罚情况等，并保证披露信息真实、准确和完整。

### 自测习题

#### 一、填空题

_____是加强对征信机构事中、事后监管的核心手段之一。

#### 二、多项选择题

征信机构应定期主动在本机构官方网站上披露的内容包括：（    ）。

A. 公司基本情况
B. 主要股东名单
C. 董事、监事、高级管理人员名单及职务
D. 近一年度所受奖励及处罚情况

## 知识点十一　征信机构业务报告和跟踪监测制度是如何规定的？

### 引导/概述

征信机构负有向国务院征信业监督管理部门报告业务开展情况的义务，以保证监管部门有效进行事中、事后监管，及时掌握征信机构的业务开展情况，监测、分析和提示潜在风险。

### 学习目标

要求征信业监督管理部门工作人员、征信机构工作人员全面了解征信机构业务报告和跟踪监测制度的内容、要求。

### 知识点正文

#### 一、报送统计报表

根据征信监管需要，人民银行定期或不定期对征信机构业务情况进行统计分

析，征信机构要按规定向人民银行或其分支机构报送征信业务统计报表（基本情况统计表、信息采集情况表、信息提供者统计表、信息使用者统计表、信息使用情况表、异议及投诉处理情况表、信息安全事件统计表）、财务会计报告、审计报告。征信机构要对报送的报表和资料的真实性、准确性、完整性负责。

### 二、报送业务报告

人民银行对征信机构业务经营情况实施年度报告管理。报告内容包括信用信息采集、征信产品开发、信用信息服务、异议处理、信用信息系统建设、信息安全保障情况等。人民银行还将根据实际监管需要不定期要求征信机构报告相关业务经营情况。

个人征信机构应当在每年第一季度末，向人民银行报告上一年度征信业务开展情况。企业征信机构应当在每年第一季度末，向备案的人民银行分支机构报告上一年度征信业务开展情况。

### 自测习题

**一、填空题**

1. 个人征信机构应当在_____，向人民银行报告上一年度征信业务开展情况。企业征信机构应当在_____，向备案的人民银行分支机构报告上一年度征信业务开展情况。

2. 根据征信监管需要，征信机构要按规定定期向人民银行或其分支机构报送的征信业务统计报表包括：基本情况统计表、_____、_____、信息使用者统计表、信息使用情况表、_____、_____。

**二、多项选择题**

根据征信监管需要，人民银行定期或不定期对征信机构业务情况进行统计分析，征信机构按规定向人民银行或其分支机构报送的材料应包括(　　)。

A. 征信业务统计报表　　　B. 财务会计报告
C. 审计报告　　　　　　　D. 业务合规法律意见书

## 知识点十二　对信息提供者和信息使用者监管的内容有哪些？

### 引导/概述

对信息提供者的监管重点为信息提供者向征信机构提供个人信用信息的全

面性、及时性和准确性,以及异议纠错和不良信息事先告知义务的落实情况等。对信息使用者的监管重点是查询个人信用信息的授权合规性,以及使用的合法性。

**学习目标**

要求征信业监督管理部门工作人员、征信机构工作人员、信息提供者和信息使用者相关征信从业人员了解相关监管的内容、要求。

**知识点正文**

一、对信息提供者的监管

1. 信息采集原则。通过信息提供者采集企业和个人信息,应当遵循"合法、正当、必要"的原则,不得过度采集,不得侵犯个人隐私和企业商业秘密。

2. 信息提供者的义务。征信机构通过信息提供者取得个人同意的,信息提供者应当明确向信息主体告知征信机构的名称、地址和联系方式,以及提供的信息内容、信息用途、使用时限等。信息提供者向征信机构提供个人不良信息时,应于不良信息产生后、提供信息前告知信息主体本人。

3. 征信机构与信息提供者之间的权利义务。征信机构应当与信息提供者依法约定各自在取得信息主体授权、信息更正、异议处理、信息安全等方面的权利、义务和责任。征信机构应当建立信息真实性审核制度,采取必要措施,对采集的信息进行审核、验证,确保信息来源清晰、可查,保障信用信息准确、及时。

二、对信息使用者的监管

1. 非现场监管。

(1)制度备案。信息使用者应当根据规定,制定相关信用信息查询、使用、安全管理等方面的内部管理制度和操作规程,并报人民银行备案。

(2)日常监测分析。通过业务情况定期报告、异常查询监视等,指导信息使用者不断完善和规范业务操作。处理信用信息主体投诉,指导信息使用者提高异议处理效率,维护信息主体权益。

(3)征信管理系统。依托征信管理系统,建立对信息使用者的监管档案系统,形成对其业务的动态监管。

(4)从业人员培训。对从业人员开展多层次、多形式培训,集中组织从业人员考试，促进业务水平的稳步提升。

（5）业务综合评价。建立综合评价量化指标体系，将征信制度建设、系统安全管理、消费者维权及贯彻落实监管部门工作部署等划分为几类指标，进行量化评分。对评价结果较差的跟进约见谈话、现场检查等管理措施，将其列为重点关注对象，加大监管与指导力度。

2. 现场检查。

对信息使用者的现场检查，采取定期检查与不定期检查相结合，常规检查、重点检查和专项检查相结合的方式，重点防范违规查询和违规使用。现场检查的内容主要包括：

（1）内控制度建设及报备情况。信息使用者是否根据人民银行的有关规定，制定相关信用信息查询、使用、异议处理、安全管理等方面的内部管理制度和操作规程，并报当地人民银行分支机构备案。

（2）用户管理情况。用户管理方面是否符合《征信业管理条例》以及监管部门的有关规定。

（3）信息查询与使用情况。信息使用者在查询信息之前，是否获得信息主体的书面同意，是否存在未按照约定用途使用的情况，是否存在违法提供或者出售信息情况等。

### 三、对接入机构和查询点的监管

由于接入征信系统的机构数量大、网点分布广、用户数量多，查询量大，需要从查询管理、用户管理、信息保存、制度建设、合规教育五个方面加强征信合规管理，防范信息泄露风险，维护信息主体权益。

（一）查询管理

1. 接入机构应加强个人信用报告查询授权和审批管理。在贷前审批环节，没有履行查询授权手续或授权要素不齐备的，不得查询个人信用报告。贷后管理查询个人信用报告，应取得查询用户所在部门负责人书面签字审批同意（上线查询前置系统的机构可通过系统进行在线审批）。

2. 接入机构和人民银行查询点应当按照"规范查询、动态监测、风险可控"的原则，统一规范管理个人信用报告查询行为。

新机构申请接入个人征信系统应同步开发查询前置系统。上线符合要求的查询前置系统是新接入机构开通个人征信查询权限的前提条件。

3. 征信查询用机应设置在相对独立的公共工作区域，置于摄像头24小时监控范围内，监控记录保存时限不低于 60 天。

4. 接入机构和人民银行查询点应当采取适当措施，屏蔽非征信业务用机访问征信系统的路径。

5. 接入机构应当设置固定查询区间，非工作时间段进行查询应设置事前审批流程。

（二）用户管理

1. 个人征信查询用户设置应遵循权限分配最小化原则、监督制约原则、责任落实原则和风险最小化原则。

2. 接入机构应设置合理数量的征信系统用户。

3. 除查询前置系统绑定的征信系统统一查询用户外，所有个人征信系统管理员用户、查询用户、数据上报用户和异议处理用户均应落实实名制，并纳入人民银行征信监管系统进行管理。

4. 查询前置系统查询用户视同征信系统查询用户管理。

5. 征信系统个人征信管理员用户由接入机构征信牵头部门入职 3 年以上正式员工担任，并按关键风险岗位人员进行管理。

6. 接入机构应结合业务需求，按照风险最小化原则严格控制查询用户设置数量。没有个人信贷业务审批权限的机构不设查询用户，有个人信贷业务审批权限但信贷业务量较小的机构，由上级机构代为查询个人信用报告。

7. 个人征信系统查询用户应当由接入机构正式员工担任，不得将用户交由其他人使用，不得为第三方代理查询个人信息。

8. 查询用户调离征信岗位应立即停用，严禁设置公共用户或继续使用原岗位人员用户。

9. 管理员用户、数据上报用户和查询用户不得互相兼任。

10. 接入机构负责人应当对本机构征信系统管理员用户的系统操作按月进行检查，杜绝管理员用户违规创建查询用户。

11. 接入机构各级查询终端负责人应自主建立征信系统查询使用日查制度，建立每日定时自查日志，记载正常查询和异常查询情况，并按规定上报。

（三）信息保存

1. 征信查询用机须按规定严格管理，确保个人征信查询、下载、转移限制在本机构内。信用报告不得以电子文档的形式保存在查询业务用机本地硬盘上。

2. 查询前置系统保存查得的个人信息时间不得超过 30 天，并设置控制流程，不得进行复制、下载及打印（只限两日内查得的信用报告可打印）。确保只有得到内部授权的人员才能查看查询前置系统内的个人信息及查询汇总记录等资料。

3. 查询打印的个人信用报告应视同业务资料归档保存，确保无关人员不能随意调阅个人信用报告。有业务关系的，与查询授权书一并归入业务档案资料保存；业务未获批准的，与查询授权书一起专夹归档保管，保存期限5年。

（四）制度建设

1. 接入机构应落实个人信息安全责任制。全国性金融机构和地方法人机构总部征信牵头部门为个人征信信息安全责任部门，负责制定、完善征信查询监测风险防控制度，指导下级分支机构落实征信风险防范工作，定期开展征信合规工作检查，并向人民银行报告。

2. 接入机构应建立异常情况监控和快速处理反馈机制。发现历史查询笔数异常或客户异议投诉涉及本机构用户未经授权查询个人信用报告且核查属实的，应立即停用该用户，并于当天向当地人民银行分支机构报告。

3. 接入机构应当建立责任追究制度。对于严重违反《征信业管理条例》的个人信息泄露事件，明确领导责任和直接责任人员应当承担的责任，依法依规从严追究。涉嫌犯罪的，移交司法机关处理。

4. 接入机构应当建立应急预案管理机制。细化风险事件处理流程，发生或可能发生重大信息泄露事件，应立即采取必要措施降低危害，并立即向当地人民银行分支机构报告。

5. 接入机构应做好异常查询数据核查工作，在两个工作日内对人民银行征信管理部门反馈的个人征信异常查询监测数据进行核查，并将核查结果以书面形式报告当地人民银行分支机构。

6. 人民银行分支机构查询用户被异常阻断后，由本级人民银行征信管理部门进行自查，并将核查报告上报人民银行上级行，经上级行同意后可重启用户；其他接入机构用户被阻断的应报告当地人民银行分支机构，由当地人民银行分支机构组织进行核查，核查没有异常，接入机构可重启用户，处理结果报人民银行总行征信管理局备案。

（五）合规教育培训

接入机构应当建立征信从业人员的合规教育培训制度，通过内部培训、集中教育培训等方式，定期对征信工作负责人、征信从业人员进行合规教育，并在人民银行征信监管系统中进行登记。合规教育培训开展和登记情况纳入该机构征信业务监管和考核范围。

**四、建立征信系统接入机构征信合规与信息安全年度考核评级制度**

根据《中国人民银行关于进一步加强征信信息安全管理的通知》（银发〔2018〕102号），严格规范建立征信系统接入机构征信合规与信息安全年度考核评级制度，对征信接入机构实施分级分类监管。

## 自测习题

### 一、填空题

1. 信息提供者采集企业和个人信息，应当遵循"＿＿、＿＿、＿＿"的原则，不得过度采集，不得侵犯个人隐私和企业商业秘密。

2. 征信机构应当建立＿＿＿＿＿＿＿＿＿＿，采取必要措施，对采集的信息进行审核、验证，确保信息来源清晰、可查，保障信用信息准确、及时。

3. 对信息使用者的现场检查，采取＿＿＿＿＿＿＿＿＿＿相结合，常规检查、重点检查和专项检查相结合的方式，重点防范机构违规查询和违规使用。

### 二、判断题

1. 信息提供者向征信机构提供个人不良信息时，应于不良信息产生并提供信息后告知信息主体本人。（　　）

2. 征信机构应当与信息提供者依法约定各自在取得信息主体授权、信息更正、异议处理、信息安全等方面的权利、义务和责任。（　　）

3. 信息使用者应根据人民银行的有关规定，制定相关信用信息查询、使用、异议处理、安全管理等方面的内部管理制度和操作规程，并报当地人民银行分支机构备案。（　　）

4. 对征信系统接入机构进行征信信息安全情况考核评级是为了评优奖励。（　　）

# 知识点十三　如何对征信机构进行分级分类监管？

## 引导/概述

目前，我国征信市场还处于发展初期，征信机构数量多且良莠不齐，发展不均衡，个别征信机构的不规范经营风险开始逐步暴露，对征信机构进行有效的分类监管将是大势所趋。

### 学习目标

要求征信业监督管理部门工作人员了解对征信机构进行分级分类监管的必要性和目的。

### 知识点正文

按照分级标准对征信机构采取差异化、针对性的监管措施将有利于进一步调动征信机构发展的积极性。风险管理、系统安全等综合指标水平高的征信机构未来的业务空间将会更大，业务不规范、管理薄弱的征信机构发展会更艰难，多次出现不良类考核评级的机构将被暂停征信业务，直至注销牌照或备案。

分级分类监管将运用风险监测和评价指标，对征信机构上一年度综合治理、业务运营、信息安全、对外宣传、接受和配合监管、举报投诉及社会曝光等情况进行全面分析评估和考核，并根据考核评级结果采取相应监管措施。

### 自测习题

**一、填空题**

目前，我国征信市场还处于发展初期，征信机构数量多且良莠不齐，发展不均衡，对征信机构进行有效的_____将是大势所趋。

**二、判断题**

分级分类监管将运用风险监测和评价指标，对征信机构上一年度综合治理、业务运营、信息安全、对外宣传、接受和配合监管、举报投诉及社会曝光等情况进行全面分析评估和考核，并根据评估考核结果采取相应监管措施。（　　）

## 知识点十四　如何对重点征信监管对象进行监管？

### 引导/概述

对出现问题或存在风险的征信机构、信息提供者和信息使用者进行关注和重点监管，加强监管措施，有助于纠正征信机构、信息提供者和信息使用者的不规范经营及违法违规行为，有利于防范征信风险。

## 学习目标

要求征信业监督管理部门工作人员及相关征信机构工作人员了解被列为重点监管的情形和重点监管措施。

## 知识点正文

### 一、对征信机构重点监管对象进行监管

为加强对出现问题征信机构的监管，当征信机构有下列情形时，人民银行可以将其列为重点监管对象：出现虚假、夸大、不实宣传等行为的；上一年度发生违法违规行为的；出现可能发生信息泄露征兆的；出现财务状况异常或者严重亏损的；被投诉经查实且情节严重的；未按照相关规定报送材料的；被列入黑名单的；其他应予重点监管的情形。

征信机构被列为重点监管对象的，人民银行将缩短征信机构报告征信业务开展情况、进行信用信息系统安全情况测评的周期，并采取相应的监管措施，如监管约谈、风险提示、信息披露、现场检查等，督促征信机构整改。

### 二、对信息提供者、信息使用者重点监管对象进行监管

为加强对出现问题信息提供者、信息使用者的监管，当信息提供者、信息使用者有下列情形时，人民银行可以将其列为重点监管对象：上一年度发生违法违规行为的；出现可能发生违规采集信息、信息泄露征兆的；被投诉经查实且情节严重的；上一年度考核评级结果较低的；在日常监管、专项检查中发现重大风险问题的；其他应予重点监管的情形。

信息提供者、信息使用者被列为重点监管对象的，人民银行将采取相应的监管约谈、风险提示、信息披露、现场检查、关停查询权限、限期整改、行政处罚等监管措施。

## 自测习题

### 一、填空题

征信机构被列为重点监管对象的，人民银行将缩短_____、_____的周期，并采取相应的监管措施，如监管约谈、风险提示、信息披露、现场检查等，督促征信机构整改。

## 二、判断题

征信机构出现虚假、夸大、不实宣传等行为的，人民银行无权将其列为重点监管对象。（  ）

## 三、多项选择题

1. 当征信机构出现下列哪些情形时，人民银行可以将其列为重点监管对象？（  ）

   A. 未按照相关规定报送相关材料的

   B. 上一年度发生违法违规行为的

   C. 上一年度经营状况出现略微亏损的

   D. 被列入黑名单的

2. 当信息提供者、信息使用者出现下列哪些情形时，人民银行可以将其列为重点监管对象？（  ）

   A. 上一年度发生违法违规行为的

   B. 出现可能发生违规采集信息、信息泄露征兆的

   C. 被投诉经查实且情节严重的

   D. 上一年度考核评级结果较低的

# 习题答案

## 第一章

### 知识点一

一、填空题

1. 独立的第三方征信机构　信用信息　信用风险管理
2. 征信机构、信息提供者、信息使用者、信息主体

二、单项选择题

A

三、多项选择题

A，C，CD，B

### 知识点二

一、填空题

债权人共享债务人的债务信息并据此判断债务人的偿债能力和意愿，防范信用风险

二、判断题

1. 对　　2. 对

三、单项选择题

D

四、多项选择题

ABCD

### 知识点三

一、判断题

1. 错　　2. 错

二、单项选择题

1. B　　2. A

三、多项选择题

ACD

### 知识点四

一、填空题

1. 逆向选择　　2. 道德风险

二、判断题

1. 对　　2. 对

三、多项选择题

1. AB　　2. ABC

### 知识点五

一、判断题

1. 对　　2. 对

二、单项选择题

1. A　　2. A

三、多项选择题

1. ABCD　　2. ABC

## 第二章

### 知识点一

一、填空题

1. 信用状况　负债历史记录　偿债履约能力判断信息

2. 债务信息　偿债履约能力

二、多项选择题

1. ABCD　　2. ABCD

### 知识点二

一、填空题

信息主体的社会属性　信息内容属性　信息对信息主体信用状况的影响

二、单项选择题

1. A，B　　2. C，D　　3. A，B

**知识点三**

一、判断题

1. 错　　2. 对

二、多项选择题

1. BC　　2. ABCD

**知识点四**

一、填空题

1. 负债状况信息　履行债务义务的历史记录信息

2. 市场交易产生的债务信息　公权力部门履行相关法定职责所产生和掌握的企业和个人的债务信息

二、判断题

1. 错　　2. 对

**知识点五**

一、填空题

1. 偿债履约能力判断　　2. 不良信息

二、多项选择题

1. ABC　　2. ABCD

**知识点六**

一、填空题

1. 债务信息　　2. 合法性　可靠性　可验证性

二、多项选择题

1. ABD　　2. AD

## 第三章

**知识点一**

一、填空题

信用信息

二、多项选择题

1. BC　　2. ABCD

**知识点二**

一、填空题

1. 诚实守信　　2. 不利后果

二、判断题

1. 错　　2. 错

三、单项选择题

1. A　　2. B

四、多项选择题

ACF

**知识点三**

一、填空题

1. 受托性　保密性　多样性　　2. 信用调查

二、判断题

对

三、多项选择题

ABCDE

**知识点四**

一、填空题

1. 基础性　批量化　标准化　　2. 信用报告　　3. 信用登记

二、判断题

1. 对　　2. 对　　3. 错

三、单项选择题

D

四、多项选择题

1. AB　　2. ACDE

**知识点五**

一、填空题

1. 简洁直观　　2. 个人的负债历史记录

二、判断题

1. 对　　2. 错

三、单项选择题

1. B　　2. A

**知识点六**

一、填空题

一年

**二、单项选择题**

C

**三、多项选择题**

1. AB    2. ABCE

# 第四章

## 知识点一

一、填空题

法律条件　信用信息　采集　整理　保存　加工　信息使用者

二、多项选择题

1. ABD    2. ABC

## 知识点二

多项选择题

1. AB    2. BCD    3. CD

## 知识点三

多项选择题

ABCD

## 知识点四

多项选择题

1. ABCD    2. ABC    3. ABCD

## 知识点五

一、判断题

1. 对    2. 对    3. 对    4. 对

二、多项选择题

ABCD

## 知识点六

一、判断题

1. 对    2. 对    3. 对

二、多项选择题

ABCD

**知识点七**

判断题

1. 对    2. 错

**知识点八**

多项选择题

1. ABCD    2. ABC

## 第五章

**知识点一**

填空题

1. 征信市场主体业务活动

2. 《征信业管理条例》 中国人民银行

**知识点二**

一、填空题

《征信业管理条例》

二、多项选择题

ABCDE

**知识点三**

一、填空题

1. 信息提供者  信息使用者  信息主体

2. 征信产品和服务  信用违约风险   3. 被征信的对象

二、判断题

对

三、多项选择题

1. ABCD    2. ABCD

**知识点四**

一、填空题

征信机构、业务和人员的准入和退出  投诉和异议处理情况

二、判断题

对

三、多项选择题

ABCD

**知识点五**

一、填空题

1. 非现场监管　现场检查

2. 征信业务统计报表　真实性　准确性　完整性

3. 常规检查　重点检查　专项检查

二、判断题

1. 错　　2. 对

三、多项选择题

ABCDE

# 第六章

**知识点一**

一、填空题

征信活动主体　社会关系

二、判断题

错

三、多项选择题

ABCD

**知识点二**

一、填空题

法律体系　效力等级　适用顺序

二、判断题

1. 对　　2. 对

**知识点三**

一、填空题

中国人民银行

二、判断题

1. 对　　2. 错

三、单项选择题

B

四、多项选择题

ABCDE

### 知识点四

一、填空题

中国人民银行　征信机构　中国人民银行分支机构　辖区内征信机构

二、判断题

1. 错　　2. 对

三、单项选择题

C

四、多项选择题

ABCD

### 知识点五

一、填空题

注册地　省级分支行

二、判断题

1. 错　　2. 错

三、单项选择题

C

四、多项选择题

ABCDE

### 知识点六

一、填空题

做出投诉处理决定　上一级机构

二、判断题

错

三、多项选择题

ABCD

### 知识点七

一、填空题

1. 定级备案—建设整改—等级测评—监督管理

2. 客户端　通信网络　服务器端

二、多项选择题

1. ABC    2. ABCD

### 知识点八

一、填空题

1. 业务需要　信息主体需求

2. 用户设置　本机构数据报送　信息查询和使用　信息安全　相关内控制度建设、执行情况

二、判断题

错

三、单项选择题

A

## 第七章

### 知识点一

一、填空题

1. 自然人　法人　其他组织　　2. 享受权利　负担义务

二、判断题

错

三、单项选择题

A

四、多项选择题

1. BCD    2. CD

### 知识点二

一、填空题

1. 知情权　同意权　信息安全权　异议权　投诉权　诉讼权　重建信用记录权

2. 信息隐私性　安全性　提高信用信息可获得性

二、单项选择题

D

三、多项选择题

ABCD

## 知识点三

一、填空题

1. 采集和使用　内容　用途　使用者　使用目的

2. 采集　使用

二、单项选择题

B

三、多项选择题

AC

## 知识点四

一、填空题

1. 采集　存储　加工　传播　使用　范围　途径

2. 信息采集同意权　信息使用同意权

二、多项选择题

ABCD

## 知识点五

一、填空题

非法知悉、利用和公开

二、单项选择题

D

三、多项选择题

ABCD

## 知识点六

一、填空题

错误、遗漏　否定或者不同意见　调查及更正

二、单项选择题

C

## 知识点七

一、填空题

侵害其合法权益　征信业监督管理部门　行政救济

二、单项选择题

D

### 三、多项选择题

1. ABC    2. ABCD

#### 知识点八

多项选择题

1. ABC    2. BCD    3. ABCD

#### 知识点九

一、填空题

1. 超过保存期限　予以删除    2. 重建信用

3. 不良行为或者事件终止

二、单项选择题

A

三、多项选择题

BD

## 第八章

#### 知识点一

一、填空题

征信活动各参与方　自身征信相关业务活动

二、判断题

对

三、多项选择题

ABCD

#### 知识点二

一、填空题

认识与否　接受与否

二、判断题

错

三、单项选择题

C

四、多项选择题

ABCD

## 知识点三

一、填空题

促进征信市场主体稳健经营　夯实征信行业发展基础　促进信用市场健康发展　保护信息主体合法权益

二、单项选择题

D

## 知识点四

一、填空题

信息提供者　信息使用者　征信机构　征信监督管理部门

二、判断题

对

三、多项选择题

BCD

## 知识点五

一、填空题

保存内容　保存方式　保存期限

二、判断题

对

三、多项选择题

ACD

## 知识点六

一、填空题

制度建设　系统建设　队伍建设

二、多项选择题

ABCD

# 第九章

## 知识点一

一、填空题

1. 基本信息　负债信息　与判断偿债能力和偿债意愿密切相关的其他信息

2. 合法　清晰　可追溯

二、单项选择题

D

三、多项选择题

ABCD

**知识点二**

一、填空题

必要且有限　负债信息

二、单项选择题

D

**知识点三**

一、判断题

1. 错　2. 对

二、单项选择题

B

三、多项选择题

ABC

**知识点四**

一、判断题

错

二、单项选择题

D

三、多项选择题

AC

**知识点五**

一、判断题

1. 对　2. 错

二、单项选择题

D

三、多项选择题

ABC

## 知识点六

一、判断题

1. 错　　2. 对

二、单项选择题

1. A　　2. C

三、多项选择题

ABD

## 知识点七

一、判断题

1. 错　　2. 错

二、单项选择题

1. C　　2. D

三、多项选择题

BC

## 知识点八

一、判断题

1. 错　　2. 对

二、单项选择题

D

三、多项选择题

ABCD

## 知识点九

一、判断题

1. 错　　2. 对

二、多项选择题

1. ABCD　　2. ABCD

## 知识点十

一、判断题

错

二、多项选择题

ABCD

## 知识点十一

一、判断题

错

二、单项选择题

A

三、多项选择题

ACD

## 知识点十二

一、判断题

1. 对　　2. 错

二、单项选择题

1. B　　2. C

三、多项选择题

ABCD

## 知识点十三

一、填空题

必要且有限

二、判断题

1. 错　　2. 错

三、多项选择题

ABCD

# 第十章

## 知识点一

一、判断题

1. 对　　2. 错

二、单项选择题

1. A　　2. B　　3. C

三、多项选择题

ABCD

## 知识点二

一、填空题

客观性

二、多项选择题

1. ABC    2. ABC

## 知识点三

一、填空题

操作处理记录

二、多项选择题

AB

## 知识点四

一、判断题

1. 错    2. 对

二、多项选择题

1. ABC    2. BCD

## 知识点五

判断题

1. 对    2. 错

## 知识点六

一、判断题

1. 错    2. 对

二、多项选择题

1. ABCD    2. ABD

## 知识点七

一、填空题

1. 不良行为或者事件终止之日　5　予以删除

2. 保存期限　予以记载

二、单项选择题

1. C    2. C    3. C

三、多项选择题

BC

### 知识点八

一、判断题

1. 对　　2. 错

二、多项选择题

ABCD

### 知识点九

一、填空题

中国境内

二、多项选择题

ABC

## 第十一章

### 知识点一

判断题

1. 错　　2. 对

### 知识点二

判断题

1. 错　　2. 错

### 知识点三

一、判断题

对

二、多项选择题

1. AC　　2. ABCD

### 知识点四

多项选择题

1. ABC　　2. ABC

### 知识点五

多项选择题

1. AD　　2. AB

### 知识点六

一、判断题

1. 对　　2. 错　　3. 错

**二、多项选择题**

1. AD    2. ABCD

### 知识点七

判断题

1. 错    2. 对

### 知识点八

多项选择题

ABCD

### 知识点九

一、判断题

1. 错    2. 错    3. 对

二、多项选择题

1. ABCD    2. ABCD

### 知识点十

一、判断题

错

二、多项选择题

ABC

### 知识点十一

一、判断题

1. 对    2. 错

二、多项选择题

ABCD

### 知识点十二

一、判断题

1. 错    2. 对    3. 错    4. 错

二、多项选择题

AC

### 知识点十三

判断题

错

## 第十二章

### 知识点一

一、填空题

错误　遗漏　自己的信用记录中反映的信息

二、多项选择题

1. AB　　2. ABCD

### 知识点二

一、填空题

1. 本人有效身份证件原件　（机构信用代码证、组织机构代码证）原件

2. 齐备性

二、多项选择题

1. ABCD　　2. AC　　3. ABCD

### 知识点三

一、填空题

1. 取消对异议信息的标注　　2. 特殊标注

二、判断题

错

三、多项选择题

1. AB　　2. AB

### 知识点四

一、填空题

1. 2 个　　2. 企业异议　个人异议

二、单项选择题

B，D

三、多项选择题

ABC

### 知识点五

一、填空题

1. 20 日　　2. 2 个工作日　　3. 信息提供者

二、判断题

1. 错    2. 对

三、多项选择题

ABC

**知识点六**

一、填空题

1. 信息提供者  3 年    2. 纸质  电子

二、多项选择题

1. AD    2. ABCD    3. AB

**知识点七**

一、填空题

信息提供者  信息使用者  中国人民银行分支机构  行政救济手段

二、单项选择题

D

三、多项选择题

1. ABCD    2. ABC    3. ABC

**知识点八**

一、填空题

1.《征信投诉受理单》  投诉事项  签字确认

2. 当场答复  5 日内

3. 现场签字确认日期  邮件到达或签收日期

二、单项选择题

A

三、多项选择题

ABCD

**知识点九**

判断题

1. 对    2. 错    3. 错

**知识点十**

一、填空题

1. 投诉人信息  投诉事项  本单位法律部门    2. 10 日内

3.《征信业管理条例》

二、多项选择题

AB

### 知识点十一

一、填空题

邮寄信件的信封　快递的封面　传真资料

二、多项选择题

1. ABC　　2. ABCD

## 第十三章

### 知识点一

一、填空题

信用信息滥用和泄露　信息主体合法权益

二、判断题

1. 错　　2. 错　　3. 对

三、多项选择题

1. AC　　2. ABCD

### 知识点二

一、填空题

1. 征信业从业经验和管理能力　3年　国务院征信业监督管理部门

2. 组织机构设置以及人员基本构成说明　股权结构说明　资本、股东名单及其出资额或者所持股份

二、判断题

1. 对　　2. 对

三、多项选择题

ABCDE

### 知识点三

填空题

1. 安全管理　安全技术　业务运作

2. 安全管理制度　安全管理机构　人员安全管理　系统建设管理　系统运维管理

3. 客户端安全　通信网络安全　服务器端安全

4. 系统接入与注销　用户管理　信息采集和处理　信息加工　信息保存　信息查询　异议处理　信息跨境流动　研究分析　安全检查与评估

## 知识点四

一、填空题

1. 二级或二级以上

2. 系统定级　系统备案　建设整改　等级测评　监督检查

3. 业务信息安全指标类（S）　系统服务保证指标类（A）　通用安全指标类（G）

二、判断题

1. 对　　2. 错

## 知识点五

一、填空题

1. 国家信息安全等级保护测评资质　20日　测评报告

2. 第一季度末　上一年度　　3. 两年　每年

二、判断题

1. 对　　2. 对

三、多项选择题

1. ABCD　　2. ABCDE

## 知识点六

一、填空题

1. 征信业监督管理部门　内控管理制度　业务运营

2. 中国人民银行　自查自纠

二、判断题

1. 对　　2. 对

三、多项选择题

1. BCD　　2. ABD

## 知识点七

判断题

对

**知识点八**

单项选择题

1. A    2. C    3. A

**知识点九**

一、填空题

个人征信业务经营许可证

二、判断题

对

三、多项选择题

1. AC    2. ABCD    3. ABCD

**知识点十**

一、填空题

1. 60    2. 20

二、判断题

1. 对    2. 错

三、多项选择题

ABCD

# 第十四章

**知识点一**

一、填空题

征信机构及其信息提供者和信息使用者

二、多项选择题

ABD

**知识点二**

一、填空题

1. 《征信业管理条例》　征信业进行监督管理

2. 管理征信业，推动建立社会信用体系　社会信用体系建设部际联席会议

二、多项选择题

ABCDE

**知识点三**

一、填空题

1. 征信机构管理　征信业务管理　信息提供者及信息使用者管理　从业人员管理

2. 采集　整理　保存　加工　向信息使用者提供

二、判断题

1. 对　　2. 错

**知识点四**

一、填空题

1. 中国人民银行　　2. 3　60

二、多项选择题

ABCDE

**知识点五**

一、填空题

30

二、判断题

1. 对　　2. 对

**知识点六**

一、填空题

1. 中国人民银行　　2. 资本总额5%以上　5%以上的股东的　20

二、判断题

1. 错　　2. 对

**知识点七**

一、填空题

1. 董事　监事　高级管理人员　　2. 20 日

二、多项选择题

ABCD

**知识点八**

一、填空题

监管部门同意后　监管部门指定的征信机构　在监管部门的监督下销毁

二、判断题

错

## 知识点九

一、填空题

《征信业管理条例》第三十三条

二、多项选择题

1. ABCD    2. ACD

## 知识点十

一、填空题

信息披露

二、多项选择题

ABCD

## 知识点十一

一、填空题

1. 每年第一季度末  每年第一季度末

2. 信息采集情况表  信息提供者统计表  异议及投诉处理情况表  信息安全事件统计表

二、多项选择题

ABC

## 知识点十二

一、填空题

1. 合法  正当  必要    2. 信息真实性审核制度

3. 定期检查与不定期检查

二、判断题

1. 错   2. 对   3. 对   4. 错

## 知识点十三

一、填空题

分类监管

二、判断题

对

## 知识点十四

一、填空题

征信机构报告征信业务开展情况  进行信用信息系统安全情况测评

二、判断题

错

三、多项选择题

1. ABD    2. ABCD

# 征信合规管理案例

# 案例一　混淆征信概念从事相关业务

### 案例背景

当前，社会上热衷于做征信的很多，而真正懂征信的却很少，导致征信在很多场合被严重泛化、滥化、神化，不仅影响了征信防范金融风险作用的发挥，也使征信本身的风险大大提升。

### 案例描述

某集团企业 A，旗下公司业务涉及支付、电商、社交等领域。之后，A 又设立子公司 B，拟从事个人征信业务。B 公司主要从 A 旗下其他子公司采集个人的支付、消费、社交等信息。同时，B 公司与当地政府部门合作，采集个人的交通违章、志愿服务等信息。B 公司利用这些信息，进行加工、整理、建模后得出个人信用评分，并广泛用于社交、贵宾待遇、共享单车、获客、竞标等社会生活场景。B 公司在向市场推广其个人信用评分产品时宣称，其运用大数据技术，采集个人海量线上线下数据，经过挖掘、分析后得出对个人的信用画像。此外，A 正在筹划设立另一子公司 C，从事消费信贷业务。

### 案例分析

本案例中，B 公司属于典型的对征信理解不到位。征信的核心理念是利用独立第三方共享债权人掌握的债务人的债务信息来防范债务违约风险。这里有三个关键点：一是从事征信业务的机构必须是独立第三方；二是征信机构采集和提供的主要是债务人的债务信息；三是征信的作用主要是防范债务违约风险。B 公司显然没有满足以上任何一点，因此不具备从事个人征信业务的条件，具体分析如下：

首先，独立性方面。征信业务涉及四方当事者，即信息提供者、征信机构、信息使用者和信息主体。征信机构是居于信息提供者和信息使用者之间的独立第三方，否则难以避免利益冲突。本案例中，B公司的信息提供者主要为A旗下其他子公司，B公司与其信息提供者同属一个集团企业，存在利益关联。并且，A筹划设立的子公司C将从事消费信贷业务，有可能成为B公司的信息使用者，而B公司与C公司同样同属一个集团企业，存在利益关联。在这样的模式下，A将同时掌控裁判员和运动员，显然无法做到对信息主体的公平、公正。例如：A可要求B对经常在集团内平台上支付、消费、社交、借贷的个人给予更高的信用评分，并要求个人提供更多的信息以便A更好地开展营销活动。

其次，信息来源方面。征信征集的是信用信息，而信用又可分为言行上的诚实守信、遵纪守法，以及经济学含义上的以还本付息为条件的暂时让渡资本使用权的行为，是一种特殊的价值运动形式，最典型的就是借贷行为。征信制度的设计主要针对的是后者，是为了减少借贷过程中出现的违约风险，而前者主要依靠道德教育和法制建设来改善。因此，共享借贷信息才是征信制度的核心，这里的借贷包括银行与企业和个人之间、企业与企业之间、企业与个人之间、个人与个人之间形成的各种资金借贷关系，以及其他债务关系，如各种欠款和承担连带偿还责任的担保等。本案例中，B公司所采集的信息显然没能够体现个人偿债能力和意愿的核心信息，这种依托于信用交易以外的其他信息得出的分数，本质上不是信用评分，而更加类似于消费积分，不能预测个人的还款可能性。

至于B公司所宣称的大数据技术，存在两大问题：一是B公司所称海量线上线下数据，来源不明，加工处理的模型也不透明，质量无法保证；二是某些数据即便通过数学运算能够得出与信用存在相关关系，也不能说明事实上和信用存在因果关系，例如遵守交通法规与按时还款之间的关系，就和冰激凌销量与溺水死亡人数之间的关系一样，都是利用大数据进行相关分析得出的伪命题。并且，全面采集个人信息也不符合财产保护和个人信息保护规则，征信信息的采集应遵循最低、适用原则。

最后，关于产品应用。征信的根本目的是降低违约风险，促进金融稳定，因此征信产品应主要用于借贷活动场景，供债权人放贷及贷后管理参考。过多地在其他场景交叉使用征信产品，不仅是对征信作用的误解，更容易引发个人信息安全问题，甚至侵害个人信息主体合法权益。本案例中，B公司将其个人信用评分产品用于社交、贵宾待遇、共享单车、获客、竞标等社会生活场景，而非借贷活动场景，过于牵强附会，甚至会引起一些社会问题，导致公众对征信、信用理解的偏离。例如，个人会认为多消费就能提高自身信用评分，进而能够在某些服务中享受到贵宾待遇，从而形成"消费水平越高，越高人一等"的错误逻辑。只有将征信产品应用到借贷活动场景，征信的作用才能真正发挥，并引导社会形成"有借有还、再借不难"的正确逻辑，这也正是信用经济的基本机理。

# 案例二　非债务信息服务不构成征信活动

**案例背景**

根据《征信业管理条例》相关规定，征信业务是指对企业、事业单位等组织（以下统称企业）的信用信息和个人的信用信息进行采集、整理、保存、加工，并向信息使用者提供的活动。但并非所有的信息服务都是征信活动，只有以债务信息为核心开展的反映信息主体偿债能力和偿债意愿的信用信息服务，才属于征信活动。按《征信业管理条例》的规定，依法设立，主要经营征信业务的机构才属于征信机构。

**案例描述**

A公司主要从事企事业单位信息服务业务，一方面，通过网络技术手段采集各政府部门网站公开的涉及企业的登记信息、行政许可和行政处罚信息、项目投资信息、法院判决信息以及"红黑"名单信息等；另一方面，通过实体加盟机构邀约企事业单位填写《信用档案信息采集表》，采集信息主要包括企业法人营业执照、国家税务登记证、地方税务登记证、组织机构代码证、银行开户证、企业资质、荣誉、知识产权、法院判决、行业协会评价等。A公司对受邀企事业单位填报的信息进行核对、整理、保存和加工后开展综合评定，评定结果分为三等九级，根据结果为其发放信用等级证书，出具信用报告，收取相应的费用。在业务经营活动中，A公司既向信用报告使用人收取服务费，也向建档企事业单位收取信用档案维护费。A公司向当地人民银行分支机构申请企业征信机构备案，当地人民银行分支机构以A公司的信息服务不属于征信业务，也不符合征信机构独立性的要求为由，不予备案。

## 案例二　非债务信息服务不构成征信活动

**案例分析**

首先，A 公司的信息服务活动没有充分共享信息主体债务信息，不能客观反映信息主体偿债能力和偿债意愿，不属于征信活动。虽然表面上看 A 公司采集了企业大量的信息，还通过数理模型开展企业信用等级评定，对外提供信用报告，但由于缺乏信息主体债务信息尤其是债务履约历史记录信息，其通过模型评定的结果根本无法与信息主体未来按时偿债履约的可能性建立起客观的联系，无法客观反映信息主体的偿债能力和偿债意愿。这样的信息服务对借贷等信用交易活动中的信用风险防控的参考意义不大。因此，A 公司的信息服务不属于征信活动。

其次，A 公司的收费模式不同于真正意义上的征信机构，不具备独立第三方的特征。A 公司不仅向信息使用主体收费，还向信息主体收费。向信息主体收费直接损害了 A 公司的独立性。在这种收费模式下，会引发利益冲突和道德风险，如引发付费消除负面信息、提升信用等级等，这有违征信机构独立性的要求，将使得信息使用主体对信息的真实性、客观性产生疑惑。

**案例启示**

并非所有的信息服务都是征信服务。只有以独立第三方的身份共享以债务信息为主要内容的信息服务，才构成征信活动。在实践中，不能简单地将所有的信用报告、信用评价与征信画等号，而要紧紧围绕共享债务信息这条主线来分析判断哪些信息服务属于征信业务、哪些机构属于征信机构。

# 案例三  严格使用"征信""信用"等字样

## 案例背景

征信机构是征信产品和服务的提供者,是参与征信市场活动的主体之一。征信机构是指依照一定的法律条件设立,主要从事对个人、企业及其他组织的信用信息进行采集、整理、保存、加工,并向信息使用者提供服务的机构。

我国对征信机构的定义主要依据《征信业管理条例》第五条"本条例所称征信机构,是指依法设立,主要经营征信业务的机构"的规定。其中,"依法设立"主要是依照《中华人民共和国公司法》《征信业管理条例》和《征信机构管理办法》等法律法规的规定;"主要经营"则可以从营业范围、营业收入、信息采集用途和社会公众的认知等方面进行综合判断。

征信机构一般具有以下特征:一是信用信息主要来源于外部,二是主要经营征信业务,三是信用信息提供给他方使用。

## 案例描述

某国资背景大型媒体集团将其涉及经济信息业务的部门、企业整合,并在此基础上打造"征信平台",由其内设部门"征信中心"运营。

该"征信平台"信息主要来源于四个方面:一是依托媒体集团,采集汇总企业舆情信息,并通过记者实地调查取证,开发基于舆情视角的信息。二是基于其金融信息平台、油气交易平台、智库平台等方面的信息支持,采集并挖掘各个平台产生的数据。三是网络收集企业的公开信息。四是海外企业相关实地调查信息。

目前,该"征信平台"开展的信息相关业务包括以下三类:一是海外投资咨询报告，主要提供信息查询、国别研究、项目发布、交易撮合、竞争对手调查、重点项目跟踪等综合信息服务；二是与国家某部委合作，开展守信激励、失信惩戒工作；三是舆情监测服务，通过对网络舆情实时监测及关键字抓取技术，提供风险预警、投资咨询等风控服务。

### 案例分析

该"征信平台"存在数据真实性、完整性、有效性不足等问题，不具备设立企业征信机构的条件。一是舆情信息难以作为征信信息使用，媒体报道、各类评论等不能解决准确性、公正性、客观性、可异议等问题。二是数据有效性不足，缺少企业负债信息。该平台目前开展的业务不属于征信业务，而是信息服务、咨询、风险预警等业务。鉴于该平台不是征信机构，应避免在名称中使用"征信""信用"等词，可以使用"信息服务"字样。

# 案例四　征信机构采集信息涉及侵犯个人隐私

## 案例背景

截至目前，我国已在"知情同意"架构上初步搭建了个人信息保护规则体系，涉及《民法通则》《刑法》《侵权责任法》《消费者权益保护法》《网络安全法》以及全国人大、国务院、最高人民法院、相关部委、人民银行及监管机构相关决定、指导意见、部门规章等20余项规范性文件，并出台了3个非强制性的国家标准。本案例主要关注征信机构违法采集个人信息问题，主要涉及法条如下：

1. 《刑法修正案（七）》第七条：国家机关或者金融、电信、交通、教育、医疗等单位的工作人员，违反国家规定，将本单位在履行职责或者提供服务过程中获得的公民个人信息，出售或者非法提供给他人，情节严重的，处三年以下有期徒刑或者拘役，并处或者单处罚金。

窃取或者以其他方法非法获取上述信息，情节严重的，依照前款的规定处罚。

单位犯前两款罪的，对单位判处罚金，并对其直接负责的主管人员和其他直接责任人员，依照各该款的规定处罚。

2. 《征信业管理条例》第十三条：采集个人信息应当经信息主体本人同意，未经本人同意不得采集。但是，依照法律、行政法规规定公开的信息除外。

企业的董事、监事、高级管理人员与其履行职务相关的信息，不作为个人信息。

3. 《征信业管理条例》第十四条：禁止征信机构采集个人的宗教信仰、基因、指纹、血型、疾病和病史信息以及法律、行政法规规定禁止采集的其他个人信息。

征信机构不得采集个人的收入、存款、有价证券、商业保险、不动产的信息和纳税数额信息。但是，征信机构明确告知信息主体提供该信息可能产生的不利后果，并取得其书面同意的除外。

## 案例描述

A 公司是一家商业信息服务公司，2009 年，A 公司收购了一家公司，并更名为 B 公司。B 公司是一家直复营销服务公司，在多个城市设有分公司。据介绍，所谓直复营销是通过发送短信为客户进行营销，他们可以应客户的要求对其拥有的 1.5 亿条个人信息数据，按照地域、时间、身份、资产情况等各方面进行精准筛选和推送，个人信息数据甚至包含房产、公务员级别、是否银行金卡用户、近期有无巨额支出等。

由此看来，B 公司的经营内容实质上是资信调查等征信业务。

2012 年，"央视 315 晚会"曝光了 B 公司出售用户信息事件。此后，因涉嫌非法采集获取公民个人信息，公安部门对 B 公司进行了搜查取证，并对 B 公司 3 名数据部负责人刑事拘留。

## 案例分析

我国对个人信息一贯采取严格的保护措施，对非法出售或提供个人信息者处以刑罚。2009 年施行的《刑法修正案（七）》第七条规定："国家机关或者金融、电信、交通、教育、医疗等单位的工作人员，违反国家规定，将本单位在履行职责或者提供服务过程中获得的公民个人信息，出售或者非法提供给他人，情节严重的，处三年以下有期徒刑或者拘役，并处或者单处罚金。窃取或者以其他方法非法获取上述信息，情节严重的，依照前款的规定处罚。单位犯前两款罪的，对单位判处罚金，并对其直接负责的主管人员和其他直接责任人员，依照各该款的规定处罚。"

2012 年我国颁布了《征信业管理条例》，并于 2013 年 3 月 15 日起正式实施。条例明确指出，严令禁止征信机构采集个人的宗教信仰、基因、指纹、血型、疾病和病史信息以及法律、行政法规规定禁止采集的其他个人信息；除明确告知信息主体提供该信息可能产生的不利后果，并取得其书面同意采集外，征信机构不得采集个人的收入、存款、有价证券、不动产的信息和纳税数额信息。

B 公司的信息数据库中大量的个人资产类信息，属于《征信业管理条例》中所称的应先行取得信息主体授权的敏感信息。B公司涉嫌非法采集获取公民个人信息案虽然案发在《征信业管理条例》颁布之前，但对于整个征信业都具有极强的警示作用。征信机构在征信过程中需要真实完整、连续合法的信用信息，并将其用于制作消费者信用报告，但由于消费者的个人资料涉及隐私，因此对个人信息或隐私权的保护与信用交易中需要获取和验证个人信用信息的要求便构成了矛盾。征信机构应严守《征信业管理条例》等法律法规所明确的红线，以合法方式采集信用信息，如采集信息涉及个人收入等资产类信息应先行取得信息主体书面授权。

# 案例五　信息提供者提供信用信息错误

### 案例背景

根据《个人信用信息基础数据库管理暂行办法》（中国人民银行令〔2005〕第3号）第六条的相关规定，商业银行应当遵守人民银行发布的个人信用数据库标准及其有关要求，准确、完整、及时地向个人信用数据库报送个人信用信息。

### 案例描述

信息主体王某于2014年10月在某银行办理了一年期一次性还款的个人住房公积金贷款，2015年10月结清，逾期一次。但贷款发放行上报征信系统时，将还款方式误报为按月还款，故产生了12次逾期的错误记录。王某2016年3月再次办理个人住房贷款时因其个人信用报告中不良记录过多被拒，遂起诉原贷款发放行，法院判决原贷款发放行删除错误记录。

### 案例分析

征信信息主要来源于信用信息的提供者。征信机构从信息提供者处获得的信用信息越全面、质量越高，对信息主体信用状况的描述和评估就越准确，也可以更好地帮助信用状况良好的信息主体办理各项信贷业务。反之，如果信息提供者提供的信用信息有误，极有可能对信息主体在其他金融机构办理信贷业务造成不必要的障碍和麻烦，进而引起双方的纠纷和诉讼。因此，信息提供者应严格按照法律法规的相关要求，向征信机构提供准确、完整的个人信用信息。

信息主体在发现自己的信用报告提供信息有误时，可以向所在地人民银行征信管理部门进行异议申请（自异议申请日起，20日内答复）或投诉（自投诉日起，30日内答复），必要时可向法院起诉。

# 案例六 征信机构未经信息主体同意采集个人信息

## 案例背景

根据《征信业管理条例》规定，采集个人信息应当经信息主体本人同意，未经本人同意不得采集。但是，依照法律、行政法规规定公开的信息除外。企业的董事、监事、高级管理人员与其履行职务相关的信息，不作为个人信息。

## 案例描述

征信机构 A 具备个人和企业征信业务资质，企业方面主要针对电商平台小微企业开展征信业务，采集小微企业在电商平台的注册、经营等方面信息，并结合其他线上线下信息，通过一定的模型，对小微企业进行评分，最后将评分产品提供给小额贷款公司等信息使用者使用。A 为了提高其小微企业信用评分产品的有效性，针对小微企业规模小、企业主信用对企业信用影响力大的特点，采集了企业主个人信息，并添加至小微企业信用评分模型中，其间未取得企业主同意。

此外，A 业务涉及的小微企业多数为网店，有一部分未在工商部门注册，A 并没有将这部分企业与其他企业进行区分。

## 案例分析

本案例中，A 涉及的违法事实主要有：未经信息主体同意采集个人信息。

### 一、关于将企业主个人信息纳入企业信用评分模型

A 认为其产品主要是针对企业的，虽然过程中使用了企业主个人信息，但并未直接对企业主进行评价，也未对外提供企业主个人信息，不涉及个人征信业务，无须取得企业主同意。

根据《征信业管理条例》，征信业务是指对信用信息进行采集、整理、保存、加工，并向信息使用者提供的活动。A 在开展企业征信业务的过程中，将企业主个人信息纳入了企业信用评分模型中，并对外提供了企业信用评分。因此，A 虽未直接对外提供企业主个人信息，但企业主个人信息是企业信用评分的组成部分，严格意义上已构成对外提供。

同时，根据《征信业管理条例》规定，采集个人信息应当取得信息主体本人同意。而 A 所采集的企业主个人信息既不属于公开信息，也不属于履职信息，因此采集需要取得信息主体同意。

**二、关于未对企业是否经工商注册作区分**

A 认为，虽然部分网店未经工商注册，但其经营模式与其他网店无异，应同样视为企业。

虽然未经工商注册的网店经营模式与其他网店无异，但是理论上不属于企业。采集这部分网店店主的网店经营相关信息，不属于《征信业管理条例》"企业的董事、监事、高级管理人员与其履行职务相关的信息，不作为个人信息"的情况，理应取得信息主体同意。

# 案例七　信息提供者提供负面信息未履行告知义务

## 案例背景

**一、个人不良信息告知制度的法律依据**

《征信业管理条例》第十五条规定："信息提供者向征信机构提供个人不良信息，应当事先告知信息主体本人。但是，依照法律、行政法规规定公开的不良信息除外。"

**二、履行告知义务的要求**

告知是针对每笔不良信息，即每报送一笔个人不良信息，信息提供者均需履行告知义务，信息提供者不能以信息主体事先已经授权同意报送个人信息为由，不履行不良信息告知义务。告知的时限是不良信息产生后报送前，即信息提供者确认信息主体发生了不良行为、产生了不良信息之后、向征信机构报送前的期间要履行告知义务。告知的方式包括电话、信函或者短信等方式。

告知义务并不等同于告知到，因为电话号码、联系地址、电子邮件地址错误等原因，信息提供者可能无法联系到信息主体，在这种情况下，只要信息提供者履行了告知义务，并有相应的履行记录证明，即可表明信息提供者履行了个人不良信息告知义务。为了避免无法告知的情况发生，信息主体在电话号码、联系地址、电子邮件发生变更时应及时向信息提供者更新自己的联系方式。

**三、处罚依据**

《征信业管理条例》第四十一条规定："信息提供者违反本条例规定，向征信机构、金融信用信息基础数据库提供非依法公开的个人不良信息，未事先告知信息主体本人，情节严重或者造成严重后果的，由国务院征信业监督管理部门或者其派出机构对单位处 2 万元以上 20 万元以下的罚款；对个人处 1 万元以上 5 万元以下的罚款。"

## 案例七　信息提供者提供负面信息未履行告知义务

### 案例描述

2015 年，人民银行某分行对辖内 A 银行开展了征信管理现场执法检查，发现 2015 年 A 银行累计向金融信用信息基础数据库报送了 5 000 余笔个人信贷逾期不良信息。查阅被检查对象在检查期限内的个人不良信息短信告知日志发现，其中 1 000 余笔个人信贷逾期不良信息未向信息主体进行短信告知，且其未采取其他有效措施进行告知。为此，人民银行某分行责令 A 银行建立有关履行不良信息事先告知义务的内部操作规程，统一规范不良信息告知的操作机制，避免未告知或未及时告知的情况再次发生，并按照《征信业管理条例》第四十一条对 A 银行处以 5 万元罚款，对具体负责个人不良信息告知的部门负责人、具体操作人员分别处以 1 万元罚款。

### 案例分析

1. A 银行向金融信用信息基础数据库报送的个人信贷不良信息不属于法律、法规规定公开的不良信息，因此应当在报送前向信息主体履行告知义务。

2. 本案例中认定 A 银行未履行个人不良信息告知义务的依据是：A 银行的个人不良信息短信告知日志中未发现 1 461 笔个人信贷逾期不良信息告知记录，A 银行也无法提供以其他方式履行告知义务的记录证明。

3. 由于 A 银行未履行 1 000 余笔个人不良信息告知义务，超过应告知数量的 1/4，情节较为严重，因此按照规定对单位和相关人员进行处罚。

### 案例启示

信息提供者应当建立健全个人不良信息告知操作流程，并尽可能地建立专门的告知信息系统，确保在技术上实现不良信息产生后报送前能够通过告知系统自动以短信、电子邮件、电话语音等即时通信方式告知信息主体，并保存相关告知记录备查。

# 案例八　信息使用者未经授权查询信用信息

## 案例背景

目前，由于人民银行征信中心的个人信用报告暂未对所谓的互联网金融机构开放，对一些急于完善风控体系的P2P平台、部分未接入征信系统的小额贷款公司，以及民间借贷放款人而言，对信用报告的需求是"刚性"的。这些公司因为无法从正规渠道获取个人信用报告，只好从商业银行内部入手，通过不断提高个人信用报告的购买价格，引诱一些法律意识淡薄的金融机构人员向它们提供个人信用报告。

案例涉及的法律法规包括：

1.《刑法修正案》第二百五十三条规定："国家机关或者金融、电信、交通、教育、医疗等单位的工作人员，违反国家规定，将本单位在履行职责或者提供服务过程中获得的公民个人信息，出售或者非法提供给他人，情节严重的，处三年以下有期徒刑或者拘役，并处或者单处罚金。窃取或者以其他方法非法获取上述信息，情节严重的，依照前款的规定处罚。单位犯前两款罪的，对单位判处罚金，并对其直接负责的主管人员和其他直接责任人员，依照各该款的规定处罚。"

2.《征信业管理条例》第十八条规定："向征信机构查询个人信息的，应当取得信息主体本人的书面同意并约定用途。但是，法律规定可以不经同意查询的除外。征信机构不得违反前款规定提供个人信息。"

3.《征信业管理条例》第四十条规定："向金融信用信息基础数据库提供或者查询信息的机构违反本条例规定，有下列行为之一的，由国务院征信业监督管理部门或者其派出机构责令限期改正，对单位处5万元以上50万元以下的罚款；对直接负责的主管人员和其他直接责任人员处1万元以上10万元以下的罚款；有违法所得的，没收违法所得。给信息主体造成损失的，依法承担民事责任；构成犯罪的，依法追究刑事责任：（一）违法提供或者出售信息；（二）因过失泄露信息；（三）未经同意查询个人信息或者企业的信贷信息；（四）未按照规定处理异议或者对确有错误、遗漏的信息不予更正；（五）拒绝、阻碍国务院征信业监督管理部门或者其派出机构检查、调查或者不如实提供有关文件、资料。"

4.《金融信用信息基础数据库用户管理规范》7.3.2.1："从事信贷业务的机构实施单笔页面查询的，业务查询用户实行一人一户、实名制，不得多人共用一个查询用户。"

## 案例描述

2015年，人民银行征信中心反馈某省某商业银行当月查询量激增，超过该行月均查询量波动阈值以及最高查询量波动阈值，严重超出该行正常业务开展量，且以上查询量主要集中于该行查询用户甲。据调查核实，该行征信系统管理员用户发生人员调整，新任系统管理员直接将包括甲在内的所有新创建查询用户及初始密码统一公布于内网，用户甲所有者皮某从未登录过征信系统进行个人信息查询，该用户一直由其就职的支行和部门多名工作人员共同使用，而相关人员也一致否认此异常查询行为。随后，陆续出现数名客户投诉该行未获得其书面授权而查询信用报告的情况。所在地人民银行对该商业银行违规情况进行了严肃处理。

## 案例分析

人民银行征信中心在2014年开发运行了个人征信系统异常查询监测系统，对各接入机构查询情况进行监测，对于一些系统判断存在异常查询的用户，系统会进行提示并提取出查询数据，并由当地人民银行分支机构进行进一步核实和反馈。该监测系统运行以来，通过对异常数据的监测和核实，能够及时有效地发现违规查询行为。

在该案例中，该商业银行及相关用户使用者未能认真学习征信管理各项规章制度，对于《金融信用信息基础数据库用户管理规范》等用户管理相关制度和规范执行不力，主要表现在：第一，新任管理员用户为图个人方便，擅自将新建查询用户和初始密码直接公布于内网；第二，用户的所有者皮某未能及时登录系统并对初始密码进行修改；第三，皮某就职的支行和部门默许多名工作人员将用户甲作为"公共用户"随意使用。以上违规行为造成较为严重的系统用户信息泄露风险，为用户甲账号被盗埋下了巨大隐患，也极大地侵害了信息主体的合法权益。

同时，该商业银行的行为违反了《征信业管理条例》第十八条"向征信机构查询个人信息的，应当取得信息主体本人的书面同意并约定用途"的规定，存在"未经同意查询个人信息或者企业的信贷信息"的违法行为，符合该条例第四十条的处罚规定。

# 案例九 信息使用者违规向第三方提供信用信息

### 案例背景

根据《征信业管理条例》的相关规定，信息使用者应当按照与个人信息主体约定的用途使用个人信息，不得用作约定以外的用途，不得未经个人信息主体同意向第三方提供。实践中，个人往往是出于经济社会活动的需要，才愿意授权他人查询和使用其信用信息。如果被授权的信息使用者又将信息提供给不相关的第三方，则超出了信息主体意愿的范围，属于对信息使用权的滥用。

### 案例描述

人民银行某分支机构接到举报，称辖内 A 商业银行存在非法向小贷公司提供个人信用报告的情况。经调查，某小贷公司因办理业务需要查询个人信用报告，并且获得了个人对该小贷公司的书面授权书。由于小贷公司负责人张某与 A 商业银行行长王某属朋友关系，王某对照张某提供的客户名单从本行存量客户信用报告中筛选出约 200 份，在未取得客户书面同意的情况下，交给了张某。所在地人民银行分支机构经过调查取证，认定该商业银行属于未经同意向第三方提供个人信用报告，给予该商业银行及王某行政处罚。

### 案例分析

本案中，小贷公司获得了信息主体的书面授权，未违反《征信业管理条例》的规定。商业银行的存量客户在该银行办理业务时，以书面形式同意该行查询和使用其信息，应视为个人信息主体和该行之间签订的合同，该合同只对签约双方具有约束力，并不代表信息主体同意该行对外提供给小贷公司使用。因此，该商业银行违反了该条例第二十条关于"信息使用者应当按照与个人信息主体约定的用途使用个人信息，不得用作约定以外的用途，不得未经个人信息主体同意向第三方提供"的规定，应当按照第四十二条"信息使用者违反本条例规定，未按照与个人信息主体约定的用途使用个人信息或者未经个人信息主体同意向第三方提供个人信息，情节严重或者造成严重后果的，由国务院征信业监督管理部门或者其派出机构对单位处 2 万元以上 20 万元以下的罚款；对个人处 1 万元以上 5 万元以下的罚款；有违法所得的，没收违法所得。给信息主体造损失的，依法承担民事责任；构成犯罪的，依法追究刑事责任"的规定予以处罚。

**案例启示**

对金融信用信息基础数据库、征信机构的接入机构而言，绝大多数接入机构都会因为办理业务的需要，在信息主体作出书面授权的前提下，向金融信用信息基础数据库、征信机构查询使用信用信息。作为信息使用者，要充分认识到，个人信息是具有一定经济价值的信息资源，个人信息主体对自己的信息拥有支配权。因此，信息使用者对于这些查询到、使用后的个人信用信息应负有保护的义务，不得违背信息主体的意志，为谋取利益而将信息转让出售给第三方。

金融信用信息基础数据库运行机构及征信机构应当与接入机构（信息使用者）明确各自在对外提供等方面的权利、义务和责任。

信息主体同意信息使用者将其信息提供给第三方的，信息使用者才可以向第三方提供，这也是《征信业管理条例》保障信息主体对自身信息支配权的重要体现。

# 案例十　非法查询征信信息牟利，侵犯公民个人信息

## 案例背景

《最高人民法院、最高人民检察院关于办理侵犯公民个人信息刑事案件适用法律若干问题的解释》（以下简称《解释》）于2017年3月20日审议通过，并于2017年6月1日起施行。《解释》对公民个人信息的范围、侵犯公民个人信息罪的定罪量刑标准及侵犯公民个人信息犯罪所涉及的宽严相济、犯罪竞合、单位犯罪、数量计算等问题予以明确。

## 案例描述

2015年，被告人A及其同伙利用非法获得的甲银行征信查询员B、丁银行职工E的征信查询账号、密码及乙银行客户经理C、丙银行行长D提供的银行专用网络，非法查询公民个人银行征信信息上万余条。

被告人A及其同伙将查得的上述公民个人征信信息出售给他人。

## 案例分析

人民法院判决认为：被告人A及其同伙违反国家有关规定，非法获取公民个人信息出售牟利，情节严重，其行为已构成侵犯公民个人信息罪。结合考虑被告人自首、坦白、积极退赃等情节，以侵犯公民个人信息罪判处被告人A有期徒刑一年六个月，并处罚金人民币二万元；被告人B有期徒刑一年三个月，并处罚金人民币二万元；被告人C处有期徒刑一年二个月，并处罚金人民币一万元；被告人E有期徒刑一年，并处罚金人民币一万元；以及其他各被告人应有的有期徒刑、拘役和罚金。人民银行分支机构对涉案的甲、乙、丙、丁银行开展了检查，

并依据《征信业管理条例》进行了处罚与通报批评。

近年来,侵犯公民个人信息犯罪处于高发态势,既严重侵犯了公民个人信息安全,又往往与其他犯罪存在密切关联。《解释》的发布正是对日益严峻的公民个人信息被无端泄露的法律回应,有利于严惩侵犯公民个人信息行为。

# 案例十一　信息使用者未按约定用途使用个人信息

## 案例背景

根据《征信业管理条例》相关规定，信息使用者应当按照与个人信息主体约定的用途使用个人信息，不得用作约定以外的用途。未按照与个人信息主体约定的用途使用个人信息，情节严重或者造成严重后果的，由国务院征信业监督管理部门或者其派出机构对单位处2万元以上20万元以下的罚款；对个人处1万元以上5万元以下的罚款；有违法所得的，没收违法所得。给信息主体造成损失的，依法承担民事责任；构成犯罪的，依法追究刑事责任。

## 案例描述

2016年，人民银行某分支机构对A商业银行开展征信业务现场检查。检查组对其2015年的40万余笔征信业务进行了全覆盖检查，发现该银行个别个人征信业务开展不规范，人为失误导致查询原因与实际用途不符：20余笔个人征信查询操作选取了与查询授权书中约定用途不符的查询原因，其中18笔实际为贷款审批的查询有10笔勾选为"信用卡审批"及"特约商户实名审查"；5笔实际为"信用卡审批"的查询原因勾选为"贷后管理"。

## 案例分析

信息使用者应当按照与个人信息主体约定的用途使用个人信息。此案例中A银行违反条例规定未按约定用途使用个人信息，所在地人民银行分支机构鉴于上述行为非主观故意，情节轻微且未造成严重后果，对该行违法行为责令限期改正，并要求其加强对员工的征信合规教育培训。

信息使用者未按约定用途使用个人信息侵犯了个人信息主体的合法权益，违反了征信业管理规定，反映了金融信用信息基础数据库接入机构员工的法律意识比较薄弱，业务素质不足，培训力度需要加大。本案例中，所在地人民银行对 A 银行进行了批评教育，并提出了整改意见：完善制度建设，保障制度落实；加强内部管理，增强风险管控能力；做好员工教育培训，切实提高法律意识。

# 案例十二　个人不良信息保存期限

## 案例背景

根据《征信业管理条例》第十六条的相关规定,征信机构对个人不良信息的保存期限,自不良行为或者事件终止之日起为 5 年;超过 5 年的,应当予以删除。

## 案例描述

信息主体 A 于 2015 年初通过人民银行某分支机构的个人信用报告查询网点提交异议,反映其名下一笔个人住房贷款业务因本人经常晚还几天而产生多条逾期记录,现贷款已还清,要求贷款发放行删除逾期记录。鉴于逾期记录为信息主体的真实行为,且未满 5 年,贷款发放行回复信息主体不能删除其逾期记录。

## 案例分析

《征信业管理条例》第十六条规定,"征信机构对个人不良信息的保存期限,自不良行为或者事件终止之日起为 5 年"。这里规定的 5 年的保存期限,是结合国外征信业发展经验,并在平衡信用惩戒激励和信用修复两类机制的基础上确定的合理、科学的时间长度,且起始时间是自不良行为或事件终止之日起,这是合理合法的。

在本案例中,信息主体 A 需要还清贷款,从贷款结清日起 5 年后,不良信用记录将会自动删除。

# 案例十三　信息主体查询本人信用信息

## 案例背景

根据《征信业管理条例》的相关规定，信息主体可以向征信机构查询自身信息；同时，向征信机构查询个人信息的，应当取得信息主体本人的书面同意并约定用途。

## 案例描述

信息主体 A 于 2016 年在人民银行某个人信用报告查询网点申请查询本人及其爱人的个人信用报告，但无法提供其爱人签名的授权查询委托书，仅使用电话进行委托确认。于是，根据个人信用报告查询的权限和程序要求，该查询网点的工作人员拒绝为 A 查询其爱人的个人信用报告。

## 案例分析

信息主体可以向所有掌握其信用信息的征信机构查询自身信息，但要遵循一定的查询程序和权限要求。个人信息主体查询自身信息，需凭本人有效身份证件前往经营个人征信业务的征信机构办理。同时，个人信息主体也可以委托他人代为查询自身信息，代理人需凭委托人签名的授权查询委托书、委托人和自己的有效身份证件办理查询。为了保证个人信息主体的隐私和信息安全，没有信息主体本人的授权，他人不能代为查询，包括查询亲属（配偶、子女）的信息。

# 案例十四　个人信用信息泄露案例一

## 案例背景

根据《征信业管理条例》相关规定，向征信机构查询个人信息的，应当取得信息主体本人的书面同意并约定用途。"向金融信用信息基础数据库提供或者查询信息的机构违反本条例规定，有下列行为之一的，由国务院征信业监督管理部门或者其派出机构责令限期改正，对单位处5万元以上50万元以下的罚款；对直接负责的主管人员和其他直接责任人员处1万元以上10万元以下的罚款；有违法所得的，没收违法所得。给信息主体造成损失的，依法承担民事责任；构成犯罪的，依法追究刑事责任：（一）违法提供或者出售信息……（三）未经同意查询个人信息或者企业的信贷信息……"

## 案例描述

2016年，征信中心反馈的某月A银行的异常查询明细中，查询用户甲的个人信用报告查询量激增，是该行月均查询量波动阈值的2.5倍，严重超出该行正常业务量。其中，异地查询占当月查询总量的82.6%；非工作时段查询占当月查询总量的41.5%。据调查核实，除去A银行因开展正常业务由查询用户甲查询的个人信用报告外，其余均是由本行客户经理乙通过甲的查询用户进行的违规查询。

乙受某小贷公司利益驱使，偷窥盗用查询用户甲的用户名和密码，根据该小贷公司提供的客户名单，先后利用工作日和非工作日时间通过A银行征信系统专用机查询个人信用报告，查询结果均提供给上述小贷公司，造成近万名公民个人信用信息的泄露。

## 案例分析

此案例中A银行未经信息主体同意查询并向小贷公司提供信用报告，造成个人信用信息的泄露，直接违反了《征信业管理条例》规定。A 银行所在地人民银行分支机构对该银行的违法行为责令限期改正，并对单位、直接责任人和负有领导责任的人员给予了相应处罚。

近年来，一些不法分子在利益的驱使下，违规查询个人信用报告，倒卖个人信用信息，对信息主体权益造成了严重侵害。此类案件的频繁发生，反映了金融信用信息基础数据库接入机构存在用户管理不规范、技术手段落后、教育培训不到位等问题。对此，接入机构应加强教育培训，确保警钟长鸣，同时借助技术手段，规避操作风险。人民银行应实现异常监测和现场检查两手并举，同时加强非银行金融机构管理。此外，人民银行和接入机构应联合妥善处置舆情，积极做好个人信息保护宣传工作。

# 案例十五　个人信用信息泄露案例二

## 案例背景

近年来,买卖个人信用报告案件频发。据调查,利用个人信用报告有针对性地打电话推销金融产品,可以极大地提高成功率。同时,个人信用报告也得到了越来越多骗子的青睐。骗子在得到个人信用报告后,从"广撒网"的诈骗形式将会变为"定向"诈骗,骗子掌握的个人信息越多,越容易取得受害者的信任,设计的骗局也越多。

案例涉及的法律法规有《刑法修正案》第二百五十三条、《征信业管理条例》第十八条及第四十条。

## 案例描述

2016年,某市警方连续抓获6名涉嫌买卖个人信息的嫌疑人,缴获近百万份个人信用报告。该市公安局通过网上信息锁定了名叫江某的嫌疑人。经过调查,公安机关随即将其及团伙抓获。这6名嫌疑人当中,有金融借贷公司业务员,也有房地产中介公司员工,还有POS机推销公司人员。从6名嫌疑人的电脑里,一共缴获了近百万份个人信用报告,信用报告主体除本地市民外,还涉及全国多个省市的市民。

## 案例分析

该案例充分反映了当前个人信息泄露的严重性,我们自身的个人信息很有可能正在网上被到处售卖,我们很有可能将成为骗子行骗的下一个目标,甚至成为电信诈骗的受害者。从该案例中也可以了解到,一是在网上可以很方便地购买到从各家接入征信系统机构中流出的个人信用报告。二是不法人员在获取到批量的个人信用报告后,还会对掌握的数据进行"深加工",并有针对性地实施推销或诈骗,以此提高"工作效率"。这些被警方抓获的嫌疑人中,有金融借贷公司人员、房地产中介公司人员,还有POS机推销人员。他们获取个人信用报告后,一方面,利用个人信用报告打电话推销金融产品,有了个人信用报告中的信息,能让其工作事半功倍;另一方面,在自己客户申请小额贷款时,也经常需要用到个人信用报告来审核客户的信用。对于使用完毕的个人信用报告,也可以整合售卖,变成生财之道。本案例中的6名嫌疑人已全部移交司法机关,追究其刑事责任。通过该案例,征信系统接入机构一是要充分认识到加强用户管理的紧迫性和重要性,对各级各类征信用户加强法规意识教育培训,全面提升内控制度管理,加强个人信用报告档案管理。二是应积极梳理信用报告在本单位内部的流转、保管程序,严格档案管理,全面排查征信信息向外泄露的风险点。

# 案例十六　征信机构未及时处理异议

## 案例背景

本案例关注对人民银行征信中心的投诉和异议处理，主要涉及法条如下：

《金融信用信息基础数据库个人征信异议处理业务规程》（银征信中心〔2013〕97号文）第五条：个人向征信中心、征信分中心提出异议申请的，应提供本人有效身份证件原件供查验，同时填写《个人信用报告异议申请表》，并留有效身份证件复印件备查。

《征信投诉办理规程》（银办发〔2014〕73号）第七条规定：投诉人确因客观原因无法到人民银行分支机构提交材料并签字确认的，也可以通过传真、书信、电子邮件等形式提出投诉并提交附带本人签名的相关材料。

## 案例描述

2016年，居民B向法院提起行政诉讼，自称其于2016年5月在人民银行某分支行打印了个人征信报告，认为其个人征信报告中存在基础信息和信用信息记载错误，人民银行某分支行未及时处理征信异议，诉请人民银行某分支行履行行政职责，修改其个人征信报告中的记载事项，并提出了数额巨大的国家赔偿。

法院寄送的诉讼材料显示，B曾使用电子邮箱向人民银行某分支行政务公开邮箱发送了包含征信信息有误内容的邮件。人民银行某分支行经查发现，B未按照法定程序向人民银行某分支行提出异议申请，也未按照法定程序向人民银行某分支行征信监管部门提出相应投诉。

本案最终法院认为公开邮箱并非正规的征信异议申请渠道，可以不予受理，人民银行某分支行不存在征信监管行政不作为和未及时处理征信异议的情形，驳回了B的全部诉讼请求。B未提出上诉，并向人民银行该分支行正式提交了异议申请材料。

### 案例分析

征信异议是指当事人对征信报告记载信息的真实性、有效性提出异议申请，归口处理部门是人民银行征信中心。征信投诉是指信息主体认为征信机构、信息提供者、信息使用者侵害其合法权益，向所在地人民银行分支机构进行的投诉，包含当事人对征信机构异议处理不服的投诉事宜，归口处理部门为人民银行分支机构。

#### 一、有关征信机构异议登记和处理的规定

人民银行征信中心为人民银行设立的，对社会提供征信产品与服务的征信机构，性质为事业单位；设在人民银行某分支行的征信分中心为人民银行征信中心在某地区的分支机构。根据《金融信用信息基础数据库个人征信异议处理业务规程》的规定，个人认为信用报告中的信息存在错误、遗漏的，可以亲自或委托代理人向征信中心、征信分中心按照法定程序提出异议申请。

向人民银行征信中心及其分中心提出异议申请应提供本人有效身份证件原件供查验并填写《个人征信异议申请表》且留有效身份证件复印件备查。委托他人代理提出异议申请的，代理人应提供委托人和代理人的有效身份证件原件、《授权委托书》原件供查验，同时填写《个人征信异议申请表》并留委托人和代理人的有效身份证件复印件、《授权委托书》原件备查。

人民银行征信中心及其分中心受理异议申请后，将联系提供此异议信息的商业银行进行核查，并于受理异议申请后的 20 日内回复异议申请人。到规定的 20 日后，异议申请人可到征信分中心领取回复函。

综上可见，因个人征信信息涉及个人隐私，故对征信异议申请采取了严格的当事人保护制度，在不能当场核对当事人身份的情况下，人民银行征信中心及其分中心不受理个人征信异议申请。同时，当事人对征信信息提出异议应采用书面形式，填写固定格式的《个人征信异议申请表》。如本案例中，B 采取电子邮件或电话、传真、快递寄送等方式均不是有效的征信异议登记方式，B 应亲自或委托代理人持相关材料和证明文件至人民银行征信中心或分中心柜台当场办理。

#### 二、涉及征信机构异议处理投诉的规定

人民银行某分支行为人民银行在某地区的派驻机构，根据《征信业管理条例》的规定对某地区征信业负有监督管理职责，依法受理、核查和处理信息主体

认为征信机构侵害其合法权益的投诉。如当事人不认可某地区征信机构处理征信异议事宜的实体和程序问题，均可以向人民银行某分支行按照法定程序进行投诉。

投诉人为自然人的，人民银行分支机构应当登记其有效身份证件；投诉人为法人或其他组织的，应登记有效的机构设立文件、经办人身份证件，留存介绍信。投诉人委托代理人进行投诉的，还应当登记代理人的有效身份证件（或有效机构设立文件），留存授权委托书。

由于征信信息具有人身专属性和隐私特性，为保护信息主体的合法权益，只有在现场确认投诉人确属信息主体本人或者已获得合法授权后，人民银行才能受理其投诉事项。如果因客观原因无法现场投诉的，根据《征信投诉办理规程》第七条的规定，可以通过传真、书信、电子邮件等形式提出投诉，但应提交附带本人签名的相关材料。人民银行采取有效措施确认后，才能受理投诉并启动处理程序。

综上可见，进行征信投诉也应首先提交合法有效的身份证明文件，并优先采取当面到场投诉的方式进行投诉。本案例中 B 不存在无法到现场投诉的客观情况，其采取电子邮件进行投诉且未附本人签名的相关身份证明材料，其投诉方式和投诉材料不符合有关规定。

# 案例十七　信息提供者未及时处理异议

## 案例背景

根据《征信业管理条例》的相关规定，信息主体认为征信机构采集、保存、提供的信息存在错误、遗漏的，有权向征信机构或者信息提供者提出异议，要求更正。征信机构或者信息提供者收到异议，应当按照国务院征信业监督管理部门的规定对相关信息作出存在异议的标注，自收到异议之日起20日内进行核查和处理，并将结果书面答复异议人。

## 案例描述

2011年，信息主体A发现其个人信用报告中重复显示其2004年在甲银行办理的一笔住房贷款，乙银行以此认定客户为二套房贷，拒绝其第二套房的房贷申请。A多次向甲银行申请异议，该行以系统原因无法更改为由拒绝受理客户异议申请。

信息主体A到人民银行C中心支行申请异议，人民银行C中心支行立即受理A的异议申请，同时联系甲银行异议处理人员，要求其对异议贷款进行核实。经核查，甲银行因2007年系统升级数据挂账导致客户该笔个人住房贷款重复显示。人民银行C中心支行要求甲银行立即修改错误信息，重新上报数据。

## 案例分析

金融机构在客户提出异议时，应及时受理，并应在收到异议之日起20日内进行核查和处理。案例中的金融机构不仅对客户的异议不予受理，而且在数据出现错误时，未及时主动更正，影响了客户的权益，直接违反了《征信业管理条例》的规定。

# 案例十八　异议回复不规范

**案例背景**

根据《征信业管理条例》的相关规定，征信机构或者信息提供者收到异议，应当按照国务院征信业监督管理部门的规定对相关信息作出存在异议的标注，自收到异议之日起 20 日内进行核查和处理，并将结果书面答复异议人。经核查，确认相关信息确有错误、遗漏的，信息提供者、征信机构应当予以更正；确认不存在错误、遗漏的，应当取消异议标注；经核查仍不能确认的，对核查情况和异议内容应予以记载。

**案例描述**

2015 年 12 月 26 日，信息主体 A 来到人民银行某中心支行，现场提出信用报告中一笔贷款归还存在逾期记录，与实际情况不符，要求提起异议处理，因为 A 在本地经营一家公司，经济活动频繁，存在逾期记录对其在其他银行办理信贷业务可能带来很大的影响。

该中心支行随即按照异议处理规定办理了异议申请，并告知 A 在 20 日内给予书面答复。2016 年 1 月 8 日该中心支行收到异议回复函，回复内容为"正在核实中"。该中心支行将回复函交给 A，并联系异议发生机构督促其尽快协查异议数据。1 月 12 日，A 再次打电话称错误数据若不及时删除，在他行的贷款业务将无法批准，公司资金链可能会断裂。该中心支行催促异议发生机构尽快办理，但直到 2 月 19 日，数据才得到更正。

**案例分析**

此案例中的异议发生机构虽然通过异议处理子系统发送异议回复函，但回复内容并不规范，对于核查情况没有按照相关要求进行详细说明，而且异议处理机构的处理时间也超出了规定的异议处理时间。虽然最终更正了错误数据，但已经对客户的融资活动产生了不利影响。因此，需要加强对征信异议处理人员的培训，熟悉操作流程与办理时限，针对本案例中异议发生机构的处理超期行为，所在地人民银行分支机构对其进行了批评教育和处罚，并要求立即整改。

# 案例十九　未及时处理信息主体投诉

## 案例背景

信息主体对异议处理结果不满或认为其合法权益受到侵害的，可以通过行政救济的方式，向所在地人民银行分支机构投诉。投诉和异议都是保护信息主体权益的重要渠道，但是二者之间是存在明显区别的：受理、处理和回复的主体不同，前者主体是人民银行分支机构，后者的主体是征信机构、信息提供者。

一、投诉处理制度的法律依据

《征信业管理条例》第二十六条规定，"信息主体认为征信机构或者信息提供者、信息使用者侵害其合法权益的，可以向所在地国务院征信业监督管理部门派出机构投诉。受理投诉的机构应当及时进行核查和处理，自受理之日起30日内书面答复投诉人"。

二、投诉处理的要求

1. 受理投诉的主体。一般来说，投诉处理的主体应当为投诉对象所在地的人民银行分支机构，而不是投诉人所在地的人民银行分支机构。当然，为了方便投诉人，其可以采用电话、传真、电子邮件等方式进行非现场投诉。

2. 处理投诉的主体。按照"谁受理，谁处理"的原则，由受理机构进行处理。

3. 书面答复投诉人。受理机构核查处理之后，应当自受理之日起30日内书面答复投诉人。

## 案例描述

2015年6月，人民银行A中心支行接到信息主体B投诉：当地H银行报送的一笔信用卡违约记录有误，且信息主体提交异议申请后，H银行在规定的期限内拒不更正。A 中心支行征信管理部门接到投诉后，立即与 H 银行联系，要求 H 银行再次核查该异议申请，按时按要求答复 B。7 月 3 日，B 不满 H 银行的答复结果，再次向 A 中心支行投诉。A 中心支行再次受理投诉后，立即启动核查程序。经调查核实：（1）当事人的信用卡违约记录正确无误，发生违约的原因是当事人在约定还款日通过 A 银行转账的方式还款，但事后才发现转账失败。（2）对于该异议，H 银行已经在规定期限内书面回复当事人。（3）A 中心支行征信管理部门相关工作人员未能正确理解投诉与异议处理方式的区别，未能及时跟进，做好信息主体的解释与答复。

情况核实清楚后，A 中心支行对征信管理部门相关工作人员进行了通报批评，将投诉调查以及处理结果书面回复 B 说明了处理的原因，并就投诉处理超期向信息主体 A 道歉。

**案例分析**

人民银行征信岗位工作人员要正确理解投诉和异议处理的区别，不要将投诉当作异议来处理；要建立健全投诉处理制度，明确受理、核查及处理、书面答复的具体要求，并完善内部监督机制，严格在规定时间内书面答复投诉人。

本案例中，信息主体投诉受理的主体是人民银行 A 中心支行，A 中心支行按规定应当核查、处理，并在 30 日内书面答复投诉人 B，但 A 中心支行征信管理部门相关工作人员未能正确理解投诉与异议处理方式的区别，误以为该投诉应当由 H 银行书面回复，致使投诉处理超期。A 中心支行在投诉人再次投诉后，立即启动了核查程序，并将核查处理结果书面答复投诉人。A 中心支行征信管理部门相关工作人员因玩忽职守致使投诉处理超期，鉴于情节较轻、未对投诉人造成利益损害，免于行政处分，给予通报批评的处理。

# 案例二十　犯罪嫌疑人利用征信系统安全防护漏洞盗取数据

## 案例背景

2016 年，某公安网安支队通过网上侦查发现有人通过互联网贩卖公民个人信息牟利，经侦破，查获公民银行个人信息 200 余万条，甲银行员工 A、B 涉案。

2017 年，某市公安局发现一起涉嫌跨区域倒卖公民个人信息案件，初步了解该案涉案人员 60 余人，涉及多家商业银行，目前发现乙银行员工 C 涉案。

## 案例描述

两起案件均为同一犯罪团伙作案，犯罪嫌疑人中涉及多家银行内部员工，作案手法高科技化，作案地点跨区域，信息泄露严重。

犯罪嫌疑人非法获取征信系统查询账户与密码后，利用团伙成员在银行工作之便，非法查询大量公民个人信用报告。

## 案例分析

甲、乙银行对征信信息安全管理不足，导致征信信息泄露，违反了《征信业管理条例》第四十条"（一）违法提供或出售信息""（三）未经同意查询个人信息或者企业的信贷信息"。

犯罪嫌疑人 A、B、C 等人将被没收违法所得，并依法追究刑事责任。

# 后　　记

《征信合规管理》是在中国征信业发展处于机遇和挑战并存的关键性阶段的背景下，由人民银行征信管理局组织全国征信战线上的专家，总结汲取实践经验，归纳梳理理论知识，历经多次讨论、修改编著而成，旨在使读者能够对征信的本质有更加深刻、准确的认识，对征信的规则有更加系统、全面的了解，从而推动征信市场的健康有序发展。本书在编写过程中力求做到内容翔实、逻辑清晰、表述精练，希望对广大读者，尤其是征信从业人员有所借鉴和帮助。

本书得到了人民银行副行长陈雨露的大力支持，由人民银行征信管理局局长万存知组织并总纂终审，人民银行征信管理局、征信中心和部分商业银行人员编审，具体参与编写人员有：占硕、谢业华、常可（人民银行征信管理局），吕荣荣、郭静（人民银行征信中心），陈莹（人民银行南京分行）、唐德鑫（人民银行武汉分行）、武逸（人民银行营业管理部）、穆志勇（人民银行太原中心支行）、朱秋琪（人民银行杭州中心支行）、沈凯蓉（人民银行福州中心支行）、卢强（中国工商银行）、李晓杰（中国建设银行）、李珂（中国农业银行）、贾晓宇（中国银行）、刘旭春（招商银行）、张松强（中国民生银行）。此外，人民银行征信管理局副局长黄慕东、张子红，副巡视员李斌，以及局内各处负责人也参与了对本书的审阅，提出了宝贵意见。在此，对所有为本书的编写付出辛勤劳动的领导和同志们深表谢忱！对中国金融出版社为本书出版所做出的努力表示感谢！

当然，由于水平所限，本书也存在诸多不足之处。期待读者在使用过程中，提出宝贵的修改意见。